Eleano

ÎN PAT CU REGELE

Eleanor Herman

ÎN PAT CU REGELE

O ISTORIE A AMANTELOR REGALE

Traducere din limba engleză de
VALENTINA GEORGESCU

LITERA
București

Liebe im Schatten der Krone
Die Geschichte der königlichen Mätressen
Eleanor Herman

Ediție publicată pentru prima dată
cu titlul *Im Bett mit dem Konig*

Editura Litera
tel.: 0374 82 66 35; 021 319 63 90; 031 425 16 19
e-mail: contact@litera.ro
www.litera.ro

În pat cu regele
500 de ani de adulter, rivalitate, răzbunare și luptă pentru putere
O istorie a amantelor regale
Eleanor Herman

Traducere din limba engleză:
Valentina Georgescu

Editor: Vidrașcu și fiii
Redactori: Aloma Ciomâzgă-Mărgărit, Georgiana Harghel
Corector: Olimpia Băloi
Copertă: Flori Zahiu
Tehnoredactare și prepress: Ana Vârtosu

Descrierea CIP a Bibliotecii Naționale a României
HERMAN, ELEANOR
În pat cu regele: istoria amantelor regale /
Eleanor Herman; trad. din lb. engleză de
Valentina Georgescu. – București: Litera, 2019
ISBN 978-606-33-4612-5
I. Georgescu, Valentina (trad.)
94

Cuprins

Introducere

Când destinul unei națiuni se decide într-un alcov, cel mai bun loc pentru istoric este antecamera acestuia.
Charles-Augustin Sainte-Beuve

Amante regale. Cuvinte care evocă imaginea neclară, dar strălucitoare a unei femei care dezmiardă și modelează istoria cu mâinile ei. Ea stă, în general, în penumbra unei lumi în care luminile reflectoarelor cad doar asupra bărbaților, care croiesc istoria prin forță. Din când în când, auzim foșnetul unei jupe de mătase sau un râset melodios răsunând din spatele tronului.

Ascensiunea amantelor regale la curțile europene a fost bruscă, apărând pe neașteptate din îndepărtata negură medievală. Vreme de mii de ani după căderea Romei, păcatul regal a fost ascuns în spatele draperiilor greoaie ale baldachinelor și apoi mărturisit în obscuritatea amorțită a confesionalelor. Puternica Biserică Catolică a privit cu asprime și cinism adulterul, iar cocotele de la curte au fost ținute cu strictețe ascunse.

Uneori, doar prenumele unei femei era legat de câte un monarh feudal, o Maude sau o Blanche, neștiindu-se nimic altceva. Numeroși bastarzi regali, recunoscuți de regi, apăreau ca din senin, lăsându-ne doar să presupunem că aveau și mame. Această lipsă aproape totală de informații despre relațiile amoroase ale capetelor încoronate a fost nu doar o consecință a pretențiilor bisericii legate de discreția acestor legături. Analfabetismul domnea pretutindeni asemenea monarhilor, aceștia înșiși fiind în cea mai mare parte a lor incapabili să-și scrie până și numele.

Se întâmplă să știm câte ceva despre metresa englezoaică Alice Perrers doar din cauza avariției ei. Curtezana lui Eduard al III-lea (1312–1377), hrăpăreața Alice, s-a folosit de poziția ei și, în ultimul deceniu de viață al bătrânului rege, a golit vistieria, devenind ulterior una dintre cele mai mari latifundiare din Anglia medievală. Profitând de senilitatea lui Eduard, îi cerea acestuia să îi cumpere aceleași bijuterii, iar și iar, însușindu-și de fiecare dată banii pe care îi primea de la rege pentru procurarea giuvaierelor. Mai mult decât atât, stând la căpătâiul iubitului ei cu sânge albastru, aflat pe patul de moarte, Alice a luat până și inelele prețioase de pe degetele muribundului. Scandalizat, parlamentul i-a confiscat proprietățile din 17 țări, bijuteriile (inclusiv 21 868 de perle) și alte daruri primite de la rege. Mânată de dorința de a-și recupera bunurile și proprietățile, Alice și-a petrecut tot restul vieții în tribunal, după cum atestă unele documente ale trezoreriei, decrete parlamentare și arhive judecătorești.

Dacă englezoaicele erau lipsite de tact, frațuzoaicele erau foarte agile. La aproape 70 de ani după Alice Perrers, arhetipul metresei regale s-a conturat în toată splendoarea, ridicându-se asemenea unei Păsări Phoenix din cenușa Evului Mediu. Exercitându-și cu abilitate influența asupra politicii țării și a regelui, Agnes Sorel a fost – desigur – o franțuzoaică la Curtea franceză. Grațioasa Agnes a reușit să-l scoată pe Carol al VII-lea (1403–1461) din îndelungata lui apatie pentru a se alătura trupelor sale și a-i alunga pe invadatorii englezi de pe teritoriul francez. Carol, un omuleț scund și trist, cu chip de clovn și picioare strâmbe, pierdut în tunicile lui lălâi și greoaie, s-a dovedit a fi un rege jalnic înainte de Agnes și a revenit la condiția sa de rege jalnic și după ea.

Cel mai vechi portret al unei metrese regale care s-a păstrat este cel al lui Agnes, pictat în 1449, într-o vreme când portretele seculare nu erau încă ceva obișnuit și mulți dintre cei bogați și faimoși îi mituiau pe pictorii bisericești să le atașeze chipurile pe trupurile unor sfinți. În mod destul de bizar, Agnes a fost pictată ca Fecioara Maria pe un altar cu două panouri. Pe panoul ei, aflat acum la Muzeul din Anvers, Agnes, purtând o coroană și o capă de hermină, îi oferă sânul său voluptos copilului Iisus, care privește dezinteresat în altă parte. Celălalt panou, aflat acum la Muzeul din Berlin, îl înfățișează pe un bun prieten al metresei, Etienne Chevalier, în genunchi, într-o gest de prosternare evlavioasă. Acest diptic al amantei regelui, mamă a copiilor săi nelegitimi, prezentată drept Maica Domnului, trebuie să-i fi șocat pe cucernici, șocul fiindu-le amplificat de imaginea prietenului ei venerându-i sânul expus.

Probabil că nu este deloc întâmplător faptul că, la scurt timp după ce pictura a fost desăvârșită, puterile Cerului au trimis-o pe „doamna cu coasa" să o ia pe Alice. La aproape 40 de ani, dintre care 15 ani îi petrecuse ca amantă, prietenă și sfătuitoare a regelui, Alice a murit în durerile facerii. Poate că, dintr-un loc mai măreț, a privit înapoi spre trupul ei răpus și a murmurat: „Ce lucru mărunt, spurcat și urât mirositor e frivolitatea noastră".[1] A închis ochii. Sfâșiat de durere, regele i-a acordat postum titlul de ducesă și i-a organizat funeralii fastuoase.

Cunoștințele noastre despre metresele regale sporesc exponențial odată cu zorii secolului al XVI-lea. Înflorirea culturală cunoscută drept Renaștere a adus aer proaspăt într-o Europă îndobitocită. Brusc, vasele au început să străbată oceanele lumii, aducând la întoarcere bogății nevisate. Mănăstirile erau căutate pentru manuscrise deteriorate care conțineau sfaturile înțelepților păgâni antici. Societăți care se prosternaseră la picioarele unei madone de piatră timp de mii de ani au început să zburde în fața unei statui voluptoase a lui Venus. Pe parcurs, Vaticanul a pierdut cheia de la seiful tuturor cunoștințelor, controlul său ferm asupra moravurilor și apucăturilor fiind substanțial slăbit – chiar și în țări care au rămas catolice după Reforma protestantă.

Inventarea tiparului a declanșat o explozie a științei de carte în rândul nobilimii. Scrierea scrisorilor a devenit o modalitate preferată de umplere a timpului pentru curtenii nerăbdători să le împărtășească rudelor de la țară bârfele de la Curte. De la ei aflăm despre lacrimile reginei, despre istericalele metresei și despre poftele trupești nesățioase ale regelui. Madame de Maintenon, ultima soție morganatică, și cea preferată, a lui Ludovic al XIV-lea (1638–1715), a scris peste 90 000 de scrisori în timpul vieții. Cumnata lui Ludovic, Charlotte Elisabeth, ducesă de Orleans, a scris 60 000 de scrisori despre viața la Curtea de la Versailles, în peste 50 de ani. Madame de Sévigné, care o cunoștea personal pe amanta lui Ludovic al XIV-lea, i-a scris de trei ori pe săptămână, timp de 25 de ani, preaiubitei sale fiice care locuia departe, în Provence. O parte din corespondența personală a regilor și a amantelor lor au supraviețuit incendiilor, inundațiilor, viermilor și distrugerii deliberate, unele dintre acestea vorbind despre latura romantică a vieții.

În plus, rapoartele diplomaților oferă imagini detaliate despre viața la Curte. Într-o eră în care toanele unui rege însemnau pace sau război, belșug ori foamete, nici un detaliu regal nu era considerat neînsemnat. Unele epistole oficiale conțineau însemnări despre defecările regelui. Ludovic al XIV-lea, știind că numeroasele metrese ale lui Carol al II-lea (1630–1685) avuseseră o mare influență asupra acestuia, și-a instruit ambasadorii din Anglia să trimită „rapoarte detaliate despre tot ceea ce se petrecea la curtea Marii Britanii și cu precădere **la privată**".[2] Multe dintre aceste interesante epistole au supraviețuit.

Jurnalele au devenit o modă, oferind martorilor relatări despre intrigile regale. Unul dintre cei mai cunoscuți autori de jurnale a fost Samuel Pepys, care a ocupat o funcție înaltă în serviciul naval britanic al secolului al XVII-lea și care a nutrit sentimente de fascinație lascivă pentru amantele lui Carol al II-lea. El a relatat că le-ar fi văzut în parc și la teatru, le-a comparat frumusețea, le-a descris ținutele și a făcut dragoste cu ele în visele sale. A scris cu bucurie că o sărutase pe Nell Gwynn după piesă și că imaginea lenjeriilor scumpe ale lui lady Castlemaine atârnând pe o sârmă la uscat se dovedise a fi cu adevărat foarte folositoare.

Memoriile au devenit populare, deși acestea trebuie citite cu grijă și comparate cu alte documente ale timpului. Scrise cu scopul de a fi publicate, multe memorii aveau dublul scop al autojustificării și al acuzării altora. Puțin înainte să moară în 1615, regina Margareta a Franței și-a scris memoriile pentru a-și atribui virtuți și o curățenie sufletească aleasă, incluzând în povestirile sale numeroase relatări despre comportamentul indecent al soțului ei cu ibovnicele lui, fără să amintească însă nimic despre propriul comportament indecent cu amanții ei. Răzbunătorul duce de Saint-Simon, care a părăsit Versaillesul din poziția de curtean deziluzionat în 1722, și-a mânuit cu îndârjire condeiul când a scris 40 de volume de memorii, presărându-și istorisirile cu doze generoase de venin.

Biografiile contemporane au început să apară pe neașteptate, dar chiar și pe acestea trebuie să le cercetăm amănunțit. Contele Karl von Pöllnitz a colindat curțile regale ale Europei începând cu 1710, iar în 1740 a devenit maestrul de ceremonii al lui Frederic al II-lea al Prusiei. Fascinat de aventurile amoroase ale lui August al II-lea al Saxoniei (1670–1733), cunoscut ca având peste 300 de copii nelegitimi, contele de Pöllnitz a publicat o biografie în 1734, anul de după moartea regelui. Deși aventurile amoroase ale regelui erau adevărate, ne putem imagina că domnul conte a perfecționat conversațiile relatate de dragul efectului comic.

Odată cu alfabetizarea, s-a observat și o apreciere a valoroasei influențe a femeilor în societate. Curtea franceză a început să accepte în secolul al XVI-lea ideea că femeile erau la fel de inteligente și de capabile precum bărbații, dar infinit mai atrăgătoare. Aproape peste noapte, metresele regale au început să fie admirate, imitate și preamărite.

În secolele al XVI-lea și al XVIII-lea, „funcția" amantelor regale era aproape la fel de oficială ca aceea a prim-ministrului. Se aștepta de la amantă să aibă anumite îndatoriri – sexuale și de altă natură – în schimbul titlurilor, pensiilor, onorurilor și al unei poziții influente la Curte. Ea sprijinea artele – teatrul, literatura, muzica, arhitectura și filosofia. Își folosea farmecul ca pe o armă împotriva ambasadorilor străini. Ea era cea care îl liniștea pe rege când acesta era furios, îl înveselea când era deznădăjduit, îl încuraja când se simțea slab. Ea participa zilnic la slujbele religioase, le dădea de pomană săracilor și își dona bijuteriile pe timp de război.

Francisc I al Franței (1494–1547) a fost primul rege care a acordat titlul de *maîtresse-en-titre* – metresă regală oficială – favoritei sale. Acesta a avut mai multe amante cu personalități puternice. În a doua jumătate a secolului al XVI-lea, amantele franceze au avut mai multă putere decât oricare altele din Europa timp de aproape 200 de ani. Diane de Poitiers, amanta lui Henric al II-lea (1519–1559) a devenit membră a Consiliului privat, a făcut legi și a impus taxe, semnând decrete oficiale alături de rege, ca Henri Diane. Gabrielle d'Estrées, amanta lui Henric al IV-lea (1553–1610), a făcut și ea parte din Consiliu, a dat legi, a primit ambasadori și a avut un rol important în încheierea războiului civil religios.

În Anglia, Henric al VIII-lea (1491–1547) a dat totul peste cap insistând să se însoare cu două femei după care tânjea și pe care, în cele din urmă, le-a decapitat. În secolul următor, Carol al II-lea nu a irosit nici o clipă pentru a se așeza deasupra unei amante chiar în ziua în care s-a așezat pe tron. În ziua încoronării sale, în 1660, s-a culcat cu frumoasa Barbara Palmer care, nouă luni mai târziu, i-a dăruit o fiică. Drept răsplată, el a făcut-o contesă de Castlemaine. Carol a explicat că „nu era ateu, dar nu credea că Dumnezeu avea să-i facă viața amară pentru că a avut și el parte de nițică plăcere neîngăduită".[3]

Despovărat de fidelitate – chiar și față de amanta sa –, Carol a fost unul dintre puținii monarhi care a avut câteva amante principale în același timp. Nu s-a comparat niciodată cu francezii în ce privește aplombul, iar haremul lui a semănat mai degrabă cu un coteț plin de găini gălăgioase. În săptămâna morții sale, în 1685, regele a fost înconjurat de toate găinușele lui, după cum descrie scandalizat biograful său John Evelyn, care se văita în legătură cu „luxul inexprimabil și lipsa de respect, de scrupulozitate, și tot desfrâul" cărora le era martor. Regele Carol „ședea și flirta cu concubinele lui de Portsmouth, Cleveland, Mazarin etc., în vreme ce un băietan franțuz intona cântecele de amor în acea măreață galerie, iar vreo douăzeci de înalți curteni și alți libertini se îndeletniceau cu jocul de cărți cunoscut drept «basset», în jurul unei mese mari rotunde, cu o grămadă de aproape 2 000 de galbeni dinaintea lor."[4]

Vărul primar al lui Carol, Ludovic al XIV-lea al Franței, și-a înfrumusețat Curtea cu un șirag de metrese înmiresmate. Athénaïs de Montespan – care s-a mândrit cu această poziție timp de 13 ani – a fost în multe privințe o clonă a echivalentului său englezesc, Barbara, lady Castlemaine, care a avut o mare influență asupra monarhului timp de doisprezece ani. Ambele erau frumoase, lacome, aspre și strălucitoare, deși Athénaïs a fost, poate, mai pe gustul contemporanilor ei, asperitățile ei fiind netezite de o doză semnificativă de stil franțuzesc. Fiecare dintre aceste femei a contribuit la gloria nației ei, jefuid în același timp vistieria, și fiecare dintre ele a fost regretată când a fost înlocuită cu o alta, mai puțin plină de culoare.

La fel cum moda, arhitectura, muzica și arta franceză au fost replicate în versiuni mai șterse în toată Europa, și conceptul franțuzesc de *maîtresse-en-titre* a fost copiat pe întreg continentul. La sfârșitul secolului al XVII-lea, rolul amantei regale era considerat atât de indispensabil, încât până și rigidele regate germane au preluat modelul. Așa se face că Frederic al III-lea, prinț elector de Brandenburg (1657–1713), prins sub papucul nevestei care disprețuia infidelitatea, a numit-o pe o frumoasă doamnă de la Curte amanta sa oficială, copleșind-o cu bijuterii, deși nu a atins-o niciodată – de frica soției lui care l-ar fi ucis.

August al II-lea cel Puternic, elector de Saxonia, a fost ales rege al Poloniei în 1697 și s-a văzut dintr-odată nevoit să conducă două nații. Avea de nouă ani o amantă în Saxonia, iar ministrul său l-a sfătuit să aleagă o poloneză pentru aceeași onoare la Varșovia. Potrivit contelui de Pöllnitz, regele a fost sfătuit astfel: „Cum Majestatea Voastră are două Curți, una în Saxonia și o alta în Varșovia, ar trebui să fiți monarh deplin, drept fiind astfel să dețineți câte o ibovnică la fieșcare Curte. Acest lucru va conduce neîndoios la mulțumirea ambelor nații. În prezent, polacii obiectează la deținerea unei ibovnice saxone. Dar, cu șase luni de amor în Polonia și cu alte șase luni în Saxonia, ambele nații vor fi împăcate."[5]

În vreme ce în secolul al XVII-lea regii Franței, Angliei și ai statelor germane se lăfăiau nestingheriți cu amantele lor bine recompensate, curtea regală a Spaniei rămânea o oază de catolicism medieval sufocant. Țara care născocise Inchiziția era mai pioasă decât Vaticanul, unde cardinalii exuberanți se răsfățau cu aprige orgii. Genetic nesănătoși, anoștii regi spanioli conduceau o curte sobră, unde arderea pe rug în masă a ereticilor reprezenta distracția preferată.

Amanta regală spaniolă nu avea o poziție recunoscută, cu atât mai puțin speranța de a deține puterea la Curte și recompense financiare. Viața ei după îndepărtarea de la Curte era și mai sumbră – era exilată la o mănăstire. Regele fiind cu doar o treaptă mai jos față de Dumnezeu, nici un muritor de rând nu putea spera să atingă o femeie care fusese sanctificată de îmbrățișările monarhului. Există consemnări conform cărora Filip al IV-lea al Spaniei (1605–1665) ar fi alergat o tânără prin tot palatul și s-ar fi năpustit asupra ușii pe care aceasta ar fi baricadat-o pentru a se ascunde de el, ordonându-i să-l lase să intre. Plângând în hohote, biata fată ar fi strigat „Nu, nu, sire! Nu vreau să devin călugăriță"[6]

Regele Ioan al V-lea al Portugaliei (1689–1750) nu se preocupa să-și trimită fostele amante la mănăstire; el le căuta în rândul călugărițelor, transformând o mănăstire din Lisabona în harem personal și creșă. Maica stareță i-a oferit un fiu, care a devenit mai târziu arhiepiscop.

Dar ibericii nu erau populari în restul Europei. Când George, elector de Hanovra (1660–1727), a depășit probabilitățile matematice și a moștenit tronul Marii Britanii în 1714, încercând să îl imite pe Carol al II-lea, el a „importat" nu una, ci două amante regale în noua sa țară. Amantele germane ale lui George nu și-au impresionat supușii britanici, care au fost șocați – nu de indisciplina lui morală, ci de gustul în ceea ce privește femeile. Una era înaltă și slabă la granița emacierii, cealaltă era scundă și îndesată de stătea să pocnească – cele două formând o pereche deznădăjduitor de ***urâtă***. Dar regele nu a fost deranjat de supușii săi britanici care îi ridiculizau amantele, nici chiar când cineva a slobozit pe străzile Londrei o mârțoagă bătrână cu o șa ruptă, purtând de gât o pancartă pe care scria: „Nu lăsați pe nimeni să mă oprească – eu sunt trăsura de gală a regelui venită din Hanovra și merg să le iau pe Majestatea Sa și pe pațachina lui, să le duc în Anglia". Astfel de glume îi reflectau prea bine masculinitatea, conchidea George.

Când fiul lui George, prințul George de Hanovra, viitorul rege George al II-lea (1683–1760), și-a luat o amantă englezoaică, bătrâna lui bunică a aplaudat fapta ca pe o excelentă modalitate de a-și îmbunătăți cunoștințele de limbă. Vreo 20 de ani mai târziu, lordul Hervey descria relația regelui George al II-lea cu aceeași femeie, doamna Howard, ca pe una mai degrabă de formă decât pasională. Regele „părea a-și socoti amanta în primul rând un accesoriu necesar măreției sale de prinț decât un adaos la plăcerile sale ca bărbat și, astfel, pretindea doar a distinge ceea ce era evident că trecea cu vederea și se prefăcea doar a dezmierda ceea ce era limpede că nu iubea".[8] Regele era auzit numindu-și amanta „o dobitoacă bătrână, obositoare, tare de urechi, ursuză".[9]

Încă o dată, lucrurile se desfășurau cu mult mai mult stil la sud de Canalul Mânecii. Contemporanul lui George, Ludovic al XV-lea (1710–1774), a instalat-o pe Madame de Pompadour ca *maîtresse-en-titre* în 1745. Frumoasă, grațioasă, inteligentă și binevoitoare, Madame de Pompadour a condus practic Franța timp de 19 ani. Ea a sprijinit artiști și scriitori, a produs piese de teatru în care cânta și dansa, a investit în industria franceză, a proiectat castele, a șlefuit nestemate, a învățat arta gravării, a experimentat horticultura și a condus armata în timpul Războiului de Șapte Ani.

Dar, la apogeul puterii, ea a întrezărit îngrijorată furtuna ce se apropia. *Après nous, le déluge* („După noi, potopul"), a spus ea, deși nu drăguțul cap pudrat al Madamei de Pompadour avea să fie cel secerat de lama ghilotinei, ci acela al succesoarea ei, Madame du Barry.[10] În Franța, palatele au fost vandalizate și incendiate. Mormintele regilor și ale curtenilor au fost deschise, profanate, iar oasele împrăștiate la întâmplare. Cu forța zdrobitoare a unei ghilotine, Revoluția franceză a anulat puterea metreselor regale din toată Europa, iar efectele ei s-au propagat ca o undă seismică în toate direcțiile. Extravaganța excesivă a unei civilizații a fost într-adevăr suprimată, înecată într-o mare de sânge roșu ca vinul. Odată cu ea, dusă a fost și glorificarea unei femei decăzute, împodobită cu bijuteriile Coroanei.

În urma Revoluției, deși obiceiurile s-au schimbat, nevoile sexuale ale regilor au rămas aceleași. Amantele regale au continuat să existe din belșug, dar cele osândite să trăiască în mediocritatea secolului al XIX-lea au avut parte de mult mai puțin decât mai norocoasele lor predecesoare. Nu s-au mai inventat titluri de ducese sau contese, nu li s-au mai oferit palate și castele, nu au mai avut venituri uluitoare, un loc la masa Consiliului privat și un număr impresionant de camere în palat. Amantele regale din secolul al XIX-lea sperau doar la o căsuță drăguță în oraș, câteva bijuterii, o linie de credit la cei mai la modă croitori și la aroma copleșitoare a puterii care îi aducea invitații la cele mai bune petreceri.

Ludovic I al Bavariei (1792–1868) s-a opus acestei tendințe și a plătit scump pentru asta. În 1847, și-a forțat Parlamentul să o facă pe amanta sa, Lola Montez, contesă de Landesfeld. În numai câteva luni, s-a trezit cu o revoluție pe cap; Lola a fost alungată din oraș de o mulțime înfuriată, iar Ludovic a abdicat. Dacă Lola și-ar fi încercat manevrele cu 70 de ani mai devreme, probabil că ar fi avut succes.

Înainte de Revoluția franceză, ziarele erau atent cenzurate, nefiind permisă nici o referire ingrată la adresa regelui. Pamfletele – versuri satirice lipite pe stâlpii felinarelor – au luat amploare, fiind smulse de la locul lor și citite în taverne de cetățenii încântați. Multe pamflete le ridiculizau pe amantele regelui. Dar odată cu apariția presei libere în secolul al XIX-lea, titlurile de primă pagină ale ziarelor trâmbițau ultimele scandaluri regale. Caricaturile obscene înfățișau monarhi grași și îmbătrâniți în pat cu hrăpărețele lor ibovnice. Monarhii au devenit mai circumspecți în privința legăturilor ilicite. Modificarea comportamentală era însă doar de ochii lumii. Sexul regal adulter a rămas la fel de frecvent ca întotdeauna, doar că ascuns sub un văl transparent de ipocrizie respectabilă.

În 1900, deja bătrânul rege belgian Leopold al II-lea (1835–1909) se plimba adesea în grădinile publice alături de amanta lui în vârstă de 16 ani, Caroline Delacroix. Dar dacă vreun ministru îl aborda pe rege, Caroline trebuia să rămână supusă în urmă și să pretindă că este sora unuia dintre aghiotanți.

Fiul cel mai mare al reginei Victoria, Eduard al VII-lea (1841–1910), își gestiona relațiile amoroase cu atâta dibăcie încât mulți erau convinși că doamnele erau pentru el mai degrabă o bună companie pentru ceaiul de la ora cinci când soții lor erau plecați în călătorii de afaceri – sau în vizită la propriile amante –, negândindu-se vreodată să se întoarcă acasă într-un moment neprielnic.

Revoluția sexuală din secolul XX a ocolit familiile regale care au rămas agățate de tradițiile victoriene cu o mână, ținându-se strâns de sceptru cu cealaltă. Acele dinastii îndeajuns de norocoase pentru a fi ținut piept valului tot mai puternic al democrației și-au păstrat cu foarte mare grijă amantele secrete, cu o singură excepție majoră. Asemenea strămoșului său Henric al VIII-lea, regele Eduard al VIII-lea al Marii Britanii (1894–1972) a tulburat apele insistând să se însoare cu amanta lui, Wallis Warfield Simpson. Spre deosebire de Henric, Eduard nu și-a decapitat soția – deși, cu timpul, poate că i-ar fi plăcut să o facă –, ci se poate spune că s-a decapitat pe sine însuși. Oprobiul public, care era înăbușit prin spânzurătoare și rug pe vremea lui Henric, a avut drept rezultat abdicarea lui Eduard.

Dragostea prințului Charles al Marii Britanii pentru vechea lui mare iubire Camilla Parker-Bowles i-a distrus căsnicia cu prințesa Diana și a uluit o lume întreagă. În mod tradițional, prinții se însurau cu virgine urâte, dar potrivite, și își luau amante frumoase. Dar când Charles a renunțat la strălucirea supranaturală a Dianei în favoarea ștersei Camilla, pasionată de vânătoare, publicul a reacționat batjocoritor.

Încă de la începuturile istoriei, puterea a fost un puternic afrodisiac. Amantele regale, cunoscute sau ascunse, au existat dintotdeauna și vor continua să existe întotdeauna. „Nimic nu a fost mai fatal pentru bărbați, și pentru bărbații măreți, decât îngăduința de a alerga după dragostea interzisă a femeilor", se lamenta bătrânul Iacob al II-lea al Angliei (1633–1701). „Dintre toate viciile, acesta este cel mai fascinant și mai greu de stăpânit dacă nu este înăbușit din fașă."[11] Dar asemenea lui Iacob, majoritatea regilor nu au înăbușit din fașă iubirea interzisă a femeilor, ci abia după ce aceasta a pălit și s-a stins.

Capitolul 1

Sex cu regele

Unde există căsătorie fără dragoste, va exista și dragoste fără căsătorie.

Benjamin Franklin

Mai presus de orice, ne imaginăm amanta regală ca pe o „unealtă“ sexuală. Ea are sâni mari, un zâmbet cu subînțeles, ochi scânteind de dorință. Dispusă să-și ridice poalele de catifea în cap cât ai pocni din degete, ea oferă irezistibile momente de încântare unui monarh afemeiat. Rugămințile stăruitoare ale familiei lui îndurerate, admonestările episcopului, propriul sentiment de păcat regal și de vinovăție, toate sunt zadarnice în fața farmecelor amantei prin comparație cu cele a castei regine.

Într-adevăr, starea deplorabilă a majorității căsniciilor regale a creat spațiul necesar prosperității amantelor regale. De obicei, căsătoria unui prinț, sărbătorită printr-o ceremonie opulentă, nu era altceva decât o catastrofă personală pentru cele două victime îngenuncheate în fața altarului. Scopul unei căsătorii regale nu era fericirea soțului și a soției sau sexul de calitate, și nici măcar compatibilitatea. Unicul scop era „producția“ de prinți, iar dacă mireasa mai venea la pachet și cu tratate și avuții, cu atât mai bine.

Napoleon, mai sincer decât majoritatea monarhilor, a spus: „Vreau să mă însor cu un uter“.[1] Și, într-adevăr, majoritatea mireselor regale erau considerate doar niște utere umblătoare, cu o coroană pe cap și jupe pe sub fuste.

Dezastru la altar

Prințesele erau crescute de la naștere să fie caste până la granița frigidității, asigurând în felul acesta moștenitori legitimi. Dacă virtutea putea fi învățată, frumusețea nu. Ambasadorii, vânzând o marfă pe nevăzute unui potențial soț regal, exagerau înfățișarea prințesei prin laude hiperbolice, aducând adesea un portret măgulitor drept dovadă.

În 1540, Henric al VIII-lea a fost păcălit de trucul cu portretul pe când își căuta o a patra soție. Dorea să consolideze o alianță cu Franța și îi scrisese lui Francisc I, cerându-i recomandări. Francisc i-a răspuns cu amabilitate, trimițându-i numele și portretele a cinci nobile domnițe. Dar Henric nu a fost mulțumit. „Pentru Dumnezeu", a spus el, studiind chipurile șterse, lipsite de emoție, din portretele pictate, „nu am încredere decât în mine însumi. Lucrul acesta este prea important pentru mine. Doresc să le văd și să le cunosc o vreme înainte să mă decid."[2] Și s-a gândit să organizeze un fel de concurs de frumusețe în orașul Calais, pe atunci al englezilor, pe coasta nordică a Franței, unde urma să aleagă personal câștigătoarea, după o analiză detaliată.

Ambasadorul francez i-a răspuns acid că Henric ar fi trebuit poate să se culce pe rând cu fiecare din cele cinci și să se însoare cu cea care se va fi dovedit cea mai bună la pat. Francisc a făcut o remarcă sarcastică: „În Franța nu se obișnuiește să trimitem demoazelele de asemenea rang și din familii așa de nobile și de princiare ca să fie trecute în revistă ca și cum ar fi iepe (cocote) de vânzare".[3]

Pus la punct, Henric a revenit la studierea portretelor și s-a decis asupra unei alianțe protestante bazate pe imaginea adorabilă a lui Anne de Cleves. Când însă mirele regal a întâlnit-o pe Anne, a fost șocat de cât de mică era asemănarea între Walkiria mătăhăloasă, cu chipul ciupit de vărsat de vânt, și delicata femeie cu chip de porțelan din portret. Regele a „încremenit de consternare când i-a fost prezentată regina" și nu mai fusese niciodată „atât de consternat ca în clipa în care a văzut o femeie atât de diferită de ceea ce i se prezentase". A urlat: „Nu văd în această femeie nimic din ceea ce vorbesc bărbații despre ea și mă minunez că niște bărbați înțelepți ar relata lucruri asemenea celor pe care le-au relatat". Și a continuat: „În cine să se încreadă bărbații? Vă spun pe onoarea mea că nu văd acum nimic din ceea ce mi-a fost prezentat despre ea prin imagini și însemnări. Îmi este rușine că bărbații au slăvit-o așa cum au făcut-o – și nu o iubesc!"[4]

Oricât a încercat, regele nu s-a putut sustrage căsătoriei cu această „iapă de Flandra", așa cum o poreclise el pe Anne. Ducatul de Cleves s-ar fi considerat jignit dacă Henric ar fi „returnat marfa". Cu două zile înainte de nuntă, Henric a bodogănit: „Dacă ea nu ar fi venit de așa de departe în regatul meu, dacă nu ar fi fost toate aceste mari pregătiri pe care poporul meu le-a făcut pentru ea și dacă nu m-aș fi temut că aș provoca prea mare vâlvă în lume trimițându-i fratele în oastea împăratului și a regelui francez, nu m-aș fi însurat acum cu ea. Dar lucrurile sunt prea avansate acum, motiv pentru care regret."[5]

Henric s-a dus la nunta lui cu mai puțină tragere de inimă decât cele mai multe dintre victimele sale care merseseră la execuție. În drumul spre capelă, s-a adresat consilierilor săi: „Domnii mei, dacă nu ar fi trebuit să satisfac lumea și regatul meu, nu aș face ce trebuie să fac în astă zi pentru nimic în lume".[6]

Noaptea nunții a fost, cum era de așteptat, un fiasco. În dimineața următoare, când lordul Thomas Cromwell, care aranjase nunta, l-a întrebat nerăbdător pe Henric cum o găsise pe mireasa sa, regele a tunat: „Cu siguranță, domnul meu, n-o plăceam nici înainte, dar acum îmi displace și mai mult! Nu are pic de grație și plutesc în jurul ei cumplite miesme. Nici n-aș fi zis că e fecioară după cât de lăbărțați îi sunt sânii și alte lucruri, care, atunci când le-am pipăit, m-au șocat atât de tare în adâncul inimii, că nu am mai avut nici voința, nici curajul de a merge mai departe. Nu pot avea vreun apetit pentru ifose dezgustătoare. Am lăsat-o la fel de fecioară precum am găsit-o." Restul zilei, a spus oricui ar fi ascultat că „îi găsise trupul în neorânduială și nepregătit să excite ori să stârnească în el vreo poftă trupească".[7]

Fideli standardelor vremii, nimeni nu i-a cerut lui Anne părerea despre înfățișarea regelui. Mirele ei regal avea un pântec cu o circumferință de 150 de centimetri și o ulcerație purulentă la un picior. Anne s-a trezit numaidecât divorțată și s-a bucurat că a plecat cu capul încă pe umeri. Dar lordul Cromwell a simțit forța deplină a mâniei lui Henric sub forma unei securi ce i-a despicat grumazul.

Prin astfel de dezastre, toată lumea a înțeles curând că portretele mințeau. În 1680, Ludovic al XIV-lea a aranjat ca prințesa bavareză Maria Anna Christina să devină mireasa fiului și moștenitorului lui. Adorabilul portret care a circulat la Curte a fost irelevant prin comparație cu tratatul de căsătorie. După cum relata Madame de Sévigné, în timp ce mireasa se apropia, „curios să afle cum arăta aceasta, regele l-a trimis pe Sanguin (*maître d'hôtel* personal al regelui), despre care știa că este sincer și nelingușitor. «Sire», a spus el, «odată ce veți trece de prima impresie, veți fi încântat.»"[8]

Nefericitul cuplu a reușit să aducă pe lume trei copii înainte ca soția abandonată să moară.

Chiar și mai puțin norocos cu prințesa lui bavareză a fost prințul moștenitor Joseph al Austriei (1741–1790). În 1765, Joseph și-a considerat soția, prințesa Josepha, atât de respingătoare, încât a fost incapabil să consume căsătoria. „E scundă la trup", a povestit el amărât, „îndesată și fără pic de șarm. Are fața acoperită de pete și coșuri. Iar dinții ei sunt oribili."[9]

„Ei vor să fac copii", se văita el într-o altă scrisoare. „Dar cum ar putea fi posibil? Dacă aș putea pune vârful degetului pe cea mai mică zonă a trupului ei care să nu fie acoperită de coșuri, aș încerca să fac un copil."[10] Așa se face că Joseph nu a fost câtuși de puțin îndurerat când tânăra lui soție a murit de variolă la scurt timp după nuntă.

Nu toți prinții acceptau să fie sacrificați pe altarul lui Himeneu, zeul căsătoriei, pentru binele statului. Între 1670 și 1680, viitorul Iacob al II-lea al Angliei s-a trezit văduv, fără vreun fiu și în căutarea unei tinere soții prin Europa. Ludovic al XIV-lea, sperând să instaleze o franțuzoaică pe tronul englezesc, avea evident dificultăți în găsirea unei candidate deopotrivă frumoasă și virtuoasă la Curtea de la Versailles. În cele din urmă, hotărând că înfățișarea unei femei nu putea avea prea mare însemnătate, Ludovic alege o văduvă franțuzoaică nobilă, dar respingătoare, Madame de Guise. Ministrul francez Louvois trimite în Anglia o scrisoare plină de speranță: „Dacă ducele de York dorește o soață pentru a avea copii, nu poate face o alegere mai bună decât Madame de Guise, care a fost grea de trei ori în doi ani și ale cărei nașteri, avere și perspective de fecunditate îmi par a compensa lipsa ei de frumusețe".[11]

Iacob a refuzat oferta, iar ambasadorul francez dezamăgit i-a scris batjocoritor regelui său că ducele de York a insistat să găsească o soție *frumoasă*. Madame de Guise și fecunditatea ei fuseseră respinse. Iacob s-a însurat cu cea mai frumoasă prințesă din Europa, Maria de Modena, în vârstă de 15 ani, o brunetă înaltă, zveltă, superbă, de care s-a îndrăgostit nebunește.

Viitorul George al IV-lea al Marii Britanii (1762–1830) evitase să se lase prins în laț ani la rândul, dar, în cele din urmă, sufocat de datorii, a fost convins de tatăl său și de Parlament să se însoare cu prințesa Caroline de Mecklenburg-Pommern. George, un dandy care petrecea ore în șir legându-și cravata, nu se potrivea deloc cu blajina, dar needucata prințesă, căreia nu-i păsa câtuși de puțin de veșminte și de igiena personală.

Când prințul i-a a fost prezentat pentru prima oară abia sositei lui mirese, a fost atât de paralizat de groază când a văzut-o, încât și-a șters fruntea și a murmurat: „Nu mi-e bine", după care a cerut să i se aducă un vinars ca să-i treacă starea de leșin.[12] Nici mireasa nu a fost prea încântată de mirele ei. „Prințul este mereu așa? Îl găsesc foarte gras și nici pe departe la fel de chipeș ca în portretul său."[13]

George a reușit să facă onorabil față situației cu soția lui de trei ori în primele două nopți de căsnicie. El i-a scris unui prieten că „avea... asemenea urme de murdărie atât în partea din față, cât și în cea din *spate* ... că mi s-a întors stomacul pe dos și din acel moment încolo m-am jurat să n-o mai ating vreodată".[14] Din fericire pentru George, el o lăsase deja gravidă pe Caroline în timpul strădaniilor sale lipsite de entuziasm. Odată cu nașterea unui moștenitor, George a scăpat de presiune și chiar nu a mai atins-o niciodată. În 1821, poporul britanic a avut parte de o priveliște rară – boxeri profesioniști angajați de rege ca să păzească ușile bisericii Westminster Abbey, căci Caroline urla să fie lăsată înăuntru și încoronată alături de înstrăinatul ei soț. În același an în care Napoleon s-a stins, regele a fost informat că „cel mai mare inamic" al său murise. Pe chipul lui George a apărut o bucurie nemărginită când a exclamat: „Dumnezeule, ea chiar s-a dus!"[15]

Dar cel mai nepotrivit cuplu dintre toate a fost, fără îndoială, cel format din fratele lui Ludovic al XIV-lea, Filip, duce de Orléans, poreclit Monsieur, un travestit care prefera mai degrabă iubirea bărbaților decât a femeilor, și Charlotte Elisabeth, fiică a electorului de Hanovra. Mulți au fost cei de la Curtea franceză care au luat în zeflemea o alianță cu electorul, un bărbat atât de sărac încât își ducea pantofii la pingelit. Dar prințesele germane erau renumite pentru fertilitatea lor. În plus, cum iubitul mirelui, Chevalier de Lorraine, era suspectat că ar fi otrăvit-o pe frumoasa primă soție a lui Monsieur, prințesa Henrietta a Angliei, într-o criză de gelozie, Ludovic al XIV-lea a decis că o a doua soție urâtă ar fi avut șanse mai bune de supraviețuire.

În 1670, când mireasa a sosit încrezătoare în Franța pentru a-și cunoaște soțul cu care se căsătorise deja prin procură, a găsit un filfizon efeminat cu cercei roșii cu pietre prețioase, valuri de danteluri și volane, zeci de brățări zornăitoare, pantaloni bufanți plini de fundițe și pantofi cu tocuri înalte. Avea pe cap o perucă neagră mare cârlionțată, iar valurile de colonie aproape că au sufocat-o pe prințesă. Când a fost prezentat, Monsieur a făcut o reverență, observând dintr-o privire fața mare, bonomă, tipic germană a miresei, proaspăt spălată după călătoria făcută, dosul mare german și hainele de o simplitate atât de rustică, încât noile ei doamne de onoare franțuzoaice au fost revoltate. Mirele oripilat i-a șoptit gentlemanului său: „O! Cum m-aș putea culca cu așa ceva?“[16]

Ridicându-se din reverență, mireasa a fost așa de șocată de înfățișarea noului ei soț, încât nu a putut rosti nici un cuvânt din discursul pe care îl pregătise. A reușit până la urmă să afișeze un zâmbet forțat. Aproape că o putem auzi îngăimând din spatele evantaiului ei pictat: „O! Cum m-aș putea culca cu **așa ceva**?“

În cei 30 de ani de căsnicie, Charlotte Elisabeth a îndurat multe lucruri de care majoritatea mireselor regale au fost scutite. Monsieur insista să o fardeze – sperând, poate, să o facă mai atractivă – dar ea se ștergea numaidecât. O necăjea adesea furându-i rochiile și diamantele pentru a le purta el și iubiții lui. Îi făcea plăcere să tragă vânturi – deși acesta era probabil singurul lucru pe care cei doi îl aveau în comun. Charlotte Elisabeth, nedorind să îl atingă în somn, stătea atât de aproape de marginea patului încât adesea cădea, trezindu-se speriată.

Faptul că mariajul acestui cuplu regal a produs trei copii este o dovadă de autodisciplină regală a celor doi, deși iconițele zornăitoare pe care Monsieur și le lega de părțile intime se poate să fi jucat un oarecare rol în asta. Când, în cele din urmă, el a pus capăt relațiilor sexuale nedorite, Charlotte Elisabeth a fost tentată să le spună iubiților lui: „Sunteți invitați să vă înfruptați din boabele de mazăre; mie nu-mi plac".[17]

Sex cu regele

În contrast cu prestația forțată a prințului cu soția lui, ne putem imagina relațiile sale cele mai plăcute cu amantele – preludiul gingaș, tehnica desăvârșită, orgasmele apoteotice, satisfacția leneșă de după. Ne putem doar imagina, căci istoria ne-a lăsat moștenire relativ puține consemnări despre viața sexuală a regilor cu amantele lor. Majoritatea scrisorilor cu indicii de natură sexuală scrise de perechea înflăcărată au fost arse în timpul vieții destinatarilor – uneori în ultimele clipe ale vieții lor – sau la scurt timp după aceea de către rudele lor jenate. Puține astfel de scrisori au rămas să ne stârnească, cât și numeroase povești care au aruncat lumină asupra relațiilor sexuale dintre regi și amante.

Barbara, lady Castlemaine, l-a descris pe amantul ei regal Carol al II-lea ca fiind superb înzestrat, ceea ce l-a făcut pe prietenul ei, lordul Rochester, să scrie:

> Dorințele-i trupești nemărginite nu-s mai presus de forța-i,
> Căci deopotrivă-s la lungime și sceptrul lui și al său mădular.[18]

Auzind acest distih, amanta lui Ludovic al XIV-lea, prințesa de Monaco, a menționat că, deși puterea lui Ludovic era mare, „sceptrul“ lui era mic prin comparație cu acela al vărului său de peste Canalul Mânecii.

Între 1540 și 1550, viitorul Henric al II-lea al Franței era atât de fermecat de amanta sa blond-roșcată, Diane de Poitiers, că n-o dorea aproape deloc pe soția lui banală, cu păr castaniu, Delfina Caterina de Medici. Studioasa Caterina era descrisă de un ambasador ca fiind o femeie frumoasă când chipul îi era acoperit de voaluri, însă când voalurile se ridicau, chipul ei era la fel de tern ca o bucată de lemn. Fusese aleasă ca mireasă a lui Henric doar datorită relației ei apropiate cu papa și a unei dote generoase ce includea câteva orașe, bijuterii, cai și piese de mobilier. În 1542, după nouă ani de căsnicie, Henric și Caterina nu produseseră vreun copil, ea nereușind nici măcar să rămână însărcinată.

Deși cu 18 ani mai mare decât iubitul ei cu sânge albastru, Diane se îngrijea impecabil și era cu mult mai atrăgătoare decât soția regelui. Zveltă și atletică, Diane își începea fiecare zi cu o sesiune înviorătoare de călărie de până la trei ore. Fiind perfect conștientă de pielea ei albă și curată, purta întotdeauna o mască din catifea neagră când ieșea afară, bea zilnic un amestec cu aur și se îmbăia în lapte de măgăriță și apă rece. Îngrozită de riduri, Diane dormea în fund, sprijinită de multe perne. Regimul ei de frumusețe a funcționat. Henric făcea dragoste cu Diane aproape în fiecare noapte, lăsându-și soția singură în patul ei rece.

Pedeapsa pentru o prințesă stearpă era adesea divorțul, exilul și viața într-o mănăstire. Diane, deși nu era o mare prietenă a Caterinei, era încântată că aceasta era ștearsă și banală și că nu avea absolut nici o influență asupra soțului ei. Diane se temea de o nouă alianță, poate cu o prințesă străină frumoasă, care ar fi cucerit inima lui Henric și l-ar fi despărțit de ea. Așa că s-a gândit că o idee mai bună ar fi fost să o ajute pe Caterina să aducă pe lume un moștenitor.

În nopțile în care se întâlneau, Diane își începea partida de amor excitându-l la maxim pe Henric, după care îl trimitea sus, în dormitorul soției, pentru a-și termina treaba. După ce se achita de îndatorirea dinastică, prințul cobora din nou, ca să adoarmă în brațele Dianei. La scurt timp după începerea acestui ritual, Caterina a rămas însărcinată și a adus pe lume un fiu sănătos. Henric și-a recompensat metresa „pentru bunele și lăudabilele servicii" aduse Delfinei.[19]

Inteligenta Caterina nu înțelegea ce vedea soțul ei la amanta lui cea vârstnică. Curioasă, a cerut unui tâmplar să facă două găuri în podeaua apartamentului ei, chiar deasupra dormitorului Dianei. Ea și slujitoarea ei au început apoi să îi spioneze pe Henric și Diana făcând dragoste la lumina focului din șemineu, rostogolindu-se din pat și continuând pe podea. Caterina era uluită de tandrețea fără margini a lui Henric arătată Dianei și îi povestea suspinând doamnei ei de companie că „el n-o folosise pe ea niciodată atât de bine".[20]

Adorabila Madame de Pompadur, cu ochii ei căprui, era de părere că Ludovic al XV-lea o folosea *prea* bine. Dar această amantă regală simbolică avea un secret tulburător – era frigidă. Există unele dovezi care indică faptul că suferea de infecție vaginală cronică, cu o scurgere lăptoasă urât mirositoare, pentru care nu exista leac la vremea respectivă. „M-am pricopsit cu o pasăre de mare rece", se lamenta Ludovic al XV-lea.[21] Era uneori atât de dezamăgit de performanța ei încât pleca din pat fără obișnuitul sărut de rămas-bun.

Ludovic al XV-lea avea un apetit sexual vorace, dorindu-și să facă dragoste de câteva ori pe zi. Dar metresa lui, oscilând mereu între starea de boală și cea de sănătate, s-a simțit curând extenuată, trebuind să se prefacă a se bucura de strădaniile lui. Ne-o putem imagina, o femeie mătăsoasă printre cearșafuri de satin, cu goliciunea trupului încălzită de licăririle lumânărilor, așteptând ca regele să termine.

Sperând să-și stimuleze libidoul, Madame de Pompadour a început o dietă cu țelină, trufe și vanilie, care nu a făcut decât să-i afecteze sănătatea. Într-o zi, când prietena ei, ducesa de Brancas, și-a exprimat îngrijorarea, metresa regală a izbucnit în lacrimi și a spus: „Sunt îngrozită că n-am să-l mai satisfac pe rege și c-am să-l pierd. Știi cum e, bărbații dau o foarte mare importanță anumitor lucruri, iar eu, din păcate, sunt din fire foarte rece. Am crezut că m-aș putea încălzi dacă aș urma o dietă care să-mi încălzească sângele... Nici nu știi ce s-a întâmplat săptămâna trecută, regele a spus că este prea cald, o simplă scuză pentru a-și petrece jumătate de noapte pe sofaua mea. O să se plictisească de mine și-și va găsi pe altcineva."

Ducesa și-a sfătuit prietena cu înțelepciune: „Dar dieta asta pe el nu-l va opri, iar pe tine te va ucide. Nu, trebuie să devii indispensabilă regelui fiind mereu drăguță cu el. Nu-l respinge, desigur, în toate celelalte momente, ci lasă pur și simplu timpul să-și facă treaba și în final el va fi legat de tine pentru vecie prin forța obișnuiței."[22]

Dacă Madame de Pompadour și-ar fi pierdut poziția când ar fi încetat să mai facă sex cu regele, și-ar fi pierdut slujba undeva pe la mijlocul anilor 1750. În realitate, ea a schimbat cu măiestrie relația lor amoroasă într-o prietenie strânsă, devenind un consilier politic abil și un fel de comitet de divertisment compus doar din ea însăși.

Ironia sorții face ca principala metresă a lui Ludovic al XV-lea în tinerețe – Madame de Pompadour – să fi fost frigidă, iar metresa lui de la bătrânețe – Madame du Barry – una dintre cele mai talentate prostituate ale momentului. Sau poate nu. Tânăr fiind încă, Ludovic s-a bazat pe devotamentul, farmecul și inteligența Madamei de Pompadour, descărcându-se sexual în altă parte. Ca monarh în etate, tremurând dinaintea porților morții, nu prea mai avea trebuință de inteligență. Dorea sex atletic frecvent pentru a se convinge că trăia încă.

Pe măsură ce îmbătrânea, găsea tot mai greu femei care să îl excite, până când a întâlnit-o pe entuziasta prostituată pariziană pe care a făcut-o ultima lui metresă.

Jeanne du Barry a intrat în viața lui Ludovic la momentul oportun pentru amândoi. Dacă ar fi venit cu câțiva ani mai devreme, sub domnia fermă a Madamei de Pompadour, ar fi fost o biată aventură. Dar în condițiile date, apariția ei, la aproximativ patru ani după moartea prematură a Madamei de Pompadour, l-a readus pe melancolicul monarh la viață, iar ea și-a asigurat o carieră la care nu visase niciodată.

Ducele de Richelieu, un crai bătrân, se bucurase de frumoasa blondă atât de mult încât a recomandat-o regelui istovit. După prima lor întâlnire sexuală, regele i-a spus ducelui: „Sunt încântat de Jeanne a dumitale. Este singura femeie din Franța care a reușit să mă facă să uit că am 60 de ani."[23]

Dar în loc să se culce cu ea și pe urmă să se descotorosească de ea, cum făcuse cu toate celelalte, a păstrat-o lângă el. I-a spus aproape scuzându-se prietenului lui, ducele d'Ayen, că descoperise „o plăcere cu totul nouă lui". În replică, ducele a pufnit, zicând: „Asta, sire, este pentru că nu ați fost niciodată într-un bordel".[24]

Regele fusese făcut să creadă că Jeanne era o femeie măritată respectabilă, care avusese câteva relații amoroase cu nobili și bancheri. Credinciosul lui valet și codoș dintotdeauna, Lebel – alarmat de înclinarea regelui spre o femeie atât de nepotrivită – i-a spus, în cele din urmă, lui Ludovic, în timpul toaletei de dimineață, că talentele sexuale ale lui Jeanne erau rezultatul anilor de antrenament profesionist. Că nici măcar nu avea respectabilul statut de femeie măritată. Ni-l putem imagina pe Ludovic, în timp ce era pudrat și parfumat, fluturând regește din mână și poruncindu-i lui Lebel să își țină pliscul și să îi găsească femeii un soț potrivit. Tulburat, Lebel – care îl slujise pe rege aproape toată viața lui – a murit curând după aceea.

Medicii de la Curte l-au dojenit pe Ludovic, spunându-i că metresa lui era prea tânără și sugerându-i că o femeie mai în vârstă ar fi putut fi mai bună pentru inima lui. Dar aceasta nu era o recomandare pe care regele ar fi putut s-o accepte. Între timp, unii curteni spuneau că nu-l văzuseră niciodată pe Ludovic mai sănătos – părea mai tânăr și mai energic decât fusese vreodată în ultimii ani.

Dar, cu câteva săptămâni înainte să moară, monarhul în vârstă de 64 de ani și-a dat seama că până și ea își pierdea abilitatea de a-l excita. S-a confesat doctorului lui: „Îmbătrânesc și ar fi timpul să-mi mai strunesc puțin caii". Doctorul a răspuns imediat: „Sire, nu e vorba de strunit, cred că ar trebui să le scoateți de tot hamul".[25]

Bătrânul monarh, care se îndrepta spre moarte și spre inevitabila judecată divină, suferea uneori crize amare de remușcare pentru păcatele sale carnale și refuza să își vadă metresa. Aceste chinuri ale conștiinței erau curând înlocuite de altele, iar Ludovic se arunca din nou în frumoasele ei brațe albe. Temperamentul vulcanic al regelui de Bourbon a durat, literalmente, până în clipa morții. Chiar și cu trupul în descompunere, năpădit de variolă, Ludovic a întins o mână măcinată de puroi pentru a pipăi ispititorii sâni ai metresei.

Poate că Ludovic al XV-lea moștenise libidoul neobosit de la predecesorul lui, Ludovic al XIV-lea, care și-a împovărat amantele nu doar cu nevoile lui sexuale ci, și mai rău, cu infinita lui fertilitate. Louise de La Vallière a născut patru copii în șapte ani. Succesoarea ei, strălucitoarea Athénaïs de Montespan, a adus pe lume șapte copii în nouă ani. Ursuza Madame de Maintenon era la menopauză când s-a măritat în secret cu Ludovic, dar i s-a plâns duhovnicului ei că, la vârsta de 75 de ani, regele insista să facă sex zilnic, uneori de câteva ori. Duhovnicul i-a spus că Dumnezeu o alesese pe ea să îl împiedice pe rege să păcătuiască, așa că trebuia pur și simplu să îndure. Se presupunea că sexul prea frecvent le-ar fi provocat bărbaților „gută, constipație, halenă și înroșirea nasului", de toate aceste suferind și Ludovic, dar nu într-atât încât să îi scadă apetitul sexual.[26]

În vreme ce până și la perechile cele mai desfrânate sexul devenea neinteresant după câțiva ani, țarul Alexandru al II-lea (1818–1881) și frumoasa lui amantă brunetă Katia Dolguruki s-au bucurat de o viață sexuală plină de pasiune de-a lungul tuturor celor 15 ani de relație, cărora le-a pus capăt doar moartea lui. Deosebit de prostuță, Katia era cu 30 de ani mai tânără decât Alexandru și adora să facă dragoste. În 1870, țarul i-a scris: „Ai văzut singură ce simt în adâncul meu, la fel cum și eu am văzut ce ți se întâmpla ție. Acesta este motivul pentru care ne-am împreunat ca niște pisici flămânde, atât dimineața cât și după-amiaza, și a fost frumos până la granița nebuniei, astfel încât chiar și acum aș vrea să urlu de bucurie și sunt încă plin în toată ființa mea."[27]

În 1876, sănătatea țarului dădea semne de înrăutățire. A fost consultat de medicul Curții, care nu a putut găsi vreo boală și care a indicat diplomatic că țarul în vârstă de 58 de ani suferea de epuizare și de „exces de relații sexuale".[28] Dar această opinie medicală nu l-a descurajat pe țar. Curând după, i-a scris Katiei următoarele: „Mi-a plăcut la nebunie să fac dragoste cu tine, sunt cufundat încă tot în această stare. Ești atât de ademenitoare, că este imposibil să-ți rezist! Nu există cuvinte pentru acest delir."[29]

În același an, când se pregătea să aducă pe lume al treilea copil, Katia se plângea de faptul că nu va putea face sex o vreme după naștere. „Mă simt atât de greoaie", scria ea, „dar nu mă plâng, pentru că este numai vina mea, și mărturisesc că nu pot exista fără fântâna ta, pe care o iubesc într-atât, și prin urmare, după ce vor trece șase săptămâni, contez pe reluarea injecțiilor."[30]

Relațiile amoroase ale lui Napoleon al III-lea (1808–1873) nu erau nici pe departe la fel de satisfăcătoare. Libidoul împăratului îl forțase să o ia de soție pe singura femeie care refuzase să facă sex cu el, Eugénie de Montijo, frumoasa fiică a unui neînsemnat nobil spaniol. Circula o glumă care spunea că Napoleon al III-lea devenise împărat prin predestinare, însă Eugénie devenise împărăteasă prin erecție.

Dar când Napoleon a descoperit că virtutea soției sale era, de fapt, frigiditatea, a început să cutreiere Curtea ca un leu adulmecându-și prada, fiind prezent în toate sălile de bal ca la o vânătoare de sex. Între 1860 și 1870, când trecuse deja de 50 de ani, împăratul era incapabil de preludiu, cufundându-se direct în plăcere fără să îi pese câtuși de puțin de partenerele sale.

Marchiza de Taisey-Châtenoy a îndurat o astfel de întâlnire după ce îl cunoscuse pe împărat în timpul unui bal de la Tuileries. După miezul nopții, a venit în dormitorul ei într-o pijama mov, arătând destul de ridicol. Ea a relatat după aceea: „A urmat o scurtă sforțare fizică, în timpul căreia el a gâfâit greu, apoi ceara din vârfurile mustății lui s-au topit și au picurat, iar în final, a ieșit degrabă, lăsând-o pe marchiză neimpresionată și nesatisfăcută“.[31]

Frații Edmond și Jules de Goncourt scriau: „Când la Tuileries este adusă o femeie, aceasta este dezbrăcată într-o cameră, apoi trece dezbrăcată într-o altă cameră, unde împăratul, la rândul lui gol, o așteaptă. (Șambelanul) în funcție îi dă următoarele instrucțiuni: «Puteți săruta orice parte a corpului Majestății Sale, cu excepția feței».“[32]

Soția unui funcționar de la Curte a solicitat o audiență privată cu împăratul pentru a discuta cariera soțului ei. Aceasta a relatat: „N-am avut timp nici măcar de o vorbă de protest, că el m-a și apucat de cea mai intimă zonă a trupului meu... Totul se petrece atât de repede, că până și cele mai ferme principii devin neputincioase.“[33]

Unele dintre expedițiile prădalnice ale lui Napoleon erau un eșec total. Într-o seară, împăratul afemeiat a intrat într-un salon slab luminat, s-a așezat pe o sofa alături de o făptură fermecătoare într-o rochie bogat împodobită. Și-a strecurat mâna pe sub jupa acesteia și a ciupit piciorul cu formă frumoasă îmbrăcat în ciorap de mătase. Episcopul de Nancy a sărit ca ars în picioare, protestând sonor.

Cea mai perversă relație sexuală consemnată între un monarh și amanta sa a fost aceea a frumoasei cu păr negru ca pana corbului Lola Montez cu Ludovic I al Bavariei. Ludovic făcuse o obsesie pentru labele picioarelor dansatoarei. Pe când aceasta se afla în exil, el îi scria: „Îți iau picioarele în gură, acolo unde nu au mai ajuns altele, care mi-au repugnat, dar cu tine, este exact opusul".[34] Și o altă scrisoare: „Vreau să-ți iau picioarele în gură, numaidecât, fără să-ți las răgaz să le speli după ce ai ajuns din călătorie".[35]

Scrisorile lor indicau că Lola îi făcea sex oral lui Ludovic, alteori el masturbându-se în timp ce îi sugea degetele picioarelor. Este posibil ca aceste practici să fi înlocuit raportul sexual, pe care Lola l-a avut cu regele în doar câteva ocazii. Poate că era prea puțin atrasă de un bărbat cu 34 de ani mai vârstnic, cu o gâlmă crescută chiar în mijlocul frunții. Ea obișnuia să se scuze adesea că nu putea face sex pe motiv de menstruație, probleme de sănătate sau pericolul de a rămâne gravidă.

În cele 15 luni cât a durat relația lor la München, Ludovic i-a cerut să poarte bucăți de flanel direct pe piele în două locuri anume de pe trupul ei – și ne putem imagina care au fost acele două locuri – și să i le ofere apoi lui. Mai târziu, în timpul exilului ei, el i-a cerut același lucru, iar ea i-a trimis bucățile de flanel purtate de ea. El insista să știe dacă purtase bucățile de flanel în respectivele locuri.

În timpul exilului Lolei, aceasta i-a trimis lui Ludovic o scrisoare cu un mic cerc desenat de ea și care reprezenta gura ei pe care el să o sărute. Ludovic i-a răspuns: „Desenul din scrisoarea ta, care ar vrea să reprezinte gura ta (de fiecare dată când îl sărut), am crezut la început că este a ta *cuño* (vagin), iar al meu *jarajo* (penis) a avut o erecție. Oricât de multă plăcere mi-a oferit gura ta, a ta *cuño* mi-ar fi făcut o și mai mare plăcere. Le sărut și pe una și pe cealaltă."[36]

Conform tuturor relatărilor, Lillie Langtry și viitorul rege Eduard al VII-lea al Marii Britanii au avut o viață sexuală deosebit de plină. Eduard a fost uluit în 1877 când a văzut-o pentru prima oară pe voluptoasa roșcată cu picioare lungi care mergea „ca o frumoasă cățea de vânătoare în două picioare".[37] Așa că a făcut-o numaidecât prima sa amantă oficială, devenind inseparabili apoi, timp de aproape doi ani. Lillie relata că, într-o zi, prințul i-a spus: „Am isprăvit atâta cu tine că aș fi putut cumpăra o navă de război". La care ea a răspuns caustic: „Și ai isprăvit atâta în mine că nava ta ar fi avut pe ce pluti".[38]

Fidelitatea într-o relație adulteră

Asemenea patriarhilor biblici, sultanilor turci și împăraților chinezi, regii europeni erau adesea implicați în relații sexuale cu câteva femei în același timp. Deși, de obicei, doar una deținea titlul de amantă oficială – *maîtresse-en-titre* – existau invariabil și steluțe mai mărunte, unele care se stingeau rapid, altele care ocupau orbite mai îndepărtate, dar care sclipeau stins mulți ani.

Conform tradiției vremurilor, în vreme ce regii și prinții se tăvăleau în așternuturi cu alte femei, amantele lor ar fi trebuit să aștepte răbdătoare în apartamentele lor, brodând poate, sau organizând o cină de gală pentru delectarea iubitului necredincios. Așa au stat lucrurile cu Mademoiselle Choin, amanta lui Ludovic, Delfin al Franței (1661–1711), moștenitor al tronului tatălui lui, Ludovic al XIV-lea. Devotamentul lui Ludovic față de metresa lui – avea să se însoare în secret cu ea după moartea soției – nu l-a împiedicat să se împerecheze cu actrițe pe care le vedea pe scena din Paris sau cu oricine altcineva îi ieșea în cale.

Odată, Delfinul a invitat o frumoasă tânără actriță să îl viziteze în apartamentele sale de la Versailles. Aceasta a venit cu o prietenă mai vârstnică și mai urâtă. Informat că actrița sosise, Delfinul a deschis ușa către antecameră, a tras-o pe femeie lângă el – din întâmplare, pe cea mai urâtă și mai vârstnică – și a dus-o în camera lui. Când prietenul și codoșul lui, monsieur Du Mont, a găsit-o pe tânăra și frumoasa actriță așteptând, s-a amuzat copios și a început să bată în ușa Delfinului, strigând: „Femeia aceea nu este cea pe care o doriți! Ați luat-o pe cea greșită!“ Ușa s-a deschis și Delfinul a împins-o pe urâtă afară din cameră. „Stați așa, uitați-o pe cealaltă!“ a spus Du Mont, împingând-o pe femeia frumoasă spre el. „Nu mai e cazul, s-a rezolvat“, a spus Delfinul. „Aceasta va trebui să aștepte o altă ocazie.“[39]

Majoritatea amantelor regale nu ar fi îndrăznit să aibă relații amoroase cu alți bărbați. Câteva care au făcut-o totuși au fost generos iertate de monarhii lor afemeiați. Dar multe s-ar fi așteptat la o pedeapsă similară cu cea a Madamei d'Esterle, care a devenit amanta lui August al II-lea al Poloniei, elector al Saxoniei, în 1704. Când regele fustangiu a descoperit că Madame d'Esterle avusese relații cu câțiva domni de la Curte, i-a dat un răgaz de 24 de ore să își facă bagajele și să părăsească țara. Și mai urâtă de atât a fost răzbunarea lui Petru cel Mare (1672–1725), care a descoperit în 1703 că amanta pe care o avea de 13 ani, Anna Mons, se culcase cu ambasadorul suedez. Petru, care de-a lungul întregii relații cu Anna luase parte în mod repetat orgii, s-a înfuriat atât de tare din cauza infidelității ei, încât a aruncat-o în temniță împreună cu 30 dintre prietenii ei.

Pentru o femeie care declara public că profesia ei este desfrâul, îndrăzneața Nell Gwynn s-a dovedit remarcabil de fidelă lui Carol al II-lea, chiar și după moartea acestuia. Rămasă fără amantul ei regal, frumoasa Nell a fost curtată de numeroși pretendenți. L-a informat cu tristețe pe un admirator înfocat că „nu mă pot culca cu un câine după ce m-am culcat cu un cerb“.[40]

În mod ironic, amantele de viță nobilă ale lui Carol, arogantele ducese, nu erau nici de departe atât de credincioase precum viteaza lui depravată. Roșcata Barbara Palmer, pe care Carol a făcut-o contesă de Castlemaine și ducesă de Cleveland, a fost cea mai rău famată. Poate că infidelitatea ei flagrantă a fost tolerată de Carol pentru că ea îi împlinea toate fanteziile sexuale. Un prieten din copilărie al Barbarei o descria ca fiind „o fetiță lascivă... (care) obișnuia să își frece chestia cu degetele sau de toate cele posibile".[41]

În 1667, lady Castlemaine era într-o relație cu renumitul berbant de la Curte Harry Jermyn. Într-o zi, când regele i-a făcut o vizită inopinată amantei lui, Harry a trebuit să se ascundă sub pat. Rămânând gravidă pentru a șasea oară, regele a știut foarte bine că ea nu purta copilul lui. Nu fusese sigur de unii dintre primii cinci copii, dar decisese să îi recunoască, pentru că probabilitățile să le fi fost el tată erau destul de mari. Dar cu al șaselea nu a mai făcut la fel.

Lady Castlemaine s-a înfuriat că regele o făcea să pară o desfrânată. „La naiba!" a țipat ea. „Va fi al tău! Am să-l botez în capela de la Whitehall și am să-l declar ca fiind al tău... sau am să-l aduc în galeria Whitehall și am să-i zdrobesc țeasta dinaintea ochilor tăi." Carol a rămas ferm pe poziție. „Acest copil nu este al meu." „Indiferent al cui este, tu ai să-l recunoști", a strigat scorpia.[42] Se zice că regele a implorat în genunchi să fie iertat câteva zile mai târziu.

În 1671, la urechile regelui a ajuns informația că lady Castlemaine se culca cu dramaturgul William Wycherly acasă la o prietenă, care îi slujea drept acoperire. Carol s-a dus el însuși să verifice și a dat nas în nas cu Wycherly pe scări în timp ce încerca să treacă neobservat înfășurat în mantia sa. Regele nu a spus nimic, dar a urcat și a găsit-o pe lady Castlemaine în pat. I-a cerut să îi explice ce făcea acolo. „Este începutul postului", i-a spus ea, „așa că m-am retras aici pentru rugăciune." Regele a pufnit: „Desigur. Iar cel cu care m-am întâlnit pe scări era duhovnicul dumitale."[43]

Odată cu înaintarea în vârstă, lady Castlemaine a început să-și dorească tot mai mult tineri chipeși și plini de vână, din clasele de jos. Disprețuind profund granițele dintre clase, i-a permis lacheului să facă dragoste cu ea în baia ei și a făcut sex cu Jacob Hall, un dansator pe sârmă, în baraca lui de la bâlci, în văzul publicului fascinat.

La Curte a apărut o glumă în versuri despre aventurile ei;

> Patruzeci de bărbați pe zi această desfrânată femeie avea
> Și totuși, ca o cățea în călduri, coada își ridica și mai vrea.[44]

Lady Castlemaine era pururea îndrăgostită și iubea pătimaș. Era generoasă cu tinerii ei amanți, ciupind din ce primea de la rege pentru a-i întreține. John Churchill, viitorul duce de Marlborough, era în pat cu lady Castlemaine într-o zi când amantul ei regal a apărut inopinat. Churchill a sărit pe fereastră. Carol s-a dus la fereastră, a privit în jos și i-a strigat sec: „Vă iert, la urma urmei, așa vă câștigați existența".[45]

Când Churchill a cerut 5 000 de lire pentru prestațiile sale, lady Castlemaine a fost de acord să se vândă lui sir Edward Hungerford, în vârstă de peste 70 de ani, care își exprimase dorința de a fi „măcar o dată acolo unde a fost și Carol".[46] Lady Castlemaine i-a spus că prețul ei era de 10 000 de lire – dorind să se aleagă și ea cu ceva – preț pe care avutul desfrânat l-a acceptat. Dar ea a trimis o altă femeie să se întâlnească cu sir Edward într-o cameră întunecoasă, încasând apoi frumușica sumă. L-a informat apoi pe sir Edward că îl păcălise și s-a oferit să i se dea *cu adevărat* pentru alte 10 000 de lire. Sir Edward a respins cu înțelepciune oferta.

O parte semnificativă din venitul lui lady Castlemaine ca amantă regală – estimat la 100 000 de lire – a ajuns în ghearele hrăpărețului John Churchill. Dar într-o seară, când lady

Castlemaine a cerut un împrumut pentru un joc de cărți, acesta a refuzat-o indignat. Amanta regală s-a înfuriat atât de tare, că a început să îi curgă sânge din nas și i-au plesnit șnururile corsetului.

Lola Montez i-a fost la fel de necredincioasă – sau poate chiar mai mult – amantului ei regal precum lady Castlemaine cu două secole înaintea ei. Infidelitatea ei ostentativă contrasta trist cu loialitatea statornică a regelui Ludovic. La puțin timp după ce a fost obligată să părăsească orașul München, Ludovic i-a scris o scrisoare pe care nu a trimis-o niciodată, implorând-o să îi rămână fidelă. Cât despre fidelitatea lui față de ea, acesta a scris: „Mult iubita mea, gândește-te la ultimele 16 luni, la cum s-a comportat al tău Luis în această perioadă de când ne-am cunoscut. N-ai să găsești nicicând o inimă ca a mea."[47]

Dar Lola avusese deja nenumărați amorezi cât timp fusese amantă regală la München și avea să continue această viață de desfrâu și în exil. La München, obișnuia să primească mulți amanți în apartamentul ei de hotel și apoi în casa cumpărată și mobilată de Ludovic pentru ea. Lola ieșea rareori neînsoțită de un grup de tineri care se dădeau drept gărzile ei de corp, cât și de admiratorii ei, studenți de la Universitatea din München.

Regele primea neîncetat rapoarte despre desfrâurile Lolei. Dar refuza să le creadă, spunând de fiecare dată că prin aceste zvonuri se încerca doar defăimarea bietei Lola. După ce Lola a fost exilată, Ludovic a avut destul timp, mai ales după ce a abdicat, să analizeze la rece numeroasele rapoarte despre călătoriile prin Europa și scandaloasele ei flirturi. Când Lola l-a implorat pe rege să îi trimită bani, promițându-i fidelitate eternă, stilul ei de viață era atât de revoltător încât cele două tovarășe ale sale, al căror rol era să îi dea Lolei un aer respectabil, și-au făcut bagajele și au părăsit-o.

Monarhul care abdicase urma să-și ia alte amante care să îi aline singurătatea, dar nu avea să-și mai revină niciodată complet după relația cu Lola. Pierderea tronului nu l-a deranjat la fel de mult precum conștientizarea faptului că iubita lui era o mincinoasă necredincioasă. În ultimii 20 de ani ai vieții, regele abdicat nu a mai făcut decât să colinde fără noimă și să scrie versuri neinspirate despre inima sa frântă.

Francisc I a fost mai norocos decât majoritatea regilor în răzbunarea sa față de iubitul necredincioasei lui amante – deși fără știință. A sa *maîtresse-en-titre*, Françoise de Foix, în vârstă de 23 de ani, Dame de Châteaubriant, avea amanți secreți. Într-o noapte din 1518, amantul ei, amiralul Bonnivet, auzind că regele urma să vină, a sărit din patul amantei și s-a ascuns în șemineul ei uriaș. Din fericire, era vară și vatra era plină de ramuri parfumate de pin îndărătul cărora Bonnivet a reușit să se ascundă. Din nefericire, vatra servea și drept latrină, și înainte să facă dragoste cu amanta lui, regele s-a ușurat pe bietul Bonnivet ascuns după crengi, udându-l până la piele, fără să știe.

CAPITOLUL 2

ÎN AFARA IATACULUI – ARTA DE A OFERI PLĂCERE REGELUI

Nu buzele sau ochii înseamnă frumusețe, ci forța îngemănată și efectul deplin al tuturor elementelor laolaltă.

ALEXANDER POPE

Doar talentele sexuale nu erau suficiente pentru a propulsa o femeie pe poziția de *maîtresse-en-titre*. Regele putea ridica poalele aproape tuturor femeilor din regatul lui de oricâte ori poftea, fără a-i da vreuneia titlul oficial și retribuțiile aferente. Servitorii regelui, cunoscând gustul stăpânului lor, aduceau adesea prostituate, pe care le spălau foarte bine și le împingeau în așternutul regal. Aceste femei acceptau recunoscătoare un galben când ieșeau pe ușă și plecau. Cameristele care curățau camerele regelui cădeau adesea pradă poftelor carnale ațâțate brusc și năvalnice ale monarhului. După care își netezeau frumos șorțurile, își luau măturile și gălețile și plecau în vârful picioarelor să curețe următoarea încăpere.

Regele flirta adesea cu doamnele de la Curte – iar asta presupunea cine private urmate de partide de sex și cadouri constând în bijuterii prețioase. Aceste nobile, spre deosebire de prostituate și cameriste, se calificau pentru titlul de metresă oficială – *maîtresse-en-titre* – dacă monarhul alegea să îi acorde această onoare. Dar în majoritatea cazurilor, nu o făcea. Ce calități făceau dintr-o femeie o candidată serioasă pentru titlul de amantă oficială?

Suntem tentați să credem că frumusețea ar fi cea mai importantă calitate. Vedem amanta regală ca pe o Afrodită barocă, strălucind învăluită în mătăsuri, straturi de dantele, bijuterii sclipitoare. Apare la un bal și îl răpune pe rege cu o singură privire, iar regele, cu genunchii înmuiați, rostește întrebarea magică: „Cine este femeia aceea?"

Ea are piele catifelată, bucle mătăsoase, un chip cu trăsături de o frumusețe ravisantă. Pe sub acest smalț elegant pândește o pasiune animalică pe care bărbații o pot adulmeca de la capătul celălalt al unei încăperi. Are voce gravă și răgușită și un zâmbet răvășitor. Identifică pe loc bărbații paralizați de farmecul ei cu o singură privire a ochilor ei luminoși. Râzând, ne părăsește, cu trena foșnind în urma ei, iar noi simțim notele îmbătătoare ale parfumului ei plutind în aer. Înțelegem prea bine de ce regele a ales-o pe ea.

Dar greșim amarnic dacă alegem frumusețea ca fiind singura și cea mai importantă calitate a amantei regale. O femeie ale cărei bunuri de preț erau doar la suprafață și care nu oferea nimic din interior, pur și simplu nu rezista. Frumusețea fără inteligență și bunătate avea drept rezultat câteva interludii frenetice cu nădragi în vine și jupe răscolite și rareori o ofertă pentru poziția de *maîtresse-en-titre*. Mulți monarhi au gustat din nurii celor mai frumoase femei de la Curtea lor, găsindu-le pe aceste dame doar deosebit de *plictisitoare*.

Pe de altă parte, o femeie mai puțin atrăgătoare știa cum să-și prindă în mreje monarhul, firește nu prin apariții orbitoare la baluri. Ea avea nevoie de contact frecvent cu monarhul pentru a-și dezvălui frumusețea interioară, bunătatea sufletească, inteligența și simțul umorului. El începea să aștepte nerăbdător conversațiile lor, confortul pe care i-l oferea prezența ei, pentru că ea știa cum să îl facă să râdă. Și curând, la Curte începea să circule zvonul că regele și-a făcut o amantă urâtă.

Cu sau fără frumusețe, cu sau fără talente sexuale, amanta regală de succes se făcea de neînlocuit, satisfăcând toate cele cinci simțuri ale regelui. Era pregătită să converseze vesel cu el chiar dacă era obosită, să facă dragoste cu el la orice oră din zi și din noapte, chiar dacă era bolnavă, să îi satisfacă orice fantezie, să îi servească mâncărurile preferate, să îl alinte când era bosumflat, să îi maseze picioarele, să îi decoreze casele și să îi crească pruncii nelegitimi – uneori concepuți cu alte femei. Și toate acestea trebuiau făcute cu bunădispoziție.

Doar câtorva monarhi le făcea plăcere ca metresele lor să se certe la cuțite cu ei. De regulă, amanta regală nu bombănea, nu arunca priviri amenințătoare și nici nu făcea crize de gelozie. Aparent mereu senină și foarte relaxată din înalta ei poziție, alegea cu grijă situațiile când avea rost să pornească o luptă, doar rareori arătându-și ghearele și colții.

Amanta nu putea fi obosită, bolnavă, nu avea voie să se văicărească sau să fie copleșită de tristețe în prezența regelui. Ea purta masca încântării radiante, dincolo de problemele de orice natură. Când Ludovic al XIV-lea le-a oferit amantei lui și prietenelor acesteia onoarea de a călători alături de el, în caleașca regală, de la un castel la altul, în realitate acest lucru a fost pentru ele o adevărată tortură. Ducele de Saint Simon relata: „Expediția abia începuse de un sfert de leghe când regele le-a întrebat pe doamnele din caleașca lui dacă nu și-ar fi dorit să mănânce ceva... Atunci, au fost cu toatele obligate să spună cât de înfometate erau, să se prefacă voioase și pline de apetit și de bucurie, altfel regele ar fi devenit morocănos, dispoziție pe care nu se sfia să și-o manifeste deschis... Regelui îi plăcea aerul proaspăt și insista să stea cu toate geamurile coborâte; ar fi fost extrem de deranjat dacă vreuna dintre doamne ar fi îndrăznit să tragă vreuna dintre perdeluțe pentru a împiedica pătrunderea soarelui, a vântului sau a frigului. Nu exista alternativă, trebuia să se prefacă a nu observa, nici asta, nici vreun alt disconfort... Dacă vreuneia i se făcea rău, gestul era considerat o crimă de neiertat."[1]

Poate că cel mai rău dintre toate era faptul că doamnelor nu le era permis să vorbească despre necesitățile fiziologice naturale. În timpul unui drum de șase ore de la Versailles la Fontainebleau, ducesa de Chevreuse a avut nevoie atât de disperată de o oală de noapte încât aproape că a leșinat. Dar a reușit să zâmbească neîncetat și să nu sufle o vorbă regelui despre agonia prin care trecea. Ajunsă la Fontainebleau, s-a dus în fuga mare în cea mai apropiată încăpere – care s-a întâmplat a fi capela – și s-a ușurat acolo în primul vas găsit – care s-a întâmplat a fi un sfânt potir.

Dar patimile metresei regale nu se încheiau aici. Ea era nevoită să participe la activitățile preferate ale regelui, fie că îi plăceau, fie că nu. Zâmbind larg, pornea călare alături de el la vânătoare prin pădurile reci, dând din cap aprobator când regele încolțea și omora animale care urlau și pe care ale căror carcase însângerate le tranșa apoi. Râzând veselă, petrecea ore în șir pe câmpuri pline de apă privind șoimii regali devorând păsări mici. Chicotind voioasă, se prefăcea încântată de plictisitoarele partide de jocuri de cărți care țineau uneori până în zori. Și apoi, gemând într-un extaz prefăcut, îndura indezirabila partidă de sex.

Rareori auzim de vreo o regină străduindu-se până la epuizare să îi facă pe plac regelui. În vreme ce amanta cânta, mergea la vânătoare, recita poezii, aducea jongleri, făcea dragoste toată noaptea, mânca și dacă nu îi era foame și ignora nevoile vezicii și ale măruntaielor ei, regina trecea prin căsnicie cu o solemnă letargie. De ce trebuia amanta să muncească atât de mult, în vreme ce regina nu? Foarte simplu, pentru că amanta putea fi concediată în orice clipă, în vreme ce regina era un element permanent în palat – la fel ca podelele de marmură sau coloanele de piatră – până la moartea acesteia. Indiferent de comportamentul unei regine – mai puțin adulterul afișat strident – aceasta își păstra căsnicia și poziția. Amanta, pe de altă parte, își putea pierde toate posesiunile doar la un simplu pocnet din degete al regelui.

Arta de a oferi plăcere

Chintesența conceptului de metresă regală a fost Jeanne-Antoinette d'Etioles, marchiză de Pompadour, care a domnit 19 ani alături de Ludovic al XV-lea al Franței. În 1745, această tânără de 24 de ani din clasa de mijloc a reușit să ajungă pe tărâmul interzis numit Versailles, supraviețuind nenumăratelor comploturi și intrigi puse la care de nobili invidioși care doreau să o îndepărteze de la putere, părăsind Curtea regală doar moartă, în sicriu. Ce legături de mătase au ținut-o pe această femeie legată de regele ei?

Inițial, l-a fermecat pe arătosul Ludovic cu frumusețea și șarmul ei. Contele Dufort de Cheverny scria: „Nu exista bărbat care să nu o dorească drept ibovnică. Era înaltă, dar nu prea mult, avea un trup frumos, un chip rotund, cu trăsături armonioase, piele, brațe și mâini superbe, ochi nu foarte mari, dar cei mai luminoși, mai inteligenți și mai strălucitori din câți am văzut vreodată. Totul la ea era unduitor, chiar și gesturile. Le punea în umbră pe absolut toate celelalte femei de la Curte, deși unele dintre acestea erau foarte frumoase."[2]

Dar frumusețea Madamei de Pompadour era asemenea unei flori de seră care a început curând să pălească în atmosfera nocivă de la Versailles. Până la 30 de ani, a fost o frumusețe proaspătă, diafană, cu piele perfectă, păr castaniu mătăsos și ochi căprui. Își punea în evidență puritatea înfățișării prin haine simple din mătase și satin în nuanțe de roz și liliachiu sau albastru, brodate și făcute din mătăsuri desăvârșit de frumoase. Dar pe măsură ce rigorile vieții la Curte i-au veștejit frumusețea naturală, ea a sporit spectaculozitatea rochiilor și a bijuteriilor purtate pentru a distrage atenția privitorilor de la chipul ei – mătăsuri mai abundente, nestemate mai mari, brocarturi și catifele grele, brodate cu fir de aur și argint și cu perle. Într-o seară a apărut într-o rochie împodobită cu danteluri, care valora cât o moșie – 22 500 livre.

Frigiditatea este, desigur, un mare dezavantaj pentru o metresă. Pentru a compensa prestația de dorit din timpul nopților, pe timpul zilei Madame de Pompadour își dedica fiecare clipă amuzării unui monarh care se plictisea repede. Ludovic fugea de eticheta rigidă de la Versailles venind în apartamentele ei și baricadând ușa. Acolo găsea o întreagă lume creată pentru confortul lui personal. Amanta lui își decorase încăperile în culori și cu țesături pe care el le găsea liniștitoare. Le umplea cu flori cu parfumuri dulci din serele palatului, chiar și iarna. Comanda mâncăruri și vinuri care desfătau cerul gurii regale.

Madame de Pompadour ajunsese să cunoască la perfecțiune toanele monarhului, fiecare grimasă a acestuia, fiecare inflexiune a tonului vocii sale. Știa când încerca să mascheze plictisul, furia ori frustrarea sub vălul calmului regal. O zvâcnire a pleoapei, cadența unei silabe îi spuneau ce comportament ar fi trebuit să adopte pentru a-i face pe plac. Dorea el oare o tăcere confortabilă? Ar fi trebuit ea oare să povestească o întâmplare amuzantă, să interpreteze un cântec melancolic sau poate mai bine să se ridice în picioare și să recite o poezie?

Ludovic urca probabil scara spiralată secretă care ducea la apartamentele ei cu mare entuziasm și anticipare. Ce avea ea să discute cu el în acea seară? Poate ceva despre arhitectură. Madame de Pompadour era foarte pasionată de construirea castelelor și îi cerea mereu regelui sfatul cu privire la planurile arhitecturale de renovare sau de dotare a acestora. Poate că urma să îi prezinte planuri arhitecturale spre aprobare. Sau poate subiectul discuției urma să fie din botanică. Amanta lui crease o grădină botanică la Palatul Trianon, pe domeniile Palatului Versailles, unde realiza tot felul de experimente și unde a cultivat primele căpșuni din Franța, special pentru iubitul ei regal. A coordonat, de asemenea, construirea unei oranjerii pentru ca Ludovic să poată avea portocale și lămâi proaspete în orice anotimp al anului.

Poate că avea să îl pună la curent cu progresul fermei pe care ea o crease pentru el pe domeniile palatului, fermă care avea chiar și vaci de lapte și o lăptărie. Sau poate că urma să discute despre arta tăierii pietrelor prețioase pe care ea o deprindea, sau despre planurile ei pentru o fabrică de porțelan.

Mai mult decât orice, lui Ludovic îi plăcea să o asculte pe Madame de Pompadour citindu-i din scrisorile private ale curtenilor lui. Toate scrisorile care intrau sau ieșeau de la curte erau deschise, citite ca asigurare împotriva trădării, apoi resigilate cu mare grijă. Madame de Pompadour obținea de la poliția palatului copii ale celor mai amuzante misive – care conțineau cele mai intime detalii – pe care să i le citească regelui. După o zi grea de muncă, Ludovic râdea în hohote când ea îi citea aceste texte într-o manieră veselă și amuzantă.

Pentru a risipi plictiseala regelui, Madame de Pompadour a creat un mic teatru, doar pentru un număr restrâns de invitați, unde ea juca rolurile principale, iar regele era invariabil invitatul de onoare. Actriță talentată fiind, Ludovic a venit la ea după primul spectacol și i-a declarat cu vocea gâtuită de emoție: „Ești cea mai încântătoare femeie din toată Franța".[3] Teatrul ei a avut atât de mare succes încât lunea se jucau piese de comedie și miercurea se cânta operă – toate acestea printre celelalte îndatoriri istovitoare pe care le avea. Curtenii erau în stare să se sfâșie între ei pentru o invitație.

Poate că cel mai bun rol al ei a fost acela de ascultător al regelui. Regele avea nefericitul obicei de a spune aceeași poveste de nenumărate ori, repetând mereu aceleași teme – vânătoare, boală și moarte. Iar metresa lui, căreia îi displăcea îngrozitor să discute despre vânătoare, boală și moarte, își înăbușea un căscat în spatele zâmbetului, dădea din cap încurajator și spera ca ochii să îi licăre cu destul interes când asculta aceleași vechi povești, plictisitoarele și macabrele vechi povești, pe care le cunoștea deja pe de rost.

Cel mai important țel al Madamei de Pompadour, distrarea regelui, o costa pe ea personal mult. Se trezea devreme pentru slujbă și îndura cine târzii, după care, deși nu-și dorea, trebuia să facă dragoste. Mâncarea sățioasă, cantitățile mari de vin, plus corespondența nesfârșită și îndatoririle de la Curte o vlăguiau. Nu-și putea părăsi apartamentele pentru exerciții fizice sau o schimbare de decor, căci regele ar fi putut să apară pe neașteptate, dorindu-și să mănânce, să converseze sau să facă sex. În ciuda provocărilor dificile ale programului său, ea nu-și permitea niciodată luxul de a se arăta obosită, plictisită sau suferindă. Nu exprima niciodată frustrare, furie ori irascibilitate.

La începuturile ei ca metresă regală, Madame de Pompadour l-a însoțit adesea pe rege la vânătoare, călare sau într-o caleașcă, indiferent de vreme. Deși, în urma acestor ieșiri, se alegea adesea cu câte o pneumonie, ea își îmbrăca ținuta de călărie și își afișa omniprezentul zâmbet și mergea să i se alăture regelui. Pe măsură ce a înaintat în vârstă și a devenit mai bolnavă, aceasta a fost o îndatorire la care a renunțat.

Madame de Pompadour folosea pudră compactă albă de plumb pentru a-și acoperi cearcănele negre și culoarea sălcie a pielii. Petele provocate de pudra de plumb erau acoperite cu și mai multă pudră de plumb sau cu alunițele false negre, foarte la modă. Iar pentru a crea iluzia unei sănătăți înfloritoare, își freca obrajii cu mult ruj. Straturile de ruj, alunițele false și pudra serveau drept mască în spatele căreia își putea ascunde epuizarea, durerea și furia.

Într-o seară, Madame de Pompadour, chinuită de una dintre cumplitele sale migrene, i-a trimis vorbă regelui că era bolnavă și că nu putea participa la cină. Ludovic s-a încruntat și l-a întrebat pe mesager dacă doamna avea febră. Mesagerul a răspuns că nu. „Foarte bine, atunci să coboare!"[4] a ordonat regele. Iar metresa lui suferindă a fost obligată să se ridice din pat, să își pună rochia de bal dantelată, să își atârne diamante de urechi și la gât, să își pudreze și rujeze chipul și, cel mai important, să își întipărească un zâmbet pe buzele rujate.

În 1754, unicul copil al Madamei de Pompadour, Alexandrina, în vârstă de 10 ani, a murit subit la școala de maici la care se afla. Câteva zile mai târziu, tatăl Madamei de Pompadour, zdrobit de pierderea sigurei sale nepoate, a murit și el. Copleșită de durere, metresa regală știa că, oricât de mult i-ar fi plăcut să vorbească despre moarte și boală, regele se plictisea. După ce și-a pierdut iubitul tată și scumpa fiică în doar câteva zile, ea a fost nevoită din nou să își șteargă lacrimile și să își poarte diamantele. Prințul de Croy, care a vizitat-o la scurt timp după tragedie, relata: „Am văzut-o pe marchiză pentru prima oară după pierderea fiicei sale, o cumplită lovitură care am crezut că a zdrobit-o definitiv. Dar pentru că prea multă suferință i-ar fi putut afecta înfățișarea și, posibil, poziția, n-am găsit-o schimbată, nici deprimată." Deși prințul a văzut-o discutând veselă cu regele, i s-a părut că era, „după toate probabilitățile, pur și simplu la fel de nefericită pe dinăuntru precum părea de fericită pe dinafară".[5]

Într-adevăr, după mulți ani, Madame de Pompadour avea să se confeseze prietenilor: „Pentru mine fericirea a murit odată cu fiica mea".[6] Însă pur și simplu nu avea cum să o arate.

Madame de Pompadour, care îl iubea cu adevărat pe Ludovic, îi scria unei prietene: „... cu excepția fericirii de a fi iubită de cel pe care îl iubești, unul dintre cele mai minunate lucruri care pot exista, o viață solitară și mai puțin strălucitoare este cu mult mai mult de preferat".[7]

Slujnica ei, Madame de Hausset, care înțelegea prea bine viața stresantă a Madamei de Pompadour, spunea: „Mi-e sincer milă de dumneavoastră, Madame, în vreme ce toți ceilalți vă invidiază".[8]

Prin Madame de Pompadour, regele se bucura de o companie fermecătoare, mereu la dispoziția sa. După ce își pierduse ambii părinți la vârsta de trei ani, trăind separat de restul omenirii ca un fel de semizeu, Ludovic era fără doar și poate o fire singuratică. În apartamentele confortabile de sub acoperișul Palatului Versailles, amanta îi oferea căminul cald și iubitor pe care el nu îl avusese niciodată alături de părinți sau frați, și cu certitudine nu alături de nepotrivita lui soție. Madame de Pompadour a plătit un preț scump pentru a-i ușura lui povara acestei vieți, această singurătate în mulțime, de care numai un monarh poate suferi.

Devastat de moartea prematură a Madamei de Pompadour – grăbită, fără îndoială, de cei 19 ani ca metresă a lui – Ludovic a așteptat patru ani înainte de a-și alege o nouă *maîtresse-en-titre*, prostituata pariziană Madame du Barry, în 1768.

Madame du Barry nu era la fel de inteligentă precum predecesoarea ei, dar era și mai frumoasă. Un tânăr ofițer a venit cu o petiție la noua favorită și a fost atât de copleșit de frumusețea acesteia că aproape a uitat pentru ce venise. „O pot vedea încă șezând relaxată, sau mai degrabă tolănită, într-un fotoliu foarte mare, îmbrăcată într-o rochie albă, cu o coroniță de trandafiri. La o Curte cu multe frumuseți, ea era una dintre cele mai frumoase, perfecțiunea înfățișării ei făcând-o îndeosebi de fascinantă. Părul ei, pe care îl lăsa adesea nepudrat, era de un frumos auriu și atât de bogat că aproape nici nu știa ce să facă mai bine cu tot. Ochii ei mari albaștri te priveau cu o fascinantă sinceritate. Avea un nas mic și drept, iar pielea de o puritate răvășitoare. Într-un cuvânt, eu, asemenea tuturor celorlalți, am căzut numaidecât pradă farmecului ei."[9]

Tenul „răvășitor“ al Madamei du Barry era într-adevăr o raritate într-o epocă în care pielea majorității femeilor era marcată de cicatricele lăsate de varicelă. Și în vreme ce multe tinere erau știrbe – uneori de *toți* dinții – Madame du Barry, când zâmbea larg, scotea la iveală două șiruri perfecte de dinți albi ca perlele.

Igiena ei corporală meticuloasă era deosebit de neobișnuită pentru secolul al XVIII-lea. Majoritatea curtenilor acopereau straturile de jeg și miesmele respingătoare ale trupurilor lor cu catifele, danteluri și doze consistente de colonie. Femeile înfigeau scărpinătoare în coafurile lor elaborate pentru a-și potoli ciupiturile de păduchi de pe scalpurile unsuroase. Dar pe corpul Madamei du Barry nu era nici urmă de jeg, de duhoare ori de păduchi, căci făcea câteva băi parfumate cu trandafiri în fiecare săptămână.

Madame du Barry își sporea neobișnuita-i frumusețe naturală prin rochii uluitoare. Unele dintre acestea erau înșelătoare prin simplitatea lor – prețul unei diafane rochii albe, legate neglijent cu câteva panglici splendide, i-ar fi permis unei familii pariziene să trăiască în confort timp de un an. Alte ținute erau mai impresionante – din țesături aurii sau argintii, brodate cu fir de aur sau argint și mii de perluțe. Mânecile, jupele și jupoanele erau împodobite cu volănașe din cele mai fine dantele.

La nunta nepotului regelui, în 1773, Madame du Barry a apărut „strălucind ca soarele într-o rochie din stofă de aur acoperită cu bijuterii în valoare de cinci milioane de livre“, potrivit spuselor unui martor la eveniment.[10] Avea un corsaj pe care erau cusute mai multe mii de diamante mici, sub forma unor rozete intercalate, care ar fi valorat milioane de dolari în banii de azi. Fiecare dintre rochiile ei avea o pereche de pantofi asortați cu catarame bătute în nestemate – diamante, ametiste sau safire.

Dar Madame du Barry avea mult mai mult de oferit lui Ludovic decât radioasa-i frumusețe. Talentele ei sexuale l-au făcut dependent de ea, iar voioșia ei îl scotea adesea pe rege din frecventele-i depresii. Ea era femeia perfectă pentru el – un încântător copil, o cocotă talentată, o mamă blândă. Și, asemenea Madamei de Pompadour, era mereu gata să-i ierte pe curtenii malițioși care îi făceau viața grea.

Luând exemplu de la predecesoarea ei, Madame du Barry făcea totul pentru a-l distra pe rege. Și-a decorat apartamentele pe placul lui Ludovic și le-a umplut cu florile lui preferate. Mama ei fusese bucătăreasă în multe case nobile și, deși curtenii aroganți au ridiculizat asta, Madame du Barry surprindea neîncetat papilele gustative ale regelui cu nenumărate mâncăruri delicioase recomandate de mama ei. În plus, aducea jongleri și clovni și punea în scenă operete și scenete vesele, spre amuzamentul monarhului.

Deși era o mare provocare să îl amuzi pe rege într-un palat, între 1590 și 1600, frumoasa Gabrielle d'Estrées a avut sarcina de a crea un cadru confortabil pentru regele Henric al IV-lea al Franței pe câmpul de luptă. La începutul relației lor, Henric și armata lui s-au luptat timp de câțiva ani cu forțele rebele din toată Franța. „Gabrielle cea de aur" i-a rămas alături chiar și gravidă fiind și trebuind să locuiască în corturi reci, unde era cumplit de frig. Ea avea grijă ca el să mănânce bine după o zi de lupte, tot ea păstrându-i hainele cât se putea de curate – frecându-le adesea cu pietre când rămânea fără săpun. În timp ce Henric se lupta pe câmpul de bătălie, Gabrielle rămânea în cortul lor scriindu-i depeșele politice și diplomatice. Seara, obișnuiau să discute evenimentele zilei.

Gabrielle era înaltă, avea o înfățișare plăcută și un mers grațios. Blagoslovită cu niște culori desăvârșite – păr blond deschis și ochi mari albaștri – avea o frunte lată, pomeți înalți și un nas doar foarte puțin prea lung pentru a fi perfect. Contemporanii ei – chiar și inamicii care o urau pe Gabrielle pentru că era catolică și pentru că se băga în politică și în patul cald al regelui – deveneau poetici când îi descriau frumusețea.

În plus față de frumusețea strălucitoare și de căldura cu care își răsfăța iubitul regal, Gabrielle îi era și teribil de loială politic. În timpul unui bal de la Paris, un mesager a sosit ca să-l informeze pe rege că spaniolii lansaseră un atac surpriză și ocupaseră orașul Amiens. Henric a decis să plece numaidecât. Gabrielle s-a dus calmă la seiful ei de la Luvru, l-a golit de 50 000 de galbeni și i-a dat lui Henric și ultima centimă pentru a acoperi costurile inițiale ale trupelor și proviziilor. În timp ce Henric își inspecta trupele, Gabrielle s-a urcat în caleașcă și s-a dus la familiile nobile, de la care a mai obținut 250 000 de monede.

Dar nici asta nu i s-a părut îndeajuns, așa că și-a luat extraordinarele bijuterii și le-a dus la cel mai bogat bancher din Paris, unde le-a amanetat. Îmbrăcată încă în rochie de bal și cu pantofi de dans în picioare, Gabrielle a pornit spre câmpul de luptă, unde a insistat să se ocupe trup și suflet de iubitul ei rege, în ciuda pericolului evident. Henric scria: „Seara trecută am găsit trei găuri de gloanțe în pânza cortului iubitei mele și am implorat-o să se ducă acasă, la Paris, unde viața nu i-ar mai fi în pericol, dar ea a râs și nici nu a vrut să-mi asculte implorările... Mi-a răspuns că doar în prezența mea este mulțumită. Nu am pic de teamă pentru mine însumi, dar tremur zilnic pentru ea."[11]

Într-o zi, în timpul unei bătălii deosebit de aprige, o coloană de soldați austrieci și-a făcut apariția făcând trupele franceze să fugă disperate care încotro. Fără să ia în seamă ghiulelele care explodau pe lângă ea, Gabrielle a început să urle cât o țineau plămânii, îndemnând trupele să rămână pe loc și să lupte. Austriecii s-au apropiat la 500 de pași de iubita regelui în timp ce ea continua să-și îndemne compatrioții la vitejie.

Alarmat, Henric a venit în fugă lângă ea și a ordonat să fie urcată pe un cal și dusă dincolo de câmpul de bătaie. Din cele 56 de amante pe care le-a avut de-a lungul vieții sale, Henric i-a fost credincios doar Gabriellei. A fost atât de îndrăgostit de acestă frumoasă și vitează amantă, încât a jurat să se însoare cu Gabrielle și să o facă regina Franței.

Între secolele al XVI-lea și al XVIII-lea, regele și-a ridicat amanta la înaltul lui nivel, instalând-o în propriile apartamente din palat. Probabil că ea nu se plângea de frigul amarnic care îi îngheța cerneala din călimară și crea deasupra apei din lighean o pojghiță de gheață. Înțelegea că latrinele erau în afara palatului și că se găseau excremente umane aproape în toate încăperile palatului, bine dosite îndărătul unor elegante paravane din lemn de trandafir, până când puteau fi îndepărtate. Nu se aștepta ca mâncarea ei să fie caldă; din cauza distanței dintre bucătărie și apartamentele regale. Știa că, dincolo de poleiala subțire de aur, Curtea era o „urzeală de intrigi", după cum spunea Madame de Pompadour, un cuib al calomniilor viciate și al preamăririi de sine pline de capricii.[12]

În secolul al XIX-lea, monarhul nu și-a mai integrat amanta în viața sa deopotrivă specială și incomodă, ci a coborât el, recunoscător, în a ei. Evada astfel din colivia lui de aur, refugiindu-se în cocheta ei căsuță burgheză care-i oferea căldură, confort și intimitate, lucruri pe care la Curte nu le avea.

Împăratul Austro-Ungariei, Franz Iosif (1830–1916), un bărbat mărunt, melancolic și copleșit de griji, care ducea cu greu povara imperiului lui în destrămare, își găsea bucuria la o cafea și un croasant alături de amanta lui, Katharina Schratt. Actriță de comedie la teatrul imperial, în vârstă de 33 de ani când a început relația lor, în 1886, Katharina era singura femeie despre care se știe că l-ar fi făcut vreodată pe împărat să râdă în hohote. Timp de 30 de ani, Franz Josef a găsit în eleganta ei casă, departe de eticheta rigidă de la Curte, o oază de distracție și relaxare. Katharina nu-l plictisea cu politică, ci îi spunea glume și mici bârfe amuzante.

Katharina era una dintre acele femei a căror aură de frumusețe se dezintegrează degrabă dacă i se analizează trăsăturile. Avea o față rotundă ca o lună plină, o bărbie semeață, sprâncene dese deasupra unor ochi ironici, un nas mic și ascuțit și buze subțiri, care păreau tot timpul a se abține să zâmbească. Rotunjimile ei feminine s-au transformat cu anii în grăsime. Impresia de frumusețe venea din bucuria ei de-a trăi, de care deborda.

În 1895, ambasadorul german, contele Eulenberg, o descria pe actrița acum în vârstă de 42 de ani astfel: „... seducător de drăgălașă, cu o înfățișare extraordinar de tânără, o culoare minunată, păr auriu strălucitor și ochi albaștri mari, cu cea mai dulce privire, un suflet cu adevărat frumos, care nu spune niciodată vreun cuvânt urât, fiind pururea plăcută și veselă și gata să sară oricui în ajutor. În plus, este o companie încântătoare și are un mod foarte original de a spune mici anecdote."[13]

Împăratul o iubea pe frumoasa sa soție, împărăteasa Elizabeta – Sisi –, care suferea de o gravă depresie. Dar chinuită de neliniști, împărăteasa nu era în măsură să își amuze sau să își consoleze soțul, petrecându-și majoritatea timpului colindând Europa în lung și în lat, într-un efort zadarnic de a se lepăda de demonii interiori. De fapt, ea o alesese pe Katharina pentru a fi amanta soțului ei, ca să-și împace conștiința pentru că îl abandona. Împărăteasa a tot făcut astfel încât cei doi să se întâlnească – pentru că au înțeles mai greu intențiile ei – până când relația a început. A fost o alegere înțeleaptă. Franz Iosif i-a scris Katharinei că vizitele în vesela ei casă erau „singurele raze de lumină din viața mea, altfel atât de mohorâtă".[14]

Cu copiii căsătoriți și soția departe, solitarul împărat umbla adesea pe nesfârșitele coridoare ale palatului regal de unul singur, fără să aibă pe nimeni alături care să îl consoleze. Avea zeci de servitori care să îi execute ordinele, dar nici unul nu ar fi îndrăznit să observe ce îi lipsea împăratului sau să-i dea sfaturi. Katharina avea acest rol, dăruindu-i un paravan pictat care să îl apere de curent, o haină de casă groasă din lână, un pled moale, călduros. Dar nici unul dintre daruri nu a însemnat mai mult pentru el decât o oglindă de mână, care avea înscrise câteva cuvinte în franceză: „Portretul celui pe care îl iubesc".[15]

Scorpii neîmblânzite

În vreme ce vasta majoritate a amantelor regale se prezentau în fața regelui mereu nespus de vesele, au existat și câteva excepții notabile. Două dintre cele mai mari zgripțuroaice au domnit între anii 1660 și 1670. Athénaïs de Montespan, amanta lui Ludovic al XIV-lea, și Barbara, lady Castlemaine, amanta vărului lui, Carol al II-lea – ambele la fel de viclene, impetuoase, răzbunătoare și rapace.

Când a devenit amanta lui Ludovic al XIV-lea, Athénaïs de Montespan era cea mai frumoasă femeie de la Curtea Franței. Avea un păr castaniu-roșcat bogat, ochi albaștri mari cu pleoape grele, un nas drept, dinți sănătoși și buze angelice frumos arcuite, atât de apreciate pe atunci la Curte. Gâtul îi era lung și frumos conturat, sânii mari și umerii albi perfecți pentru rochiile îndrăznețe cu decolteuri ample din secolul al XVII-lea. Așa cum remarca un curtean: „Cel mai mare farmec al ei era eleganța, dintr-o anumită ținută și mai ales din vorbele de spirit pe care le rostea..."[16]

Spre deosebire de predecesoarea sa, Louise de La Vallière, a cărei frumusețe durase aproape la fel de mult cât a violetelor cu care fusese comparată, Madame de Montespan și-a menținut înfățișarea frumoasă aproape până la vârsta de 40 de ani, dar cu mari eforturi. Se marina efectiv zilnic în creme, uleiuri și esențe florale pentru a-și menține tenul proaspăt. Cheltuia enorm pe cosmetice, iar când natura nu mai făcea față nemărginitelor ei pretenții, ajuta ea însăși aspectul de fildeș și nuanțele trandafirii și de piersică ale tenului.

Fiind nevoită să participe zilnic la dineurile regale cu bucate deosebit de grase – pe care regele insista ca ea să le consume – și cu gama limitată de exerciții fizice disponibile femeilor la acea vreme, Madame de Montespan se îngrășa adesea mai mult decât era la modă. Ghicitorul italian al nobilimii, Primo Visconti, nota cu umor: „Într-o zi, pe când cobora din caleașca sa, am apucat să-i văd unul dintre picioare, și vă jur că era aproape la fel de gros cât trupul meu".[17] Pentru a contracara această tendință spre corpolență, Madame de Montespan cerea să fie masată cu pomadă câte două ore la rând, de câteva ori pe săptămână, stând întinsă goală pe patul său. Periodic, dispărea pentru câte o cură balneoclimaterică, unde se înfometa pentru a-și reveni în formă.

În 1676, a petrecut câteva săptămâni într-o localitate din Bourbon. La întoarcere, Madame de Sévigné i-a făcut o vizită amantei regale, la Curte, găsind-o „cu un posterior plat din nou... Frumusețea ei îți taie respirația... Deși a pierdut în greutate, nu și-a pierdut deloc din strălucire... pielea, ochii, buzele îi radiază... Veșmintele sale erau o feerie de danteluri franțuzești, părul îi era coafat în mii de cârlionți, cei doi de la tâmple foarte lungi, atingându-i obrajii. Coafura era desăvârșită cu panglici negre de catifea și ace de păr bătute cu nestemate, iar faimosul ei colier de perle... prins cu superbe cleme și broșe cu diamante. Pe scurt, o frumusețe triumfătoare cu care să te arăți și să te fălești dinaintea oricăror ambasadori..."[18]

Athénaïs de Montespan era ca o leoaică de aur, o frumusețe felină maiestuoasă, care acum toarce satisfăcută, în clipa imediat următoare își scoate ghearele și își arată colții, gata să sfârtece și să sfâșie. Istericalele ei erau notorii. Când curtenii îi auzeau vocea ascuțită furioasă răsunând pe coridoare, încercau să evite aripa palatului locuită de ea, „ca să nu treacă prin focurile iadului“.[19]

Într-o zi, în timp ce urca în caleașcă alături de regină și de amantă, Ludovic a simțit parfumul puternic al Madamei de Montespan și a comentat deranjat că îi ceruse în mod repetat să își dea cu mai puțin parfum, pentru că mirosul îi provoca greață. Amanta lui i-a răspuns că era obligată să se dea cu parfum pentru că regele nu se îmbăiase niciodată în viața lui și, la drept vorbind, duhnea de la o poștă. A urmat un schimb de replici urlate între rege și amanta lui în timp ce urcau în caleașcă, urmați de nefericita regină. Curtenii se înghesuiau să facă pariuri pe cât avea să reziste amanta.

În mod surprinzător, Madame de Montespan a avut o domnie de treisprezece ani. Regelui i-au plăcut, pesemne, certurile cu dictatoriala sa amantă. Iar uneori, arăta buna loialitate pe care majoritatea amantelor regale o aveau. De exemplu, în iarna lui 1678, a insistat să i se alăture lui Ludovic într-o călătorie la granițele teritoriului său, deși era însărcinată în luna a cincea. A făcut febră de mai multe ori, dar nu a dorit sub nici o formă să se întoarcă la Versailles, lăsându-se hurducăită pe drumurile înnămolite alături de rege, dormind cu el pe la ferme și neplângându-se de nimic niciodată. Această atitudine a fost cea care l-a legat pe rege de ea, în ciuda crizelor ei de isterie.

Vărul lui Ludovic, Carol al II-lea, a suportat-o pe frumoasa lui scorpie, Barbara, lady Castlemaine, aproape doisprezece ani. Barbara avea păr castaniu închis, un trup cu forme frumoase, piele de porțelan, o față ovală și ochi negri migdalați scânteietori, cu sprâncene negre superb arcuite. Nasul ei clasic și buzele cărnoase aveau ceva delicat, care-i confereau, în mod ironic, un aer vulnerabil.

Lady Castlemaine îl cicălea, îl amenința și îl intimida pe Carol, astfel încât să se supună infinitelor ei cereri de bani, titluri și onoruri pentru ea însăși și pentru copiii ei, iar uneori, într-un acces de altruism, și pentru prietenii ei. Comportamentul ei revoltător nu cunoștea limite. În 1666, Marele incendiu din Londra a distrus catedrala medievală St. Paul și a distrus o mulțime de morminte. Trupul mumificat al episcopului Londrei din secolul al XIV-lea – „dur și uscat ca o piele spongioasă" – a fost găsit intact și a fost expus pentru vizitatorii ruinelor.[20] Lady Castlemaine i-a ordonat curatorului să o lase singură cu trupul neînsuflețit câteva clipe. Când curatorul a revenit, a constatat că penisul leșului fusese smuls și a bănuit că doamna făcuse asta cu gura.

Până și vicleana lady Castlemaine știa că era de datoria ei să îi ofere regelui bucate gustoase. Casa ei din Londra era situată pe malurile Tamisei. Într-o seară, când bucătăreasa ei s-a plâns că nu putea găti carnea de vită pentru că apele râului crescuseră și inundaseră bucătăria, lady Castlemaine a început să urle: „La naiba! Nu mă interesează dacă trebuie să dai foc casei, ai să faci friptura."[21]

La aproape două secole după ce cele două zgripțuroaice le-au făcut viețile un iad amanților lor regali de pe cele două maluri ale Canalului Mânecii, Lola Montez, combinând cele mai urâte trăsături ale celor două, s-a năpustit cu ghearele scoase asupra Bavariei. La fel de lacomă precum lady Castlemaine și arogantă precum Madame de Montespan, Lola cea cu părul negru ca tăciunele l-a avut curând la degetul mic pe bătrânul Ludovic I al Bavariei. Pasiunea ei a fost cea care l-a pus pe jar. Soția lui, care era de multă vreme suferindă, și toate fostele lui amante erau adevărați mielușei prin comparație cu înflăcărarea și verva Lolei. Cu ochii azurii scânteietori și nările tremurânde, Lola bătea din picior și amenința cu autoflagelarea dacă lucrurile nu se făceau după voia ei. Lola avea ascunse peste tot pumnale și pistoale pentru a se proteja. Avusese probleme cu legea de câteva ori pentru că biciuise niște domni despre care avusese impresia că o jigniseră. Bietul ei sclav Ludovic ar fi păstrat-o pe Lola mulți ani dacă supușii lui nu ar fi alungat-o din Bavaria după numai 16 luni ca amantă regală.

Aceste trei scorpii neîmblânzite au fost însă excepția și nu regula metreselor regale. Majoritatea regilor au fost ca Ludovic al XV-lea, solicitând divertisment agreabil. Când amanta lui, Madame du Bary, de obicei foarte supusă, a început să facă scene de gelozie din cauza cererii în căsătorie făcute unei prințese străine, regele a încetat să o mai viziteze. Abia după ce și-a revenit în fire, și-a reluat vizitele.

Frumusețe plictisitoare

În primul deceniu al secolului al XVIII-lea, August al II-lea cel Puternic, elector de Saxonia și rege al Poloniei, s-a îndrăgostit la prima vedere de o anumită Mademoiselle Dieskau pentru părul ei platinat, ochii mari albaștri și „gâtul de un alb uluitor". Conform biografului electorului, Mademoiselle Dieskau „era, exceptând mintea, cea mai desăvârșită făptură pe care a zămislit-o natura vreodată".[22]

Dar, continua el, „oricât de frumoasă, Mademoiselle Dieskau ar fi putut la fel de bine să fie un bulgăre de zăpadă. Nu avea pic de vivacitate, nu răspundea decât cu da sau nu. Regele era fermecat de frumusețea nemărginită a acestei persoane, îi vorbea... dar era disperat să descopere câtuși de puțină viață în ea."[23]

Dar dorințele trupului lui au copleșit curând nevoile minții sale și, astfel, August a ajuns în brațele Mademoasellei, după ce i-a plătit o sumă considerabilă mamei pentru virginitatea fetei. De îndată ce nevoile fizice i-au fost ostoite, regele a părăsit-o pe Mademoiselle Dieskau și și-a căutat o femeie mai inteligentă.

În același mod, în 1680, Ludovic al XIV-lea a fost cucerit de un nou chip de la Curtea sa, o anumită Mademoiselle de Fontanges. Curtenii erau înnebuniți de frumusețea ei. Un ambasador scria: „O extraordinară frumusețe blondă, cum nu s-a mai văzut de mulți ani la Versailles. Un trup, o îndrăzneală, o aură care uluiesc și încântă până și galanta și sofisticata Curte."[24]

Dar după ce valul inițial de entuziasm în fața frumuseții Mademoiselle de Fontanges s-a domolit, următorul val, de bârfe, a început să capete proporții în jurul prostiei ei. În clipa în care fata aceasta deschidea gura, toate fanteziile provocate de înfățișarea ei se spulberau numaidecât.

Madame de Caylus scria: „Regele, ce-i drept, a fost atras exclusiv de chipul ei. El a fost de fapt stânjenit de conversația ei idioată... Te poți obișnui cu frumusețea, dar nu și cu prostia..."[25] Un curtean spunea despre noua amantă că era „frumoasă ca un înger și proastă ca napul".[26] Drept urmare, Ludovic s-a plictisit repede de acest nap prost.

Cea mai bombastică frumusețe fără pic de minte a fost, fără îndoială, Virginie de Castiglione, care avea doar 19 ani. În 1856, a fost trimisă de prim-ministrul italian, Camillo Cavour, să îl seducă pe împăratul Napoleon al III-lea al Franței, iar tânăra a îndeplinit misiunea cu viteza luminii. Fără a fi împovărată de modestie, Virginie se considera cea mai frumoasă femeie din lume, iar mai târziu chiar „cea mai frumoasă femeie a secolului".[27]

Mulți erau de acord cu părerea lui Virginie despre frumusețea ei. Prințesa Metternich descria chipul lui Virginie ca fiind „delicios de oval, cu ochi de un verde-închis catifelat, deasupra cărora stau două sprâncene care au fost parcă schițate de creionul unui miniaturist. Nasul ei este mic... și obraznic, și totuși absolut armonios, iar dinții, albi ca perlele."[28]

Curteanul Viel Castel nota în jurnalul său: „Virginie își poartă povara frumuseții cu insolență și o etalează cu impertinență".[29] Acesta, ca mulții alții de la Curte, era încântat de dimensiunile „cu adevărat admirabile" ale sânilor ei, mărturisind că încerca din răsputeri să pătrundă cu privirea dincolo de voalul diafan ce îi acoperea pentru a le ascunde forma. Virginie refuza să poarte corset, acel accesoriu deosebit de necesar unei ținute feminine din secolul al XIX-lea, care transforma curbele delicate ale sânilor într-o fortăreață invincibilă. Ea își lăsa sânii să se miște în voie. Viel Castel remarca faptul că acei sâni „păreau o adevărată provocare adresată tuturor femeilor".[30]

Dar dacă Virginie avea cu ce se lăuda în zona pieptului, între urechi poseda un gol total. În vreme ce metresele regale de succes se preocupau pe deplin de bărbații lor, Virginie se preocupa doar de ea. Majoritatea conversațiilor ei aveau ca subiect propria-i frumusețe nemaivăzută. Napoleon însuși i se confesa verișoarei lui, Mathilde, că deși Virginie era „foarte frumoasă, mă plictisește de moarte".[31]

Pe termen lung, înfățișarea lui Virginie nu putea compensa egoismul ei de gheață. A fost amantă doar un an. „Abia mi-am început viața, că rolul meu s-a și încheiat", se lamenta ea cu tristețe.[32]

Urâțenie încântătoare

Când George I a plecat din Hanovra în 1715 pentru a urca pe tronul britanic, el și-a adus ca amante două dintre cele mai urâte femei pe care le văzuseră vreodată supușii lui. Cea înaltă și slăbănoagă avea un nume important, Ermengarda Melusina, contesă de Schulenberg. Își pierduse părul din pricina variolei și purta niște peruci deloc atrăgătoare și rochii oribile. Urâțenia îi era echilibrată de bunătate și loialitate, nu însă și de o artă strălucită a conversației. Lady Mary Wortley Montagu scria că deși mulți îl considerau pe regele George un bărbat obtuz, Ermengarda era „și mai obtuză decât el, în consecință ea neconsiderându-l astfel".[33]

Amanta scundă și grasă era Sophia Charlotte Kielmansegge. Deși ridiculizată pentru corpolența ei, avea o personalitate sclipitoare, o educație temeinică și era mare amatoare de sex. Cum mama ei fusese amanta tatălui lui George I, existau unele speculații că George ar fi făcut sex cu sora lui vitregă. În vreme ce scheletica contesă de Schulenberg era poreclită „Prăjina", bondoacei Madame Kielmansegge i se spunea „Elefantul și Castelul". Horace Walpole o descria ca având „doi ochi negri înspăimântători, mari și neastâmpărați, sub două sprâncene foarte arcuite, doi acri de obraji dați cu roșu, un ocean de gât care se revărsa și care nu se distingea de partea de jos a trupului, trup nestrunit în nici un fel de vreun corset".[34]

Philip Dormer Stanhope, viitorul lord Chesterfield, le numea pe cele două amante „dovezi uluitoare ale prostului gust al regelui și deopotrivă ale stomacului foarte rezistent al acestuia".[35] Referindu-se la Madame Kielmansegge, el adăuga: „Standardele gustului Majestății Sale, așa cum sunt ele exemplificate de amantele sale, fac ca toate doamnele care aspiră la favorurile lui și care au aproape vârsta adecvată să se străduiască din răsputeri să se umfle precum broasca din fabulă, care a dorit să se măsoare în mărime și virtute cu boul. Unora le reușește, altele plesnesc."[36]

Carol al II-lea al Angliei a spus cândva că fratelui lui, viitorul Iacob al II-lea, i-a fost impusă amanta de către preoți drept pedeapsă. Într-un secol care preaslăvea carnea moale a sânilor, șoldurile și brațele cu rotunjimi frumoase, Iacob prefera femeile foarte slabe. Amanta lui, Arabella Churchill, era „înaltă, palidă, și toată numai piele și os".[37] Curtenii obișnuiau să chicotească pe înfundate la apariția ei, până când Arabella a căzut de pe cal în fața unei mulțimi, arătându-și picioarele desăvârșite. Un martor se minuna impresionat că „niște picioare de o asemenea frumusețe desăvârșită puteau aparține chipului lui Miss Churchill".[38] Deși forțată de moda timpului să își ascundă atributele cele mai atrăgătoare sub un morman de jupe voluminoase și greoaie, Arabella făcea adesea dovada unui spirit ascuțit și a unei inteligențe strălucite, ceea ce a făcut ca legătura ei cu Iacob să dureze zece ani și să producă patru copii.

Următoarea amantă a lui Iacob, Catherine Sedley, de 16 ani, a fost la fel de slabă și de palidă, dar mioapă și pe deasupra și sașie. Deși plină de viață și inteligentă, nu putea în ruptul capului pricepe de ce Iacob o alesese pe ea: „Cu siguranță că nu pentru frumusețe, pentru că sigur vede că nu o am", remarca ea nedumerită. „Și nu poate fi vorba nici despre mintea mea, pentru că el nu are destulă pentru a o recunoaște pe a mea."[39]

Louis, Delfin al Franței, moștenitorul lui Ludovic al XIV-lea, a avut o amantă șocant de urâtă timp de câțiva ani înainte de moarte. Emilie de Choin era diformă, cu un gât gros, buze cărnoase, nas foarte cârn și se spunea despre ea că avea grația unui butoi. La o Curte recunoscută pentru femeile grațioase și istețe, Mademoiselle de Choin arăta ca un mops și părea că are și inteligența unuia.

Cumnata lui Ludovic al XIV-lea, Charlotte Elisabeth, scria că Mademoiselle Choin avea dinții cariați și înnegriți, care miroseau așa de rău că le simțeai duhoarea de la celălalt capăt al camerei. Dar, adăuga ea, „avea cei mai imenși sâni pe care i-am văzut vreodată: acele uriașe elemente de seducție ale sale erau încântarea Delfinului".[40] Spre oroarea ei, Charlotte Elisabeth a fost martora unui episod în care Delfinul interpreta cântece plesnind cu palmele sânii amantei lui, ca și cum aceștia ar fi fost niște tobe.

Dar bonoma Emilie știa să creeze un cămin plăcut pentru amantul ei regal, care avusese două căsnicii nefericite cu două prințese străine. Nu dădea niciodată atenție zgârceniei regelui, Emilie era mulțumită cu o alocație puțin mai mare decât cea a unui servitor. Uneori, Ludovic îi cumpăra amantei lui câte un mic dar și se frământa zile în șir, neputându-se decide dacă să i-l dea sau să îl înapoieze și să-și recupereze banii. Totuși, decât să se sacrifice la altar pentru a treia oară, Ludovic s-a căsătorit în secret cu Emilie, cea mai urâtă femeie de la Curte, și a rămas plesnind fericit sânii ca niște tobe ale iubitei lui până în ziua în care a murit.

Poate că monarhul cel mai cunoscut pentru urâțenia amantei lui a fost Filip, duce de Orléans, care a devenit regent al Franței în 1715. Filip era nepotul lui Ludovic al XIV-lea și fiul formidabilei Charlotte Elisabeth, scandalizată de gusturile lui la femei. Stăpân pe o Curte cu cele mai frumoase femei din lume, Filip le alegea mereu pe cele mai urâte ca să-l satisfacă în pat. Mama lui scria revoltată: „Nu este complicat în această privință; atâta vreme cât femeile respective sunt vesele, impertinente și au un apetit sănătos pentru mâncare și băutură, nu-i pasă câtuși de puțin cum arată".[41]

Nefiind deloc genul care să vorbească deschis, ea i-a spus odată fiului ei că își folosea amantele lui așa cum își folosea oala de noapte, reproșându-i în față urâțenia lor.

„Nu contează, mamă", a râs Filip. „Noaptea, toate pisicile sunt negre."[42]

Capitolul 3

Rivale pentru dragostea unui rege – Amanta și regina

O femeie care își iubește soțul n-a plăcut-o niciodată pe târfa acestuia.

Regina Caterina de Medici

În 1726, regina Prusiei, sfătuindu-și fiica asupra unei posibile căsătorii cu prințul Frederick William al Angliei, menționa că tânărul era „un prinț blajin, bun la suflet, dar foarte prost. Dacă vei fi destul de inteligentă pentru a-i tolera amantele, vei putea face ce dorești din el."[1]

O prințesă, pregătită de la naștere pentru mărețul rol pe care urma să îl joace ca regină, înțelegea că era foarte probabil ca soțul ei să aibă amantă. Trebuia doar să privească prin propria Curte pentru a vedea amantele tatălui, ale unchilor și fraților ei.

Și totuși, neprihănita mireasă regală spera inevitabil că soțul *ei* va fi o excepție, că soțul *ei* își va găsi bucuria numai în sacrul alcov ocrotit de Himeneu, zeul căsătoriei, și că nu va ajunge niciodată în patul spurcat al vreunei amante. Și, aproape invariabil, era dezamăgită.

Crescută ca o floare de seră, o prințesă era smulsă brutal din solul în care se născuse și aruncată pe tărâmul străin și neprimitor unde avea să se veștejească în timp. Orbită de lacrimi, urca pe vasul frumos împodobit care o ducea către noua ei patrie, știind că avea probabil să nu-și mai vadă niciodată părinții, surorile, frații sau prietenii. Cu inima bătându-i cu putere de spaimă, debarca într-o țară a cărei limbă abia dacă o înțelegea. În răsunetul triumfător al clopotelor catedralelor și în bubuitul asurzitor al focurilor de artificii, era dusă la Curte conform unor obiceiuri, cutume și politici străine ei.

Inițial, prințesa-mireasă, noua regină, era vedeta supremă a Curții. Curtenii se plecau dinaintea ei și se întreceau în a-i face pe plac, îi aduceau daruri prețioase, îi făceau complimente măgulitoare, o urmau peste tot. Dar după ce răpăitul tobelor ce însoțeau festivitățile nupțiale se stingea, clopotele catedralelor amuțeau și focurile de artificii deveneau cenușă, curtenii vicleni se grupau, de obicei, mai degrabă pe lângă amanta regelui decât pe lângă apatica regină străină.

În ciuda lăudatei ei poziții, regina era la mila toanelor soțului ei la fel de mult precum orice altă femeie din regat. Regele era singurul care decidea dacă soția lui va beneficia de apartamente regale spațioase în inima palatului ori de niște odăi mici și reci în cea mai îndepărtată aripă. Regele alegea drept doamne de companie pentru regină fie tinere radioase și pline de viață, fie babornițe ursuze și veștejite. Regele stabilea dacă ea urma să trăiască într-o splendoare luxuriantă ori într-o mare sărăcie. Regele îi spunea dacă are voie să participe la evenimentele regale – baluri, serbări, petreceri în grădină, reprezentații teatrale – ori dacă rămânea sechestrată în camerele ei.

Curtenii îl imitau pe rege în felul în care era tratată regina. Dacă el o trata cu respect, la fel făceau și ei. Dacă el o ignora și o insulta, întocmai făceau și ei. Pentru ca regina să devină pe termen lung un personaj influent la Curte, avea nevoie de susținerea fermă a soțului ei.

Dar susținerea reginei de către rege era condiționată, depinzând de cât de frumos o trata regina pe amanta lui.

„El este stăpânul meu"

„Este mai ușor să faci pace în Europa decât între două femei"[2], se văita Ludovic al XIV-lea pe la 1670. Istoria de dinainte și de după Regele Soare a demonstrat că acesta avea dreptate.

Legenda spune că, în 1176, regina Eleanor de Aquitania, în vârstă de 54 de ani, ar fi otrăvit-o pe tânăra și frumoasa amantă a soțului ei, Henric al II-lea al Angliei. Sau că ar fi înjunghiat-o. Ori că ar fi înecat-o în baie. Nu este chiar sigur, dar legenda s-a născut din ura vădită a lui Eleanor față de Rosamund de Clifford, care nu era o simplă parteneră de sex, ci rivala la Curte a reginei. Cert este că Eleanor, revoltată de adulterul flagrant al soțului ei, a complotat pentru răsturnarea lui Henric de pe tron. Îmbrăcată în haine bărbătești pentru a scăpa de mânia soțului ei, Eleanor a fost capturată în timp ce încerca să fugă călare, ajungând să petreacă ultimii 16 ani din viața lui Henric în temniță.

Viața era mai ușoară pentru regina care putea accepta relaxată infidelitățile soțului ei. În secolul al XV-lea, regina Maria a Franței a rămas în relații bune cu Agnes Sorel, amanta soțului ei, Carol al VII-lea. Un oaspete flamand de la Curte o căina pe urâta regină, cu chipul ei de dihor, cu ochi mari și speriați și nas lung și ascuțit. Maria, care nu fusese niciodată câtuși de puțin frumușică, nici măcar în plină tinerețe, îndura frumusețea copleșitoare a amantei soțului ei alături de aceasta în majoritatea timpului. Regina, scria oaspetele, era obligată să vadă cum rivala ei „pășește alături de ea și rămâne alături de ea zi de zi, cum locuiește în palatul regelui, cum se bucură de compania tuturor și de toate petrecerile nobililor care i se închinau, cum are lenjerii de pat mai frumoase, inele și bijuterii mai alese, cum are parte de o masă mai bună și de ce este mai bun din toate. Iar ea nu doar că trebuie să îndure toate astea, dar mai trebuie să se și comporte ca și cum i-ar face plăcere."[3]

În vreme ce pioasa regină Maria a purtat doliu perpetuu după moartea a patru din cei 14 copii ai ei, Agnes a dat tonul modei la Curte. Curteanul Jean Juvenal des Ursins era perturbat de ceea ce el considera indecență, spunând că regele nu ar fi trebuit să permită decolteuri atât de adânci încât să lase la vedere sânii și sfârcurile. Dar se părea că regelui îi plăcea această modă, căci nu făcea nici un demers pentru interzicerea ei.

Maria s-a dedicat fără să cârtească treburilor casei, îndatoririlor religioase și copiilor ei. „El este stăpânul meu, are autoritate asupra tuturor acțiunilor mele, eu, asupra nici uneia", repeta devotata soție cu supunere.[4] Avea să fie un motto util reginelor din secolele următoare.

„Dispreţul lumii”

Într-o frumoasă dimineaţă de mai, în 1662, un vas care o ducea la bord pe tânăra de 23 de ani Caterina Braganza, prinţesă de Portugalia, intra în portul Portsmouth. Deloc frumoasă şi catolică până în măduva oaselor, Caterina fusese aleasă drept soţie pentru regele Carol al II-lea pentru că aducea cu ea o zestre considerabilă – pe lângă o jumătate de milion de lire, porturile Tanger şi Bombay, Anglia având astfel deschisă calea spre India.

Stând pe puntea vasului, micuţa brunetă Caterina era plină de speranţe şi de temeri. Speranţa că va fi o bună regină, o soaţă iubită, o mamă fericită. Nerăbdarea de a-şi cunoaşte soţul – chipeşul oacheş Carol. Teama că se va trezi în derivă pe ţărmuri străine, fără familia ei.

Dar în plus faţă de speranţă, nerăbdare şi teamă, Caterina venea în Anglia înarmată şi cu o dârzenie de fier. Îi promisese mamei ei, temuta regină a Portugaliei, că nu o va tolera absolut *niciodată* pe infama amantă a lui Carol, Barbara, lady Castlemaine, la Curtea ei. Mama ei o informase pe Caterina despre această stricată roşcată care îşi înşela în mod cinic soţul cel bun, devaliza vistieria, îi dăruise regelui un bastard regal la nouă luni după începerea relaţiei lor şi era însărcinată din nou.

Sir John Reresby, care a întâmpinat-o oficial pe prințesă la Portsmouth, spunea cu o oarecare îngrijorare despre Caterina că „nu avea nimic vizibil care să îi ateste capacitatea de a-l face pe rege să uite de înclinația sa față de contesa de Castlemaine, cea mai frumoasă femeie a timpului ei".[5] Și, într-adevăr, când la Londra clopotele răsunau pentru a anunța sosirea miresei regelui pe tărâm englezesc, Carol rămânea la Londra pentru a cina cu uluitoarea și foarte gravida sa amantă. În timp ce mireasa lui aștepta, iar în Portsmouth și peste tot în țară se aprinseseră uriașe focuri de tabără, Carol își petrecea fiecare clipă pe care a avut-o la dispoziție vreme de șase zile consecutive alături de lady Castlemaine.

Când Carol s-a sinchisit, în sfârșit, să pornească spre Portsmouth, biata Caterina, umilită de așteptare, se îmbolnăvise de febră. Când Carol i-a fost prezentat miresei lui, a fost șocat mai puțin de dinții ei de iepure și mai mult de coafura ei, aranjată în stilul iberic, cu zulufii ridicați în creștet, de o parte și de alta a capului, și revărsându-se apoi ca niște cârnăciori peste umeri. „La început", i-a spus Carol unui prieten, „am crezut că mi-au adus un liliac, și nu o femeie."[6]

Regele a sărutat-o scurt, apoi s-a dus în camera lui și s-a întins în pat ușurat. Era obosit după călătorie și i-a scris surorii sale că se bucura că nu se aștepta de la el să facă dragoste cu Caterina în noaptea aceea. Încercând să rămână optimist în legătură cu mireasa lui, a doua zi Carol i-a spus cancelarului său: „Nu are un chip tocmai frumos, dar are niște ochi extraordinari și nici o trăsătură pe chip care să poată câtuși de puțin să șocheze pe cineva".[7]

În ziua nunții regale, în semn de protest, lady Castlemaine a dat ordin să îi fie spălată lenjeria de corp și să fie agățată în grădina palatului ca să o vadă toată lumea. Samuel Pepys scria în jurnalul lui că, mergând prin grădina privată a metresei, a văzut „cele mai frumoase combinezoane și jupe ale lui lady

Castlemaine, tivite cu cele mai prețioase danteluri pe care le-am văzut vreodată, și mi-a făcut bine să le privesc".[8]

Caterina s-a îndrăgostit pe loc profund de soțul ei înalt, brunet și șarmant, iar Carol a insistat un pic cam prea mult că și el era încântat. Un adevărat atlet sexual, Carol se poate să fi văzut în Caterina un boboc închis, care nu avea să se deschidă vreodată. Ne-o putem imagina pe Caterina, timidă și castă, o nevastă conștiincioasă în pat, în vreme ce lady Castlemaine se distra cu el, abandonându-se complet extazului sexual.

În spatele zâmbetului pe care Carol îl arborase când își începuse căsnicia, clocotea un secret despre care știa că ar fi distrus-o pe mireasa lui. Pentru a împăca mânia lui lady Castlemaine provocată de căsătoria lui, Carol îi promisese onoarea de a deveni doamna de onoare a reginei. Astfel, ea nu doar că urma să trăiască la Curte, dar de pe această poziție lady Castlemaine ar fi avut acces la cele mai intime detalii ale vieții reginei, inclusiv relațiile sexuale cu soțul ei, funcțiile corpului, menstruațiile și sarcinile. Poziția oferea un statut aparte, căci era una dintre puținele care i se puteau acorda oficial direct unei femei. Ea urma să cimenteze poziția lui lady Castlemaine la o curte plină de intrigi, invidie și bârfe.

La două luni după nuntă, amanta regelui a adus pe lume al doilea lor copil. Carol a considerat că sosise momentul să își îndeplinească promisiunea pe care i-o făcuse, chiar și cu riscul să-și înnebunească soția. A invitat-o pe lady Castlemaine la Hampton Court, și, luând-o de braț, a dus-o să o prezinte reginei. Încântată de frumoasa musafiră, Caterina s-a ridicat în picioare zâmbind și a întins brațul când soțul ei i-a prezentat-o pe lady Castlemaine. Auzindu-i numele, Caterina a avut o reacție extremă: s-a albit ca varul și s-a așezat din nou, tremurând, iar pe obraji au început să-i șiroiască lacrimi. Deodată, din nas a început să-i curgă sânge și s-a prăbușit leșinată pe podea. A fost dusă într-o încăpere alăturată, dar Carol nu a venit cu ea, ci a interpretat slăbiciunea soției lui drept sfidare. Chipul i s-a întunecat de mânie. Și-a luat amanta și a condus-o înapoi la caleașcă.

Când i-a reproșat reginei comportamentul insolent, aceasta a fost mai degrabă necruțătoare decât chinuită de remușcări. Carol s-a răzbunat trimițând acasă suita de domnițe și de preoți portughezi a Caterinei – majoritatea prieteni din copilărie. Carol și-a izolat apoi și mai mult soția, ignorând-o complet. El se amuza noapte de noapte alături de prieteni, în vreme ce regina stătea singură în patul ei, chinuită de insomnii.

Lordul cancelar credincios lui Carol, Edward Clarendon, l-a implorat să renunțe la lady Castlemaine și să își repare căsnicia. Asta ar fi pus capăt totodată și disensiunilor din rândul poporului, mulți dintre supuși pierzându-și deja respectul pentru viața personală a regelui. Dar Carol a apărat-o indignat pe lady Castlemaine. „Eu am dezonorat-o pe această lady", a spus el, „i-am ditrus reputația, care a fost pură și nepătată până să devină prietena mea, iar eu sunt obligat în conștiința și onoarea mea să i-o repar prin tot ce-mi stă în puteri."[9]

Carol se temea să nu devină „ridicol în fața lumii" dacă nu ar fi câștigat această dezbatere publică cu noua lui soție.[10] L-a obligat pe bietul lord cancelar , care o disprețuia pe lady Castlemaine, să o convingă pe regină să o accepte ca doamnă de onoare. La această cerere, regina a răspuns: „Insistența regelui cu acest lucru anume nu poate veni din altceva decât din faptul că urăște nespus persoana mea. El dorește să mă expună disprețului lumii. Iar lumea va crede că merit un astfel de afront dacă îl accept. Înainte de a face asta, prefer să mă îmbarc pe primul vas, oricât de mic, și să plec la Lisabona."[11]

La fel de ferm pe poziția sa, Carol i-a prezentat reginei o listă de doamne care să fie aprobate pentru poziția de doamne de onoare. În vârful listei era numele Barbara, lady Castlemaine. Nelăsându-se mai prejos, Caterina a tăiat numele și a amenințat din nou că va lua primul vas spre casă.

Regele și-a mutat amanta în niște apartamente luxoase de la Hampton Court, deasupra propriilor apartamente, suitele lor fiind legate printr-o scară secretă. El ședea alături de lady Castlemaine când lua masa, râzând și discutând animat cu ea, în vreme ce regina stătea mută și abătută la aceeași masă. Nimeni nu dorea să fie văzut stând de vorbă cu regina, căci acest lucru putea fi considerat o știrbire a prestigiului regelui și al lui lady Castlemaine. Imediat ce Caterina se retrăgea, curtenii făceau glume jignitoare pe seama ei.

La sfârșitul verii, Caterina a cedat. Singură, departe de casă, pur și simplu nu a mai putut îndura izolarea. I-a cerut scuze lui Carol și a primit-o pe amanta acestuia în cercul ei ca prietenă. Regina și lady Castlemaine erau adesea înghesuite în aceeași caleașcă, cu regele între ele. Recunoscător, Carol a devenit un soț atent. Respectul lui pentru Caterina s-a transformat în prietenie și în cele din urmă într-un fel de dragoste. Când lady Castlemaine a cerut să fie prima care să călătorească alături de rege într-o caleașcă nouă revoluționară – amenințând că avortează pe loc dacă nu o face – Carol a ales-o pe Caterina pentru această onoare. În timp ce regele o ținea de mână pe radianta lui soție, amanta sa a fost obligată să se alăture alaiului care venea călare în urma caleștii, păstrând deprimată distanța de curtenii gălăgioși.

Fiind ascultătoare, Caterina a reușit să îl determine pe Carol să se supună voinței ei, aflându-se uneori în situația de a se răzbuna. La două zile după ce lady Castlemaine a dat naștere celui de-al treilea bastard regal, în septembrie 1663, regina – prefăcându-se a nu ști nimic despre copii – a insistat ca lady Castlemaine să o însoțească la Oxford călare, transmițându-i că urma să-și piardă poziția de doamnă de onoare dacă ar fi refuzat-o. Proaspăta mamă, având încă dureri și sângerând, a încălecat și a pornit la drum fără să cârtească, dar scrâșnind din dinți.

Este ironic că atunci când regina Caterina s-a îmbolnăvit grav, în 1663, nimeni în toată Anglia nu a fost mai interesat de însănătoșirea ei ca amanta regelui. Lady Castlemaine știa că, dacă ar fi murit Caterina, Carol s-ar fi însurat cu frumoasa nobilă de numai 16 ani Frances Stuart, care îi stârnise poftele trupești, dar care refuza să i le potolească. Readus pe culmile pasiunii din genunea doliului după soața sa mult prea timpuriu decedată, probabil că s-ar fi descotorosit curând de ranchiunoasa lui metresă. Așa că Barbara s-a rugat cu pasiune pentru viața soției amantului ei regal.

În mod similar, în 1670, amantele lui Carol – avea acum un adevărat harem – au trecut de partea reginei Caterina când lordul Buckingham a propus parlamentului o nouă lege care îi permitea regelui să divorțeze de soața lui stearpă și să se recăsătorească. Cloncănind și cotcodăcind, amantele regale au insistat ca regina stearpă și lipsită de putere să rămână exact unde era. O nouă regină cu siguranță că avea să le destabilizeze tuturor poziția. Și mai exista și pericolul de a se pricopsi cu o regină care să aducă pe lume o liotă de copii. Cu siguranță că regele și-ar fi neglijat numeroșii bastarzi regali.

Dar Carol și-a ascultat conștiința și nu a aprobat legea, declarând că „... a fost un gest foarte răutăcios să faci o biată doamnă să se simtă prost doar pentru că este soția mea și nu mi-a făcut nici un copil, asta nefiind nicidecum vina ei".[12]

„O BESTIE BĂTRÂNĂ, URÂTĂ, SURDĂ ȘI ARȚĂGOASĂ"

În contrast cu gloria veselului monarh al Angliei, Carol al II-lea, începând cu 1715, așadar doar câteva decenii mai târziu, „dinastia Hanovra pare să fi adus cu sine... un fel de triumf al cârnaților, napilor și berii tulburi în fața dantelelor, serbărilor, șampaniei și vinului bun ce dominaseră epocile trecute", potrivit curteanului Brimley Johnson.[13]

Blonda și robusta regină Carolina a Angliei era cu certitudine adepta trendului cârnaților și al napilor. În loc să îndure cu noblețe, ca o martiră, infidelitățile soțului ei, ca pe o cunună de spini pe frunte, Carolina i-a spus la un moment dat unui curtean că, în ce le privește pe metresele soțului ei, „îi părea rău pentru că îi scandaliza pe alții, însă pe ea nu o deranja nici măcar atât cât o deranja oala de noapte".[14]

Fiind încă prinț de Hanovra, soțul Carolinei, viitorul George al II-lea al Angliei, și-a luat ca primă amantă o femeie în vârstă de 30 de ani, Henrietta Howard, drăguță, plăcută și discretă. Un curtean o descria pe Henrietta ca fiind „politicoasă cu toată lumea, prietenoasă cu mulți și cu nimeni nedreaptă".[15] Carolina a fost ușurată de alegerea lui George. În vreme ce majoritatea nevestelor le tratau cu malițiozitate pe primele amante ale soților lor, isteața Carolina știa că

Henrietta nu va devaliza vistieria, nu se va strădui să dobândească putere politică, nu va provoca intrigi la Curte și nu o va umili când ea avea să devină regină.

Așa cum descria situația prietenul reginei Carolina, lordul Hervey: „Regina, cunoscând vanitatea soțului ei și faptul că el trebuia să aibă o femeie cu care lumea să creadă că se culca, a fost atât de deșteaptă încât să îngăduie în această poziție o femeie pe care o disprețuia și pe care o putea domina, de teamă să nu lase locul diponibil unei succesoare pe care el să o iubească într-adevăr și care să o domine pe ea, regina".[16]

Asemenea majorității celorlalte metrese regale, Henrietta a devenit doamnă de onoare a reginei. Dar, spre deosebire de altele, poziția Henriettei nu a fost neapărat de invidiat. George era dolofan și avea fața congestionată, iar când era furios, își smulgea adesea peruca din cap și dădea cu ea de pământ. În plus, făcea invers decât monarhii din alte case regale din Europa: își iubea nevasta și își tolera amanta. Pentru el, Carolina era cea mai frumoasă, cea mai inteligentă și cea mai șarmantă femeie din lume, dar era de părere că o amantă permanentă era pentru un monarh la fel de importantă precum coroana și sceptrul. O vizita ostentativ seară de seară pe Henrietta și rămânea preț de mai multe ore cu ea îndărătul ușilor ferecate. Existau tot felul de speculații grosolane printre curteni legate de viața lor sexuală – unii glumeau că George seamănă cu un cal de povară, care merge greoi la nesfârșit în cerc – și majoritatea erau de acord că cei doi își petreceau timpul jucând cărți.

În 1722, când abia dacă împlinise 40 de ani, Henrietta a surzit prematur. Cum George o plăcuse în principal pentru că era o bună ascultătoare, acum regele era tot mai agasat de neajunsul ei. Însă pentru Henrietta această afecțiune se prea poate să fi fost o binecuvântare, care o scutea de monotonia cotidiană a poveștilor lui George.

George devenea tot mai iritat de amanta lui, așa că într-o zi, când Henrietta îi lega Carolinei o eșarfă în jurul gâtului,

George a smuls-o nervos, spunând: „Doar pentru că dumneata ai un gât atât de dezgustător, vrei cu tot dinadinsul să ascunzi gâtul Majestății Sale".[17]

Dar George, un bărbat al rutinei, nu și-a concediat amanta. Apoi, în 1729, soțul Henriettei a decis că nu mai putea îndura umilința căsniciei lui, care de 15 ani nu mai exista decât pe hârtie, și i-a poruncit soției să revină la îndatoririle conjugale. A obținut un mandat din partea lordului președinte de tribunal, care îi permitea să o rețină oriunde și oricând ar fi găsit-o. Auzind asta, Henrietta a rămas ascunsă în palat. Regina, alarmată că regele nu o mai dorea pe Henrietta, în schimb soțul ei da, a făcut tot posibilul să o țină în palat. Dacă Henrietta ar fi plecat, George s-a fi simțit obligat să își găsească o nouă amantă oficială, iar următoarea ar fi putut să nu mai fie la fel de ușor de stăpânit.

Într-o zi, bestialul domn Howard – deseori furios, rareori treaz – a oprit caleașca reginei, amenințând să o tragă cu forța afară pe soția lui. Atunci, Carolina și-a dat seama că trebuia făcut ceva. I-a fost sugerată mituirea lui Howard cu 1 200 de lire pe an ca să își lase soția în pace, dar regina a răspuns că i se părea un pic cam dificil să trebuiască nu doar să țină „târfele soțului sub acoperișul meu, pe deasupra să le mai și plătesc".[18]

George a rezolvat galant situația, plătind renta anuală de 1 200 de lire, lucru pe care nu încăpea îndoială că domnul Howard îl sperase făcând atâta tam-tam. Așa cum relata lordul Hervey, domnului Howard i s-a cerut să semneze o declarație, prin care jura ca „pe viitor să îi pricinuiesc la fel de puține necazuri soției mele, Henrietta, ca soț, pe cât i-am produs plăcere. Și astfel, această poveste s-a încheiat, regele plătind suma de 1 200 de lire pe an pentru a păstra ceea ce nu îi mai făcea plăcere, iar domnul Howard a acceptat banii pentru a renunța la ceva ce nu ar fi păstrat cu plăcere."[19]

În 1734, George a făcut-o de ocară pe Henrietta pentru că era prietenă cu mai multe personalități, printre care poetul

Pope, ale cărui sarcastice versuri politice îl criticau pe rege. Când Carolina a vrut să discute cu soțul ei despre cât de urât se purtase acesta cu Henrietta, el i-a răspuns nervos: „Ce dracului a fost în mintea ta când ai lăsat o bestie bătrână, urâtă, surdă și arțăgoasă să rămână și să mă omoare cu zile când am avut o ocazie atât de bună să mă descotorosesc de ea!“[20]

Și așa s-a încheiat o relație de 20 de ani. Bestia bătrână, urâtă, surdă și arțăgoasă și-a găsit numaidecât un văduv și s-a recăsătorit. Regele a râs când regina l-a informat că „fosta amantă s-a căsătorit cu bătrânul crai George Berkeley, iar eu mă bucur nespus. Nu le-aș fi făcut niciodată un astfel de dar prietenilor mei, iar dacă dușmanii mei doresc să mă jefuiască, atunci, te rog, Doamne, fă să se întâmple mereu astfel.“[21] Un mod nu foarte elegant de a-ți lua rămas-bun de la o dragoste care a rezistat 20 de ani, dar pe Henrietta nu a afectat-o despărțirea, dimpotrivă, ea a fost cea care a râs la urmă. Căsnicia ei cu „bătrânul crai“ George Berkeley, care, în realitate, era cu doisprezece ani mai tânăr decât mireasa lui, a fost una foarte fericită. Ea a trăit încă 20 de ani după moartea celui de-al doilea soț, în lux și confort, la țară.

Așa cum se temuse Carolina, Henrietta a fost înlocuită cu o amantă mai tânără, mai drăguță și mult mai intrigantă. Regina moare în 1737 de o hernie ombilicală. Deși suferindă, înfășurată în nenumărate prosoape care să îi împiedice intestinele să se reverse, regina și-a păstrat mintea limpede până la sfârșit, sugerându-i lui George să se recăsătorească. Dar regele, cu inima frântă de durere la căpătâiul ei în ultimele clipe de agonie, a jurat că va avea doar amante și că nu se va mai căsători niciodată.

„Dumnezeule“, a spus regina muribundă în franceză, cu pragmatismul care o caracteriza, „nu este absolut nici o diferență!“[22]

„Târfa aia îmi va aduce sfârșitul."

Ludovic al XIV-lea, cel mai puternic om din Europa, a avut și el parte de dispute între soția și amantele sale. În 1660, la 22 de ani, tânărul și chipeșul rege s-a căsătorit cu infanta Maria-Tereza a Spaniei, scundă ca un elf din cauza numeroaselor generații de consangvinitate. Din fericire, nu suferea de vreun handicap psihic sau fizic asemenea rudelor ei Ioana cea Nebună, Ioan Imbecilul și Isabella Dementa. Singura ei debilitate era o simplitate puerilă – care a fost crud ridiculizată de sofisticata lume de la Versailles.

Maria-Tereza nu a învățat niciodată să vorbească bine franceza, iar noii ei supuși erau deranjați de accentul ei spaniol brutal. N-avea nici cea mai vagă idee de politică, literatură și nu era capabilă să poarte o conversație inteligentă, preferând să petreacă ore în șir jucând cărți. Curtenii așteptau răbdători să capete un loc la masa de joc a reginei, lucru care echivala aproape cu câștigul la loterie, deoarece regina paria invariabil sume mari și juca prost. Primi Visconti relata: „Sumele pierdute de regină sunt, în principiu, singurul venit al bietei contese d'Elbeuf".[23]

Ludovic i-a fost credincios devotatei lui soții un an întreg înainte să înceapă să flirteze cu soția fratelui lui, prințesa

Henrietta a Angliei. Pentru a-l deturna de la o alegere atât de nefericită, mama lui Ludovic, văduva regină Anna, a pus la cale o întâlnire cu trei minunate tinere. Aceste trei grații, gătite cu somptuoase panașuri în coafuri, erau plasate ostentativ alături de el la banchete.

Trucul a funcționat mai bine decât ar fi sperat mama lui. Regele s-a îndrăgostit lulea de una dintre ele, Louise de La Vallière, fiica de 17 ani a unui nobil mărunt. Aceasta avea părul blond-cenușiu, o piele neasemuit de albă și ochii mari albaștri. Un picior era puțin mai scurt decât celălalt, motiv pentru care purta pantofi special croiți pentru ea. Dar regele a fost în principal atras de aura ei sinceră de inocență și bunătate, de pietate și modestie.

Regina a fost distrusă să afle că soțul ei își luase o metresă. „Tânăra aceea cu cercei cu diamante este cea de care este îndrăgostit regele", i-a spus într-o zi Maria-Tereza acid în spaniolă unei doamne de la curte.[24]

Era ironic faptul că dulcea Louise de La Vallière era obiectul furiei veninoase a reginei. Căci Louise se simțea rușinată în fața Domnului pentru adulterul ei și umilită în fața reginei pentru clipele de tandrețe furate cu soțul ei, tratând-o pe Maria-Tereza cu supușenie și respect.

Deși și-a dat seama că soțul ei avea o amantă, Maria-Tereza a rămas extrem de naivă. Verișoara regelui, Anne-Marie de Montpensier, scria: „Într-o zi, la masă, mi-a spus că regele venise în pat abia la ora patru a dimineții. Răspunzând întrebărilor ei, el i-a spus că fusese ocupat până la acea oră cu cititul scrisorilor și întocmirea răspunsurilor la acestea. Când regina l-a întrebat dacă nu ar fi putut găsi o altă oră pentru acea activitate, el a privit în altă parte, pentru ca ea să nu-l vadă că râdea. Și ca să nu mă vadă pe mine făcând același lucru, mi-am plecat privirea și am rămas cu ea țintă în farfuria-mi."[25]

Maria-Tereza era întotdeauna cu câțiva pași în urma tuturor celorlalți de la Curte. Ea crezuse că Ludovic era încă îndrăgostit de cumnata lui, Henrietta, când el începuse de fapt o relație cu Louise de La Vallière. Acum, șapte ani mai târziu, împroșcându-și încă veninul către Louise, regina nu observa că tornada își schimbase direcția, îndreptându-se în cu totul altă direcție. Căci Ludovic, acum în vârstă de 30 de ani, nu mai dorea o amantă dulce și modestă. Era pregătit pentru nestăpânita, dar sclipitoarea Athénaïs de Montespan, cea mai bună prietenă a Louisei și doamnă de onoare a Mariei-Tereza.

Madame de Montespan îi reproșase adesea reginei afronturile aduse Louisei de La Vallière, jurând că ar fi preferat mai degrabă să moară decât să joace un astfel de rol. Și brusc Madame de Montespan a devenit noua favorită a regelui, în vreme de Louise a rămas cu un biet rol incert, nici în joc, nici în afara acestuia. Ignoranța reginei cu privire la această schimbare a fost subiect de zeflemea la Curte, până când s-a găsit cineva care să o pună la curent cu evenimentele.

Madame de Caylus scria: „O iubise pe Madame de Montespan deoarece o crezuse femeie respectabilă, loială îndatoririlor sale și soțului. Astfel, surprinderea Majestății Sale a fost la fel de mare precum mâhnirea când a aflat, în cele din urmă, că ea nu era deloc așa cum și-o imaginase. Supărarea reginei a fost amplificată de lipsa de respect arătată de Madame de Montespan... Dintre toate metresele regelui, Madame de Montespan este cea care i-a provocat Majestății Sale cel mai mare chin; nu numai pentru că acea pasiune aparte dintre Madame de Montespan și rege a durat atâta, nu numai pentru că aceasta s-a străduit atât de puțin să o scutească pe regină de suferință, ci mai ales pentru că această suferință îi fusese pricinuită reginei de o femeie în care avusese încredere și de care o legase o prietenie deosebită."[26]

Dacă Louise de La Vallière o tratase totdeauna pe regină cu deferență, Madame de Montespan încerca să o ignore și să o insulte cu orice ocazie. Ca doamnă de onoare a reginei, în loc să o asiste cu supușenie, amanta regelui o pedepsea adesea aspru pentru că îi lua prea mult ca să se îmbrace. Maria-Tereza se plângea rareori soțului ei, în schimb se lamenta adesea prietenelor: „Stricata aia o să mă bage în mormânt!"[27]; sau: „Târfa aia o să mă omoare cu zile!"[28]

În 1670, regele, nerăbdător să o ia pe Madame de Montespan cu el într-o campanie militară, trebuia să le ia după el ca însoțitoare și pe regină, pentru a evita scandalul, și pe Louise, pentru a deruta publicul cu privire la relația lui cu Madame de Montespan. După cum relata ducele de Saint-Simon: „A defilat cu cele două în caleașcă, alături de regină, de-a lungul frontierei, prin toate locurile unde existau tabere militare... Mulțimile veneau în fuga mare peste tot pe traseu, arătând spre caleașcă și strigând cu naivitate să vină să le vadă pe cele trei regine!"[29]

În 1671, biata regină a pornit într-o altă călătorie înghesuită într-o caleașcă alături de soțul ei și cele două amante ale acestuia. Într-o noapte, șapte călători exaltați s-au văzut forțați să stea în aceeași cameră, cu un singur pat. Maria-Tereza a primit patul, iar ceilalți șase – regele, fratele și cumnata lui, verișoara lui, Anne-Marie, Louise de La Vallière și Athénaïs de Montespan – s-au culcat pe saltele puse direct pe podea. Revoltată, regina le-a strigat gutural cu accentul ei spaniol: „Poftim? Toți laolaltă în aceeași încăpere?" La care soțul ei a răspuns rece: „Dacă lăsați draperiile patului ridicate, ne puteți ține sub observație pe toți!"[30]

Maria-Tereza stătea adesea trează până târziu așteptându-și soțul, care, din curtoazie, venea întotdeauna în patul ei, chiar și la răsăritul soarelui. Când, în cele din urmă, apărea, cald încă din îmbrățișările metresei sale, soața lui îl întâmpina cu un zâmbet. Era recunoscătoare că regele arăta Curții atât de limpede cât de mult o respecta. Așa cum remarca un curtean: „Regele îi dă dovada respectului pe care îl merită prin poziția ei. El mănâncă și doarme cu ea... conversează cu ea atât de galant ca și cum nu ar exista vreo metresă în viața lui... și își împlinește îndatoririle conjugale... Are, de obicei, relații cu ea de două ori pe lună."[31]

La un moment dat, regina a încetat să se mai opună valului de nubile domnițe care-l asaltau pe soțul ei. Poate că timpul transformase primele răni dureroase în cicatrice. A început chiar să poarte coafura specifică exclusiv Madamei de Montespan – bucle pe frunte și de-o parte și de alta a capului până imediat sub nivelul urechii, și o coadă împletită cu panglici și perle, înfășurată la ceafă. Într-o zi, observând că aveau amândouă aceeași coafură, regina a explicat: „Mi-am aranjat astfel părul pentru că îi place regelui, nu ca să vă fur coafura".[32]

„Mai bine ea decât alta"

În 1725, Ludovic al XV-lea se căsătorea la vârsta de 15 ani cu o neîngrijită prințesă poloneză de 22 de ani datorită fertilității dovedite a familiei din care provenea. Plicticoasă, bigotă și limitată intelectual, Maria Leczinska era considerată chiar de propriul tată drept una din cele două cele mai urâte regine din Europa, cealaltă fiind chiar nevasta lui. Maria prefera să își petreacă diminețile rugându-se în biserică și după-amiezele jucând cărți sau brodând. Asemenea tuturor doamnelor din secolul al XVIII-lea, studiase muzica și pictura. Dar picturile ei nu se ridicau niciodată peste nivelul unor mâzgăleli puerile și nimic nu le îngrozea mai mult pe doamnele ei de onoare decât vestea că le va interpreta ceva la pian.

Maria s-a simțit derutată la amețitoarea Curte franceză, care deborda de cele mai atrăgătoare, inteligente și sofisticate personaje, femei și bărbați, din Europa. Totuși, și-a respectat promisiunea de fecunditate, aducând pe lume nu mai puțin de 10 copii regali în la fel de mulți ani. Veșnica ei lamentare era: „Of, sunt mereu în pat, sunt mereu gravidă, nasc mereu!"[33]

Timp de opt ani, Ludovic a fost o anomalie regală din punct de vedere al fidelității scrupuloase față de soție. Flăcăul promițător a devenit un bărbat extrem de atrăgător, cu un fizic bine format, maxilar puternic, pomeți înalți și nas acvilin. Maria trebuie să fi fost încântată că, în ciuda urâțeniei ei și a strălucirii lui Ludovic, acesta se uita rareori după alte femei. Dar a fost distrusă când Ludovic a ales-o pe una dintre doamnele ei de onoare, Madame de Mailly, să-i fie amantă. Madame de Mailly era simplă, amabilă și prefera să umble prin Versailles în rochii peticite decât să îi ceară iubitului ei regal bani. Următoarele două amante ale regelui – ambele surori ale celei dintâi – nu au fost la fel de generoase. Insolente și hrăpărețe, nu se dădeau înapoi de la nimic ca să o insulte public pe regină, să se împăuneze cu frumusețea lor prin comparație cu urâțenia ei, cu istețimea lor prin comparație cu limitarea ei. A treia lui amantă, Madame de Châteauroux, a dispus chiar să se dea găuri în pereții apartamentelor reginei, astfel încât prietenele ei să o poată spiona. Când regele și-a ales o nouă amantă, o pariziancă burgheză și nu o nobilă arogantă, Maria a sperat probabil să fie tratată mai bine.

Pentru a ocupa poziția de *maîtresse-en-titre* și a locui la Versailles, amanta lui Ludovic trebuia să primească un titlu și să fie prezentată oficial la Curte. Cu titlul a fost ușor – regele i-a cumpărat tinerei de 24 de ani Jeanne Antoinette d'Etioles (Jeanne Antoinette Poisson) titlul de marchiză de Pompadour. Dar prezentarea a fost un lucru deosebit de enervant. Proaspăta marchiză de Pompadour a trebuit prezentată regelui și reginei în două încăperi separate, dinaintea ochilor tuturor celor de la Curte. Candidata nu-și putea permite nici cea mai mică greșeală. Prezentarea ei presupunea să înainteze îmbrăcată într-o rochie care cântărea aproape 20 de kilograme și a cărei fustă se extindea pe o lungime de un metru și jumătate de o parte și de cealaltă. Trebuia să facă o reverență în fața monarhilor și să asculte cele câteva cuvinte pe care aceștia le adresau, apoi să se retragă cu spatele, în reverență, dând în același timp la o parte cu piciorul lunga trenă a rochiei. Întreaga procedură trebuia să pară făcută fără nici cel mai mic efort. Dacă ar fi călcat pe trenă sau, și mai rău, dacă ar fi căzut, ar fi fost ridiculizată pentru tot restul vieții ei de cei de la Curte.

Când Madame de Pompadour a fost prezentată regelui, acesta era într-o tensiune extremă, nereușind să îi adreseze amantei lui decât câteva cuvinte. Camera lui de prezentare era aproape goală, căci majoritatea curtenilor se înghesuiseră în cealaltă încăpere, curioși să vadă interesanta confruntare dintre regină și amantă. Prezentarea a avut loc seara, iar regina cea bondoacă de vârstă mijlocie, plină de panglici, funde, dantele și paiete, aștepta tăcută în lumina pâlpâitoare a lumânărilor când tânăra și proaspăta femeie s-a apropiat de ea. Poate că a simțit teroarea palpabilă a Madamei de Pompadour, atât de grijuliu ascunsă în spatele calmului fără cusur și al rochiei spectaculoase. Cel mai rău lucru pe care l-ar fi putut spune regina – însemnând desconsiderarea totală a persoanei prezentate – ar fi fost o mică remarcă referitoare la vestimentația persoanei. Spectatorii s-au aplecat în față, ținându-și respirația.

Regina Maria a zâmbit și a întrebat de o cunoștință comună. Amanta, fără îndoială deosebit de ușurată de gestul amabil foarte public al reginei, a murmurat: „Am o profundă dorință de a vă face pe plac, Madame".[34] Cele două au schimbat un număr uluitor de douăsprezece replici – curtenii le-au numărat – lucru care a confirmat faptul că Madame de Pompadour era binevenită la Curte. A fost o amabilitate care nu urma să fie dată uitării vreodată, și una care avea să îi prindă bine reginei în anii ce aveau să vină.

La câteva săptămâni, regele a suferit o scurtă criză de icter și Maria a cerut permisiunea de a-l vizita la castelul din Choisy. Ludovic – care, în mod obișnuit, ar fi refuzat-o – a răspuns cu un entuziasm neobișnuit. Când Maria a sosit, el i-a arătat personal noile decorațiuni. La cină, la care au participat atât regina, cât și Madame de Pompadour, Ludovic și-a tratat soția cu mare respect, iar ea „nu și-a exprimat dorința de a pleca, ci a discutat elegant cu Madame de Pompadour, care a fost respectuoasă și deloc neobrăzată".[35]

Regina știa că soțul ei era mai amabil cu ea la îndemnul Madamei de Pompadour. Prințul de Croy observa că amanta era „în relații bune cu regina, sfătuindu-l pe rege să fie mai amabil cu ea..."[36]

Madame de Pompadour nu era doar în mod natural amabilă, ea știa de asemenea că prietenia reginei îi va fi de folos în groapa cu șerpi a Versaillesului. Faptul că o trata pe regină cu foarte mare respect îi asigura recunoașterea de către toți cei de la Curte, care țineau foarte mult la formă. Metresa îi trimitea în mod obișnuit Mariei buchete din florile ei preferate și îl convingea pe Ludovic să achite datoriile soției – majoritatea pentru opere caritabile. Dar cel mai uimitor a fost faptul că, atât timp cât Curtea a funcționat la Fontainebleau, artiștii nu și-au văzut capul de treburi, trebuind să redecoreze apartamentele reginei de la Versailles. Când Maria a revenit, și-a găsit vechile camere prăfuite transformate după ultima modă, pline de oglinzi, cu pereții proaspăt auriți, mobilierul retapițat cu satin alb, plus un pat nou-nouț, cu draperii bogate din damasc roșu. Ceea ce i-a plăcut cel mai mult reginei a fost faptul că pe pereți fuseseră atârnate tapiserii reprezentând scene biblice. Maria a recunoscut gustul desăvârșit al Madamei de Pompadour în spatele tuturor acestor decorațiuni.

Regina a fost încă o dată extrem de surprinsă când, de Anul Nou, a primit un cadou foarte scump de la soțul ei – primul după mulți ani. Era o superbă cutie pentru prizat tabac, din aur și email, cu un mic ceas montat pe capac. Din fericire, regina nu a aflat că Ludovic comandase inițial acest cadou pentru mama Madamei de Pompadour – care tocmai decedase.

Dar toate soțiile suferă când soții lor își fac amante. Regina ar fi preferat să-l fi putut avea pe Ludovic doar pentru ea. Ea spunea adesea oftând: „Dacă tot a trebuit să existe una, mai bine ea decât alta".[37]

„LACRIMILE ȘI VĂICĂRELILE"

Asemenea multor altor regi, Henric al IV-lea al Franței era de părere că datoria unei regine era să se supună în toate privințele soțului ei, să îi îndeplinească toate poruncile și să nu se plângă niciodată. Tot printre îndatoriri se număra și acceptarea amantelor regelui, ba chiar acceptarea lor cu brațele deschise. Henric a avut ghinionul să se însoare cu două femei care nu au fost nicidecum încântate de o astfel de cerință.

În primii ani ai căsniciei sale cu prințesa Margareta, Henric, pe atunci doar rege de Navarra, s-a tot îndrăgostit de diverse doamne de onoare. Fermecătoarea brunetă Margot – având ea însăși numeroși iubiți – s-a făcut că nu observă acest lucru. Ea nu și-a dorit niciodată să se mărite cu Henric, un bărbat crăcănat și cu un nas mai mare decât regatul lui, așa cum spuneau unele glume, și care se îmbăia atât de rar, că puțea ca o capră. Apoi, soțul ei s-a îndrăgostit de Françoise de Montmorency, fiica baronului de Fosseuse și cunoscută ea însăși drept Fosseuse. Așa cum scria Margot în memoriile ei: „El adora compania domnițelor și, mai mult de atât, era la vremea aceea foarte îndrăgostit de Fosseuse... Fosseuse nu mi-a făcut nici un deservicu, astfel încât regele, soțul meu, și cu mine am continuat să trăim în relații foarte bune, mai ales că a înțeles că nu am intenționat niciodată să mă pun de-a curmezișul înclinațiilor sale."[38]

Dar în 1581, Fosseuse, în vârstă de 15 ani, a rămas însărcinată și a început să spună în stânga și în dreapta că regele îi promisese că va divorța de Margot și se va însura cu ea dacă i-ar fi oferit un fiu. Margot, care nu avea copii, s-a simțit amenințată. A încercat să o trimită pe copilă de la Curte, iar Henric, furios, a insistat ca ea să rămână. Henric a devenit „rece și indiferent" cu soția lui, după cum scria Margot.[39] Și, deși pântecul tinerei se mărea văzând cu ochii, atât ea cât și regele continuau să susțină că nu era gravidă.

Într-o dimineață, medicul de la Curte a intrat în iatacul regelui și l-a anunțat că Fosseuse era în travaliu. Ne putem imagina stânjeneala monarhului. Margot s-a trezit și l-a văzut pe soțul ei rușinat cu nasul vârât între draperiile baldachinului ei. „Draga mea", a spus el, privind-o încurcat, „... mi-ai putea face imensa favoare de a te trezi și a te duce la Fosseuse, care este foarte bolnavă?... Știi cât de mult o iubesc și sper să îmi împlinești această doleanță."[40]

Supusa lui soție a răspuns că „îl respect prea mult pentru a mă simți ofensată de vreo faptă de-a sa și mă voi duce la ea ca și cum ar fi vorba de propriul meu copil".[41]

Margot l-a sfătuit pe Henric să plece la vânătoare și să ia cea mai mare parte a curtenilor cu el, în timp ce ea urma să o ducă pe fată în cea mai îndepărtată aripă a palatului, unde să n-o audă nimeni urlând. Când regele s-a întors acasă în seara aceea, a aflat că amanta lui născuse o fetiță moartă. Copleșit de veste, i-a cerut soției să se întoarcă la amanta lui și să o consoleze. Dar răbdarea lui Margot s-a oprit aici. Ea și-a amintit cum, în lunile ce trecuseră, Fosseuse batjocorise amabilitățile regelui, lăudându-se cum acesta urma să o părăsească pe Margot și să se însoare cu ea dacă i-ar fi dăruit un fiu. Epuizată de evenimentele zilei, Margot l-a refuzat pur și simplu pe Henric, subliniind că fusese alături de fată pe tot timpul travaliului și că nu putea face mai mult de atât. Henric s-a înfuriat. „A părut foarte deranjat de ce spusesem", scria Margot, „lucru care m-a vexat cu atât mai mult cu cât eram de părere că nu meritam un astfel de tratament după toate câte le făcusem în acea dimineață la rugămințile lui."[42]

Căsnicia a continuat să se deterioreze. După ce Margot a încercat să organizeze o revoltă împotriva soțului ei, acesta a exilat-o la un castel îndepărtat. Când fratele lui Margot, Henric al III-lea, a murit fără moștenitori, Henric de Navarra, vărul lui, a devenit rege al Franței, divorțând în cele din urmă, în 1599, de Margot, cu care nu avusese copii. Margot devenise alcoolică, mânca fără măsură și făcea sex cu grădinarii și grăjdarii.

În 1599, după moartea amantei lui, Gabrielle d'Éstrees, cu care intenționase să se căsătorească, regele, acum în vârstă de 46 de ani, a început să caute o prințesă potrivită a-i deveni soție. A ales-o pe Maria de Medici, o nepoată a marelui duce de Toscana. Norocoasa mireasă a fost aleasă mai degrabă datorită neajunsurilor rivalelor ei decât atuurilor personale. Infanta Spaniei era o antichitate respingătoare, prințesele germane erau grase și bizare, iar atrăgătoarea prințesă de Guise fusese crescută în cuibul de vipere al celor mai implacabili dușmani ai regelui. În plus, Henric se împrumutase din greu de la unchiul Mariei și spera ca datoria să îi fie anulată dacă ar fi făcut-o pe Maria regină a Franței.

În timpul negocierilor pentru căsătorie, regele s-a îndrăgostit de o tânără nobilă de 22 de ani, Henriette d'Entragues. Curtezană prin excelență, Henriette i-a oferit regelui mult mai mult decât doar frumusețe – avea o grație, un șarm, o inteligență sclipitoare și pasiuni impetuoase și provocatoare care îl excitau. Era mlădioasă, suplă, agilă, gândea rapid și pricepea numaidecât orice cuvânt și orice faptă ce i-ar fi putut alimenta insațiabila ambiție. Iar marea ei ambiție era să devină regina Franței.

Înainte să facă sex cu regele, Henriette a cerut scandaloasa sumă de 100 000 de coroane, sumă cu care regele, însetat de iubire, a fost numaidecât de acord. Ministrul lui, ducele de Sully, care o numea pe Henriette „viespe perfidă", a fost forțat să scoată respectiva sumă din vistierie.[43] În semn de protest, ducele a cerut ca suma să fie acoperită în monede de argint și nu de aur, monede pe care le-a împrăștiat pe podeaua cabinetului regelui pentru ca acesta să vadă cât bănet arunca pe o fătucă prostuță. „*Ventre saint-gris!*" a strigat regele când a intrat în încăpere. „Asta-i o plăcere cam scumpă!"

„Da", i-a răspuns Sully rece. „Marfa este, într-adevăr, cam scumpă."[44]

După ce a încasat banii, Henriette a spus că următorul pas, înainte ca regele să-și poată ostoi pasiunea pentru ea, era ca acesta să prezinte o dovadă scrisă că intenționa să se însoare cu ea când va fi posibil. O propunere revoltătoare – mai ales având în vedere că erau încă în desfășurare negocierile cu Casa de Toscana –, dar Henric, arzând de dorință pentru Henrietta, a scris cu mâna lui: „Noi, Henric al IV-lea... promitem și jurăm pe credința noastră și pe cuvântul de rege... că dacă numita Henriette-Catherine de Balzac, în șase luni din chiar această zi, va rămâne grea și va aduce pe lume un fiu, atunci în clipa aceea vom încheia căsătorie cu dânsa în mod public și în Sfânta Biserică, după toate ritualurile ce se impun".[45]

Înainte să o trimită, Henric i-a arătat promisiunea ducelui de Sully și i-a cerut părerea. Ducele a înșfăcat misiva și a rupt-o bucățele. Regele l-a întrebat revoltat pe sfătuitorul lui dacă își pierduse mințile. Atunci ducele a răspuns că ar fi preferat să fie „singurul nebun din Franța!"[46] Dar regele nu s-a lăsat intimidat, ci i-a dat poruncă unuia dintre secretari să scrie o promisiune identică, pe care i-a trimis-o iubitei lui doamne.

Henriette a fost peste măsură de încântată de acest document, care valora la vremea aceea cât un contract perfect legal, prin care ar fi putut anula în instanță o altă căsătorie a lui Henric. Acum, nu-i mai rămânea decât să aducă pe lume un fiu sănătos ca să devină regina Franței. Bucuria ei era umbrită cumva de Henric, care continua demersurile pentru înfăptuirea căsătoriei cu Maria de Medici. La sfârșitul lui aprilie 1600 – când Henriette era însărcinată în luna a șaptea, pe drumul cel bun spre respectarea părții ei de înțelegere – Henric a semnat actul de căsătorie cu Toscana. Poleiala subțire de generozitate și de bunătate a Henriettei s-a scorojit, lăsând vederii pentru prima oară adevăratul monstru rece și calculat ce se ascundea în spatele ei.

Henric a făcut-o numaidecât pe Henriette marchiză de Verneuil și i-a dăruit un castel cu un domeniu imens, sperând că, aruncându-i acest prețios os, o va îmbuna. Dar, în zadar. Doamna a început să amenințe că va face publică promisiunea lui de căsătorie dacă se continuau negocierile cu Toscana. Henric și-a dat seama că promisiunea lui prostească ar fi putut avea ca rezultat un scandal internațional și pierderea prestigiului regatului său. Așa că i-a trimis o scrisoare: „Domniță dragă“, a scris el, „dragostea, onoarea, cât și toate celelalte favoruri pe care le-ați primit de la mine ar fi fost suficiente până și pentru cel mai frivol suflet din această lume, dacă nu ar fi fost înzestrat de la natură cu un caracter diavolesc ca al domniei voastre... Vă cer să îmi înapoiați promisiunea în cauză și să nu mă supuneți chinului de-a o recupera prin alte mijloace. Vă rog să îmi înapoiați de asemenea inelul pe care vi l-am dăruit de curând... Aș dori un răspuns imediat.“[47] Regele a așteptat zadarnic un răspuns.

Henriette a refuzat să returneze scrisoarea, ba, mai mult, și-a afișat din nou masca de zeiță a bunătății și a candorii. Pentru că sarcina ei era într-o fază avansată, Henric nu a dorit să o provoace și a acceptat să fie adusă la Castelul Fontainebleau. Henriette nu putea decide sexul copilului – lucru care trebuie să o fi enervat la culme – dar era foarte atentă la sănătatea ei, să aibă liniște, să facă mișcare și să aibă o dietă hrănitoare. Deși l-a implorat pe Henric să îi rămână alături la naștere, Henric – fără îndoială supărat încă pentru că ea nu-i returnase promisiunea scrisă – i-a ignorat rugămințile și a plecat la Lyon cu afaceri.

Din păcate pentru Henriette, durerile au început în timpul unei furtuni violente. Fulgerele despicau cerul nopții, iar un trăsnet a pătruns în camera unde se afla ea și s-a descărcat chiar sub patul ei. Henriette a devenit isterică. Ore în șir a urlat necontrolat, iar, în zori, ea a adus pe lume un fiu mort. Când a aflat că permisul ei de acces la tron era fără suflare, Henriette a fost cuprinsă de o disperare fără margini. A refuzat săptămâni la rândul să se dea jos din pat. Fusese aproape, atât de aproape. Însă ducele de Sully, încă îndurerat de promisiunea prostească a lui Henric, a crezut cu tărie că acel trăsnet fusese trimis de Dumnezeu însuși, pentru a împiedica să cadă cu toții în ghearele periculoase ale reginei Henriette.

Regele, ușurat de cum se încheiase toată povestea, a devenit un amant grijuliu și iubitor. Henriette, acceptând în sfârșit că nu avea să devină vreodată regină, a devenit o curtezană și mai cerebrală și rece, cerând cel puțin privilegiile unei altețe regale. După ce și-a revenit, l-a vizitat pe Henric la Lyon, „într-o caleașcă deschisă, de parcă ar fi fost regina însăși", potrivit însemnărilor unui contemporan.[48] Ambasadorul englez scria: „Regele și-a adus amanta aici, o îmbrățișează cu mai multă afecțiune decât cea cu care își îmbrățișează de obicei regii soțiile și o tratează cu atâta onoare și respect, de parcă ea ar fi regina lui".[49]

Pe 3 noiembrie 1600, Maria de Medici este întâmpinată în portul din Marsilia ca regină a Franței. La cei 26 de ani ai ei, mireasa nu mai era chiar tinerică și avea tendințe de îngrășare. Dar se mândrea cu o virtute solidă, o atitudine regală și un temperament calm. Francezii care au așteptat-o la sosire au apreciat apariția ei demnă. Trupul ei robust părea maiestuos în veșmintele bogate, bătute cu nestemate, pe care le purta. Letargia ei părea regească. O ducesă a scris despre noua regină: „Maria de Medici are ochi mari și un chip plin, rotund... Are pielea închisă la culoare, dar curată... și are tendințe de îngrășare. Expresia chipului ei pare a unui om bun, dar..." a adăugat ea misterios, amintind de frumusețea amantei decedate a regelui, „nu se apropie prin nimic, câtuși de puțin, de Gabrielle d'Éstrees."[50]

„Am fost trădat! Nu este frumoasă!" i-a spus morocănos regele unui prieten după întâlnirea cu Maria.[51] Henric al IV-lea fusese indus în eroare prin trucul portretului în ulei care nu era de dată recentă, așteptând să vadă o frumusețe mlădioasă, cu trăsături elegante, și nu pe această femeie greoaie, cu față rotundă de țărancă. Totuși, el a reușit să își îndeplinească îndatoririle dinastice, Maria rămânând gravidă în luna de miere. Henric a părăsit-o pe Maria curând după aceea – pentru afaceri de stat urgente, a spus el – și a vizitat-o pe Henriette, pe care a lăsat-o de asemenea gravidă. Când Maria și-a făcut intrarea oficială în Paris singură, a fost surprinsă de lipsa pompei. Mai rău de atât, când a ajuns la Luvru, a găsit apartamentele reginei întunecate și goale. Regele uitase să poruncească mobilarea lor.

Rafinata Henriette l-a presat pe Henric să o prezinte reginei cât mai curând posibil, căci o astfel de prezentare i-ar fi crescut prestigiul la Curte. Domnițele trebuiau prezentate de o nobilă care să fie înrudită cu familia regală, ingrata sarcină revenindu-i ghinionistei ducese de Nemours, care știa că proaspăta regină nu avea să o ierte vreodată pentru acest gest. Tremurând, ducesa a prezentat-o pe Henriette. Deși franceza Mariei nu era perfectă încă, ea auzise deja numele și lucrurile neplăcute cu care acesta era asociat. Henric, cu franchețea lui de soldat, a adăugat brusc: „Aceasta este metresa mea, care dorește acum să fie servitoarea voastră".[52] Această frază nu a făcut decât să pună sare pe rana bietei mirese, care și-a păstrat calmul cu mare efort.

Clocotind de indignare din pricina acestei intervenții, Henriette a făcut o reverență în fața reginei, dar nu destul de adâncă, astfel că Henric i-a apăsat capul și mai jos. Cu vădit dezgust, ea a sărutat apoi tivul rochiei Mariei. Ambasadorul Toscanei a relatat despre cel mai mic detaliu al acestui eveniment istoric în raportul său către unchiul Mariei, Marele Duce al Toscanei. El a scris mândru de calmul princiar exemplar al Mariei: „Regina a primit-o într-o manieră obișnuită și a tratat-o așijderea pe tot parcursul serii, fără a manifesta dezgust".[53]

Dar masca demnității bine însușite acoperea o inimă plină de angoasă. Sângele italian al Mariei clocotea de indignare. Ageră unde Maria era lentă, sprintenă unde Maria era greoaie, Henriette se folosea de orice truc posibil pentru a o pedepsi pe femeia care uzurpase ceea ce ea considera a fi fost locul ei de drept. Un curtean scria: „Marchiza, considerând că are putere deplină asupra regelui și folosindu-se, ca de obicei, de vivacitatea și de limba sa ascuțită, o ataca și o jignea pe regină în mod repetat, astfel încât răceala de la început dintre ele s-a transformat în mânie și furie, iar regele a fost constrâns să le separe ca să mențină pacea în ambele tabere".[54]

Henriettei îi plăcea foarte mult să imite accentul italian și franceza împiedicată a reginei, cât și mersul ei ciudat. Henric și curtenii lui râdeau cu poftă la aceste reprezentații care o ridiculizau pe Maria. Făcând referire la strămoșii comercianți ai Mariei, o numea pe aceasta „fiică grasă de băcani florentini", în vreme ce regina o numea pe Henriette nici mai mult, nici mai puțin decât „târfa regelui".[55]

Lunile treceau, iar regina Maria, grasă și gravidă, îi privea pe soțul și amanta lui, grasă și gravidă și ea, râzând și flirtând. Tăcută, mânioasă, neputând înțelege vorbele lor cu două sensuri sau pe cele de duh prea repede rostite, Maria cocea planuri de răzbunare. La puțin mai bine de nouă luni după noaptea nunții, ea și-a îndeplinit îndatorirea primordială, oferindu-i lui Henric – acum în vârstă de 48 de ani și foarte obosit – un moștenitor. Maria a fost copleșită de soțul ei cu laude. Patru săptămâni la rând, cota ei a urcat vertiginos față de a Henriettei, lucru de care Maria s-a bucurat din plin.

Dar pe urmă a adus și Henrietta un băiat pe lume, și toate luminile reflectoarelor s-au îndreptat spre ea. În ciuda iubirii și respectului nețărmurite ale poporului pentru darul neprețuit al Mariei, un prinț și moștenitor, Maria putea vedea limpede că nici măcar nașterea unui fiu nu-l putea face pe soțul ei să o iubească, pentru că era mult prea atras de Henrietta. Iubirea zadarnică a Mariei s-a transformat în durere sumbră, împletită cu furie sufocantă.

Maria a fost încântată să primească, prin intermediul unui binevoitor, un teanc de scrisori de dragoste ale Henriettei către un curtean, scrisori în care îl lua în zeflemea pe amantul ei, regele. Regina, mascându-și un zâmbet triumfător, i-a dat scrisorile soțului ei. Acesta s-a înroșit tot și a început să tremure de furie citindu-le. A trimis apoi un mesager să o aresteze pe Henriette pentru trădare și să îi retragă toate privilegiile. Dar vicleana Henriette l-a convins pe Henric că scrisorile erau false, scrise probabil la ordinul reginei însăși. Henriette a binevoit să îl ierte pentru enorma sumă de 6 000 de lire. Acum, regele era furios pe soția sa, pentru că îi prezentase niște falsuri atât de scandaloase.

După acest episod, Maria a pierdut complet iubirea soțului ei. Căsnicia, care avea să producă un total de cinci copii care au trăit până la vârstă adultă, s-a redus la certuri violente și copulări dictate de datoria politică. După reabilitarea Henriettei, ambasadorul englez a raportat că „... Regina s-a retras în apartamentele sale, unde fie stă toată ziua în pat, plângând și văicărindu-se, fie, dacă se dă jos, nu poate fi convinsă să se îmbrace în altceva decât în hainele de iatac. Refuză să îi deschidă regelui când acesta bate la ușa ei."[56]

În 1602, Maria a dat naştere unei prinţese, şi, respectând tiparul, Henriette a dat naştere unei fiice la scurt timp după. Auzind vestea, regina a fost cuprinsă de o furie fără margini. Un consilier a fost martor când regina l-a zgâriat pe rege pe faţă în timpul unor certuri aprinse. Cu o altă ocazie, când ea a ridicat mâna ca să îşi lovească soţul, ducele de Sully a prins-o de braţ, împiedicând-o să ducă gestul la bun sfârşit.

Henric se confesa: „De la soţia mea nu am parte nici de tovărăşie, nici de voioşie, nici de consolare, ea nu poate, sau nu vrea, să îmi arate pic de bunătate sau să poarte cu mine o conversaţie plăcută, nici nu voieşte a se adapta stărilor şi dispoziţiilor mele. În schimb, mă primeşte cu o expresie de răceală şi dispreţ când vin la ea şi mă duc să o sărut şi să o îmbrăţişez şi să râd un pic cu ea, încât sunt forţat să plec de la ea vexat şi să merg să-mi găsesc liniştea în altă parte."[57]

Henriette a căzut până la urmă în dizgraţia regelui în 1608, după ce a negociat fără ştirea monarhului cu spaniolii, care, spera ea, l-ar fi putut răsturna pe rege de pe tron, înlocuindu-l cu bastardul ei regal. Respinsă de rege, Henriette a rămas pe margine, aşteptând o posibilă reabilitare. Dar când Henric a fost asasinat, în 1610, noua regentă a Franţei, regina Maria de Medici, şi-a putut manifesta liber ura faţă de Henriette, exilând-o de la Curte. În exil, fosta favorită şi-a înecat frustrările în munţi de mâncare, îngrăşându-se peste măsură. Henriette a mai trăit 23 de ani după moartea lui Henric, până în 1633, când a murit la aproape 55 de ani, singură şi neplânsă de nimeni.

Capitolul 4

Încornorat de rege – Soțul amantei

Nu poți culege trandafiri fără a te teme de spini, așa cum nu poți avea o femeie fără a te teme de coarne.

Benjamin Franklin

În mult cazuri, triunghiul amoros tradițional – rege, regină, amantă – era, de fapt, un pătrat. Multe dintre amantele regale erau căsătorite. Unele dinainte de a începe o legătură cu regele, altele se căsătoreau în timpul acestei legături, pentru că așa își dorea iubitul lor, monarhul. În contrast perfect cu morala secolului XXI, se considera că o căsătorie îi conferea unei amante regale un fel de respectabilitate. Acordul tacit al soțului oferea legitimitate unei relații ilicite. Mai mult de atât, o femeie necăsătorită gravidă devenea automat subiectul dizgrației sociale.

Chiar dacă amanta regală gravidă nu se culcase de ani de zile cu soțul ei, ea era – la urma urmei – căsătorită.

Unii regi însă, mai ales Ludovic al XIV-lea și strănepotul lui, Ludovic al XV-lea, erau frământați de comiterea acestui dublu adulter, căci destrămarea unei căsnicii era considerată un păcat de moarte. Prin urmare, ei ar fi preferat amante necăsătorite, pentru a-și reduce astfel la jumătate păcatele trupești. Ludovic al XIV-lea a fost mulțumit alături de amanta sa necăsătorită Louise de La Vallière vreme de șapte ani – timp în care ea i-a dăruit în mod scandalos patru copii. Când s-a îndrăgostit de Athénaïs de Montespan, care era cât se poate de măritată – și care i-a născut șapte copii – regele a devenit din ce în ce mai îngrijorat de mântuirea sufletului său. De fapt, atât de îngrijorat încât, după moartea reginei, s-a căsătorit în secret cu formidabila domnișoară bătrână Madame de Maintenon, pentru a se bucura de sex fără păcat.

Călcând pe urmele străbunicului său, Ludovic al XV-lea a fost la rândul lui chinuit de păcatul de a se fi culcat cu nevasta altui bărbat, Madame de Pompadour, deși nu a părut foarte deranjat că își înșela în mod oribil soția. Remușcările atingeau apogeul mai ales în timpul postului, momentul de bilanț și de analiză a greșelilor din anul precedent.

Însă Ludovic nu a ezitat nici o clipă pentru a accepta căsătoria ultimei sale amante, răvășitor de frumoasa prostituată Jeanne Bécu, cu un nobil sărăcit, pentru a-i permite astfel accesul la Curte. Ludovic a scotocit prin toate tavernele și bordelurile din Franța pentru a-l găsi pe fratele proxenetului lui Jeanne, contele du Barry. La altar, bărbatul a primit un săculeț de galbeni, o pensie pe viață și un cal pe care să încalece și să se facă nevăzut. Această respectabilă femeie căsătorită, acum contesă, putea fi prezentată la Curte în ciuda clevetelilor din spatele evantaielor frumos pictate.

Această căsătorie de fațadă avea să îi bântuie însă pe cei doi îndrăgostiți. Patru ani mai târziu, în 1773, monarhul suferind și acum văduv a vrut să își ia amanta de soție, pentru a muri într-o stare de milostenie divină, așa cum o făcuse la vremea sa străbunicul Ludovic al XIV-lea cu Madame de Maintenon. Madame du Barry a fost încântată. După umilințe repetate îndurate la Curte, se și vedea regină a Franței, în fața căreia toți inamicii ei ar fi trebuit să se prosterneze. Dar lumea și-a amintit atunci că doamna poseda și un fel de soț bețiv pe undeva, care chiar atunci s-a întâmplat să-i trimită vorbă regelui că avea de gând să vină la Versailles și să facă o scenă stânjenitoare dacă nu era redus la tăcere gras. A fost numaidecât redus la tăcere cu câteva mii de lire și a fost făcut Cavaler al Ordinului Sf. Ludovic – o medalie acordată pentru merite deosebite, deși, în cazul lui, fusese oferită pentru șantaj deosebit. Și astfel s-au năruit toate planurile de căsătorie.

În secolul al X-lea î.Hr., regele David s-a descotorosit de deranjantul soț al Batșebei, Urie Hititul, trimițându-l în luptă, la pieire. În secolul al XVII-lea, regii au ales o soluție ceva mai blândă – exilarea soțului pe meleaguri străine, sub acoperirea unei misiuni diplomatice. Așa au stat lucrurile și cu Roger Palmer, soțul Barbarei, lady Castlemaine, amanta lui Carol al II-lea. Roger a colindat fără prea mare tragere de inimă pe la curțile Europei, îndeplinind poruncile lui Carol. A fost chemat înapoi când Barbara era pe punctul de a da naștere unui bastard regal, așteptându-se de la el să rămână supus acolo până după nașterea copilului, ca și cum acesta ar fi fost al lui.

Două secole mai târziu, Nicholas von Kiss, chipeșul, dar anostul soț al Katharinei Schratt, amanta împăratului Franz Iosif al Austriei, a fost invitat de împărat să se alăture serviciului diplomatic – o solicitare pe care nu a îndrăznit să o refuze. Când Nicholas s-a plâns că se plictisește în locul uitat de lume unde fusese trimis, Katharina l-a rugat pe împărat să îl transfere în altă parte. Nicholas își vizita periodic soția la Viena pentru a-și burduși buzunarele cu banii acesteia înainte să plece din nou peste hotare.

Recompensele servilismului

În 1855, servilul soț al amantei lui Napoleon al III-lea, Virginia di Castiglione, a rezumat rolul tradițional al soțului încornorat de rege când a spus: „Sunt un soț model. Nu văd și nu aud niciodată nimic."[1] Și într-adevăr, mulți bărbați erau gata să își ofere nevestele pentru binele țării.

În anii 1670, prințesa de Soubise a avut o scurtă relație cu Ludovic al XIV-lea cu ajutorul soțului ei, François de Rohan, prinț de Soubise. Într-o seară, valetul regelui, Bontemps, a ciocănit la ușa apartamentului prințesei, ca s-o însoțească la un *randez-vous* cu regele. În acest timp, prințul s-a prefăcut că sforăie zgomotos. Deși relația a fost scurtă, prințul încornorat a devenit ținta zeflemelelor de la Curte. Dar el le-a râs în nas curtenilor în drum spre bancă. „Niciodată până acum nu a fost dobândită o avere de familie atât de mare, atât de rapid", scria ducele de Saint-Simon.[2] Hôtel de Soubise a devenit palatul cel mai strălucitor din tot Parisul, iar azi el servește drept sediu al Arhivelor Naționale Franceze. Este limpede de ce atâția curteni își încurajau nevestele să se culce cu regele – prețul păcatului era mare.

În anii 1820, regele George al IV-lea flirta cu amanta lui, lady Conyngham, în prezența servilului ei soț. Regele o ținea de mână pe sub masă și nu bea niciodată din paharul lui înainte de a-l ciocni de paharul ei. Avea dezgustătorul obicei de a pune tutun între sânii ei și de a-l priza de acolo. În timpul acestor manifestări ale afecțiunii, lordul Conyngham ședea adesea alături de fericitul cuplu, sorbind destul de mulțumit din propriul pahar. Calcula între timp, probabil, averile pe care familia lui le acumula rapid pe această cale. Regele l-a numit pe acest domn atât de supus șambelan al Casei Regale, o numire foarte curând respinsă de cabinetul său insultat moral.

Soarta contelui polonez Anastase Walewksi – care și-a împins soția, Maria, în brațele dornice ale lui Napoleon Bonaparte – nu a fost la fel de fericită. Bogatul conte se căsătorise cu Maria când ea avea 16 ani, iar el 68. A fost o afacere excelentă pentru familia miresei, care își văzuse averea dispărând în urma războiului și a divizării Poloniei, care nu mai era națiune suverană, pierzându-și teritoriul, începând cu 1786, în favoarea Rusiei, Prusiei și Austriei, într-un soi de viol în grup internațional.

Dar tânăra contesă Maria Walewska a pălit în brațele bătrânului conte. De pe altarul sacrificiului de sine, Maria se plângea într-o scrisoare trimisă unei prietene: „El este un bun prieten. A achitat toate datoriile mamei mele... Trebuie să-i fiu o soție bună... Oare cine primește în viață *tot* ce își dorește?“[3]

Contele, care se ținea surprinzător de bine pentru vârsta lui, a îmbătrânit rapid după nuntă. A devenit tot mai cârcotaș, criticând ținuta și comportamentul soției sale și făcând scene de gelozie când ea stătea de vorbă cu alți bărbați. Cu toate acestea, era stăpânit de o nemărginită ambiție socială, așa că o târa pe Maria la toate balurile și dineurile unde frumusețea ei atrăgea în mod constant admiratori. În vârtejul social al femeilor intrigante, modestia sinceră a Mariei era probabil cea mai mare avuție a ei – mai mare chiar decât părul lung și blond, ochii albaștri mari și inocenți și tenul alb fără cusur.

În decembrie 1806, Napoleon și armata franceză au intrat în Varșovia și au fost primiți cu brațele deschise de populația entuziastă. Polonezii erau convinși că Napoleon avea să-i elibereze de sub ocupația străină, urmând să reîntregească Polonia ca stat liber și suveran. Zeci de mii de tineri polonezi au dat năvală să se alăture armatei imperiale gândindu-se că, pentru jertfa lor pe câmpul de luptă, Napoleon ar fi urmat să se revanșeze.

În ianuarie 1807, Napoleon a organizat un bal extravagant pentru înalta societate a Varșoviei. Contele Anastase Walewski și tânăra lui soție au fost invitați. Maria era deosebit de emoționată de întâlnirea cu eroul ei, bărbatul pe care îl considera salvatorul Poloniei. I-a cerut soțului ei permisiunea să rămână acasă. Acesta nu doar că a refuzat-o, dar i-a și impus să se îmbrace cu cea mai frumoasă rochie, ba chiar a cerut să-i fie adus de la moșia lor de la țară colierul de familie cu diamante și safire. Contele, deși enervat și gelos la culme de atenția pe care frumoasa lui soție o primea din partea bărbaților, voia să se împăuneze cu aceasta dinaintea împăratului.

Îmbrăcată într-o rochie strânsă pe corp de culoarea albăstrelelor, care se potrivea de minune cu ochii ei, și încinsă sub sâni cu un șnur de argint, Maria i-a fost prezentată lui Napoleon. El a privit-o de aproape fără să scoată vreun cuvânt și a mers mai departe. Apoi i-a adresat ministrului de externe Talleyrand întrebarea care a schimbat decisiv destinele atâtor femei: „Cine este femeia aceea?“[4]

Maria a mers acasă încântată că își întâlnise eroul, fără a se mai gândi apoi la asta. Toată lumea, mai puțin Maria, a știut că marele cuceritor al Europei fusese fermecat de frumusețea ei și că remarca „Sunt multe femei frumoase în Varșovia“ se referea, de fapt, la Maria.[5]

Câteva zile mai târziu, la balul organizat de ministrul de externe, Napoleon n-a pierdut clipă secundă și a invitat-o numaidecât pe Maria la dans. Mulți dintre cei prezenți au observat, după dans, că el i-a strâns mâna Mariei și cum n-a scăpat-o din ochi toată seara.

Biata femeie a devenit brusc subiectul principal de interes al celor prezenți la bal. Sute de perechi de buze aristocrate au început să șușotească îndărătul evantaielor. Sute de perechi de ochi ca de vultur o priveau numai pe ea. Maria se simțea stânjenită de toată această atenție, însă soțul ei se fălea ca un păun vanitos. Făcuse și ea, în sfârșit, ceva cu care el să se mândrească.

A doua zi, Marele Mareșal al Palatului Imperial, generalul Duroc, a venit acasă la Maria cu un buchet de flori și o scrisoare ce purta sigiliile verzi imperiale. Textul scrisorii suna astfel: „Nu am mai avut ochi pentru altcineva în afară de dumneavoastră. Nu am mai putut admira pe altcineva în afară de dumneavoastră. Vă doresc doar pe dumneavoastră. Vă implor să îmi răspundenți prompt, ca să-mi stingeți focul inimii și nerăbdarea. Napoleon."[6]

Uluită, Maria i-a spus mareșalului că nu avea nici un răspuns. În seara aceea, au sosit un alt buchet și o altă scrisoare. Mesajul celei de-a doua scrisori era: „Oare v-am necăjit, *madame*? Interesul dumneavoastră față de mine pare să se fi spulberat, în vreme ce al meu față de dumneavoastră e tot mai mare cu fiece clipă... mi-ați distrus liniștea... Vă implor să-i dăruiți un strop de bucurie bietei mele inimi, atât de dispusă să vă adore. Este atât de dificil să îmi trimiteți un răspuns? Îmi datorați deja două. N."[7] Din nou, Maria nu i-a trimis nici un răspuns.

A doua zi, o a treia misivă a sosit, iar în ea Napoleon își punea inima la picioarele Mariei, adăugând cu viclenie: „O, vino, vino... sunt gata să-ți împlinesc orice dorință. Țara dumitale îmi va fi cu mult mai dragă dacă ai avea milă de biata mea inimă."[8]

Această ultimă frază s-a dovedit a fi o mișcare foarte iscusită, căci a atins o coardă sensibilă a patrioatei Maria.

Polonia. Ar fi putut să folosească influența pe care ar fi avut-o pe lângă mărețul bărbat pentru a salva Polonia. Ceea ce nu știa Maria era părerea lui Napoleon despre femeile care se amestecau în politică. „Țările sunt pierdute de îndată ce femeile se amestecă în treburile publice", spunea el. „... Dacă o femeie ar susține vreo mișcare politică, acesta ar fi motiv suficient pentru mine să urmez un alt curs."[9] Într-un mesaj către armata sa, Napoleon scria: „Cât de nefericiți sunt acei prinți care, în treburile politice, se lasă dirijați de femei".[10]

Curând, toată Varșovia a aflat despre sentimentele lui Napoleon față de Maria. Mulți oaspeți veneau să o viziteze și să îi dea sfaturi. Doamnele din înalta societate o felicitau pe Maria pentru cucerirea ei, îl felicitau chiar și pe soțul acesteia. Fratele ei mai mare, Benedict, care servise deja zece ani în armata franceză, considera relațiile sexuale dintre Maria și împărat o datorie politică. Contele se simțea onorat că Napoleon dorea să facă dragoste cu soția lui, îndemnând-o să îl viziteze pe împărat ori de câte ori ar fi fost solicitată.

Într-adevăr, se părea că toată lumea dorea ca Maria să se culce cu Napoleon, mai puțin Maria însăși. Pentru asta era adeseori mustrată: Ce urma să se întâmple dacă împăratul, disprețuit de Maria, avea să se întoarcă și împotriva Poloniei? Avea să fie vina Mariei! Și astfel, Maria, împinsă în caleașcă de insistențele soțului ei, tremurând toată, s-a dus la întâlnirea cu Napoleon, în apartamentele lui din castelul imperial din Varșovia. În prima noapte, a vorbit cu ea patru ore. Atât și nimic mai mult. A doua noapte, a devenit „victima involuntară a pasiunii lui", după cum scria ea zece ani mai târziu în memorii, lucru care seamănă alarmant de mult cu un viol.[11] Dar probabil că totul a fost urmat și de momente de tandrețe, căci el a trezit în Maria o senzualitate pe care ea nu o mai cunoscuse până atunci lângă soțul ei bolnav și bătrân.

Bătrânul conte a pus la cale o relație amoroasă pe care mai târziu nu a mai putut s-o controleze. Maria s-a îndrăgostit de Napoleon, iar recunoștința față de soțul ei s-a stins când acesta a forțat-o să cadă în brațele altui bărbat. Cei doi s-au separat și, în cele din urmă, au divorțat. Maria s-a îndrăgostit până peste cap de Napoleon, ea urmându-l în campaniile din toată Europa timp de trei ani cât a durat înflăcărata lor relație. Dar când a rămas însărcinată cu copilul lui, Napoleon – care crezuse tot timpul că ar fi fost steril – și-a dat seama că ar fi putut fi tatăl unui prinț și urmaș legitim. A divorțat de stearpa Josephine, a părăsit-o pe Maria, frângându-i inima, și s-a însurat cu prințesa austriacă în vârstă de 18 ani Marie-Louise von Habsburg, fiică a kaiserului Austriei.

Sacrificiul Mariei în numele iubitului ei popor a fost la fel de batjocorit precum relația ei amoroasă cu împăratul. Deși îi promisese să facă din Polonia un stat suveran din nou, Napoleon i-a poruncit ambasadorului în Rusia să-i transmită țarului că nu ar fi avut absolut nimic împotrivă ca termenii „Polonia și poporul polonez să dispară din toate negocierile politice și să nu mai existe *niciodată* un regat al Poloniei".[12]

Trădată de două ori de Napoleon, Maria nu a ezitat să îl viziteze în exil pe insula Elba. Aducându-l cu ea pe fiul lor de cinci ani și toate bijuteriile pe care le avea pentru a-l ajuta să treacă peste impasul financiar, sosise cu gândul să rămână alături de Napoleon. Dar acesta, temându-se că scandalul i-ar fi putut împiedica pe soția lui, împărăteasa Maria Luiza, și fiul lor să i se alăture, i-a cerut Mariei să plece după numai trei zile. Maria și întreaga Europă știau că împărăteasa avea o relație amoroasă cu un chipeș ofițer al Palatului de la Viena și că nu ar fi dat niciodată luxosul ei trai pe un exil pe o insuliță pustie. Nedorindu-și să-l deziluzioneze pe Napoleon, Maria și-a păstrat calmul și a plecat, aceasta fiind și ultima dată când cei doi s-au întâlnit.

Acceptarea unei îndelungate suferințe

Nu toți bărbații săreau într-un picior de bucurie când regele și soția lui își făceau ochi dulci. În 1716, noua amantă a lui Filip al Franței, duce de Orléans, venea cu un accesoriu deranjant – un soț iubitor și gelos. Marie Madeleine de Parabère era complet fascinată de bijuteriile prețioase pe care regentul i le dăruia și ardea de dorința de a le purta, dar de fiecare dată trebuia să născocească o explicație plauzibilă pentru soțul ei despre modul în care obținuse acele bijuterii.

Madame de Parabère îi spusese soțului că niște prieteni care aveau probleme financiare doreau să vândă aceste bijuterii la un preț ridicol de mic. Darnicul ei soț i-a oferit numaidecât banii necesari să le cumpere. Când ea și-a etalat mândră în public nestematele sclipitoare și curtenii au întrebat-o de unde le avea, le-a răspuns că generosul ei soț i le cumpărase. Nimeni nu a fost păcălit, cu excepția soțului ei. Încântat de fidelitatea aparentă a soției lui, monsieur de Parabère a spus la un moment dat că un soț ar trebui să fie generos cu o soție care nu mai iubea pe nimeni altcineva în afară de el. Toți cei prezenți au izbucnit în hohote de râs. Din fericire, monsieur de Parabère a murit la scurt timp după aceea, scutind-o astfel pe soția lui de orice posibilă scenă ar fi putut avea loc când el ar fi descoperit în mod inevitabil adevărul. Ușurată de această povară, Madame de Parèbere a început să se afișeze mult mai liber cu darurile regentului.

Dar majoritatea amantelor regale nu aveau soți care să le ofere cu generozitate libertatea unei văduvii timpurii. În anii 1740, Madame de Pompadour a fost forțată să se despartă de un soț care o adora când a devenit amanta lui Ludovic al XV-lea. Născută Jeanne Antoinette Poisson într-o familie de rând, ea se căsătorise – mult peste nivelul ei – cu un bogat și chipeș burghez pe nume Le Normant d'Etioles, o partidă cât se poate de bună. D'Etioles era nepotul lui Le Normant de Tournehem, un perceptor avut și iubitul mamei lui Jeanne, care se zvonea că ar fi fost chiar tatăl acesteia. D'Etioles își idolatriza soția și îi punea la dispoziție mulți bani pentru înfrumusețarea ei și a căminului lor conjugal. În plus, îi asigura și statutul social, umbrit de trecutul dubios al mamei ei.

Încă din copilărie, unica ambiție a Madamei d'Etioles fusese să devină amanta regelui. Căsătoria cu Monsieur d'Etioles se poate să fi urmărit un dublu scop: un statut social îmbunătățit și folosirea acestui statut pentru a-l cunoaște pe rege. Frumoasa și tânăra soție avea mulți admiratori, dar nici un amant, lucru extrem de rar întâlnit în Parisul secolului al XVIII-lea. Fusese auzită adesea declarând la diverse dineuri că doar regele ar fi putut reuși să o facă să-și înșele soțul. Cei prezenți izbucneau de obicei în hohote de râs, soțul ei râzând mai tare decât toți. Habar n-avea, sărmanul de el, de crudul adevăr care pândea în spatele cuvintelor ei și de durerea pe care acesta avea să i-o pricinuiască.

Cei doi d'Etioles erau căsătoriți de patru ani când lui Jeanne i s-a îndeplinit dorința de a-l întâlni – și cuceri – pe rege. Unchiul soțului ei, Monsieur de Tournehem, îi era presupusei sale fiice Jeanne mai loial decât nepotului lui, pe care l-a trimis degrabă într-o îndelungată călătorie de afaceri prin provincii. Câteva luni mai târziu, când Le Normant s-a întors, unchiul i-a dat neplăcuta veste că frumoasa lui soție devenise amanta regelui. Din pricina șocului, Le Normant a leșinat.

Când și-a revenit, a reacționat atât de violent încât unchiul lui s-a temut că va încerca să se sinucidă, așa că a ascuns toate armele din casă. Le Normant a amenințat că se va duce la Versailles ca să-și recupereze soția. Unchiul lui l-a avertizat că o astfel de faptă ar fi fost o mare prostie.

Între timp, Madame d'Etioles profita de reacția violentă a soțului ei pentru a-l zori pe rege să o declare oficial *maîtresse-en-titre*. Sătulă să se tot furișeze pe uși dosnice și pe scări secrete în toiul nopții, ea își dorea să-i fie recunoscută poziția; voia să simtă gustul puterii, să se bucure de luxul de la Versailles în toată splendoarea lui pe timp de zi. Madame d'Etioles i-a spus regelui că ea era în pericol din cauza soțului ei nebun de gelozie, el fiind singurul care ar fi putut s-o protejeze. Spunând aceste lucruri, femeia nu mai prididdea să își șteargă lacrimile cu batiste fine de mătase. Mișcat, Ludovic s-a lăsat cucerit de lacrimile ei și a cedat rugăminților. Ca semn al acceptării ei ca *maîtresse-en-titre*, a făcut-o marchiză de Pompadour.

Monsieur d'Etioles a fost trimis într-o călătorie de afaceri în Provence, cu speranța că o schimbare de peisaj avea să îi risipească mâhnirea. În 1747, a fost răsplătit pentru asentimentul lui reticent când regele l-a numit superintendent al clădirilor, un post care i-a adus un venit uriaș de 400 000 de livre pe an. Și-a luat drept amantă o cântăreață de operă, Mademoiselle Raime, și a trăit cu ea mulți ani într-o relație asemănătoare căsătoriei, aducând pe lume câtiva copii. Când i s-a oferit postul de ambasador francez la Constantinopol, a refuzat, pentru că nu i s-a permis să își ia amanta și copiii cu el și, atâta vreme cât Madame de Pompadour era în viață, nu se putea recăsători.

În 1756, Madame de Pompadour a vrut să devină doamnă de onoare a reginei, aceasta fiind cea mai înaltă funcție pe care ar fi putut s-o primească o femeie la Curte. Dar relația ei cu regele, care îi deschisese atâtea uși, era dintr-odată într-un impas. Doamnele de onoare ale reginei mergeau zilnic la împărtășanie, lucru care îi era însă refuzat Madamei de Pompadour, deoarece Biserica nu accepta legătura ei adulteră cu regele și nici separarea ei de durată de soț. Deși nu se mai culcase de ani buni cu Ludovic, Biserica refuza în continuare să o împărtășească. Madame de Pompadour, care nu avea nici cea mai mică dorință de a se împăca cu soțul ei, dar care trebuia acum să se reconcilieze cu Biserica, a urmat instrucțiunile duhovnicului ei și i-a scris lui Monsieur d'Etioles o scrisoare prin care îi cerea să o primească înapoi. „Păcatul a încetat deja", scria ea, „și tot ce mai trebuie este să punem capăt și aparențelor lui – lucru pe care eu mi-l doresc. Sunt hotărâtă ca prin viitoarea mea conduită să-mi ispășesc greșelile din trecut. Primește-mă înapoi; mă vei găsi dornică de a lămuri lumea de armonia vieții noastre la fel de mult precum am scandalizat-o părăsindu-te."[13] Această misivă plină de mustrări de conștiință era însoțită de încă un mesaj prin care Monsieur d'Etioles era informat că regele avea să fie destul de iritat dacă ar fi acceptat oferta Madamei de Pompadour.

Dar lui Monsieur d'Etioles nici prin gând nu-i trecea să o primească înapoi pe soția lui care îl umilise atât de mult în mod public. „Madame, am primit scrisoarea dumitale, prin care mă informezi de hotărârea dumitale de a te întoarce la mine și de dorința de a te preda Domnului", a răspuns el. „Nu pot decât să admir o astfel de hotărâre. Pot prea bine înțelege că ar fi foarte jenant pentru dumneata să mă vezi, și trebuie să fii de acord că aș împărtăși aceleași sentimente. Prezența dumitale nu poate decât să trezească și să amplifice vechi amintiri dureroase. Prin urmare, cel mai bine pentru noi ar fi să continuăm să trăim separați. Indiferent câte neplăceri mi-ai fi provocat, cred că ești preocupată de onoarea mea, iar eu aș considera că m-aș compromite dacă te-aș primi în casa mea și aș trăi cu dumneata ca soție. Ești conștientă de faptul că timpul nu poate schimba ceea ce onoarea cere."[14]

Răsuflând ușurată, Madame de Pompadour i-a arătat scrisoarea soțului ei unui preot mai amabil, care a absolvit-o de păcatele ei carnale și i-a permis să se împărtășească. Reconciliată cu Biserica, își putea împlini acum visul de a deveni doamnă de onoare a reginei.

Povestea lui Monsieur d'Etioles are un final fericit. Când Madame de Pompadour a murit, la vârsta de 42 de ani, disprețuitul ei soț s-a însurat cu Mademoissele Raime, copilul lor devenind astfel legitim, și au trăit fericiți mulți ani după aceea. El a supraviețuit Revoluției și a murit la vârsta de 83 de ani, în 1800.

Unii soți inițial îngroziți de pierderea soțiilor lor în favoarea regelui s-au împăcat numaidecât cu situația. August al II-lea cel Puternic, elector de Saxonia, a fost deosebit de norocos cu soții câtorva dintre amantele sale. Înalt, chipeș, cu o forță brută domolită doar parțial de manierele cultivate ale timpului său, August devenise elector în 1694, la vârsta de 42 de ani. Se însurase conștiincios cu o prințesă care îl făcuse tatăl unui moștenitor, dar firea lui neastâmpărată îl îndemna să își continue călătoriile de care se bucurase înainte de urca pe tron. Un rege încoronat călătorind prin toată Europa era o raritate în acele timpuri, iar monarhul itinerant găsea nenumărate doamne nobile dornice să i se arunce în așternuturi când era oaspete al curților regale străine.

În Viena, la curtea lui Iosif I, Împărat al Sfântului Imperiu Roman de națiune germană, August s-a îndrăgostit de Madame d'Esterle, a cărei împotrivire a fost spulberată de o pereche de cercei în valoare de 40 000 de guldeni oferiți în dar. Emoționată de o dovadă atât de prețioasă a poftei regale, Madame d'Esterle a renunțat pe dată la orice precauție și l-a sedus ea pe rege, și nu invers. Curând după aceea, soțul a intrat într-o dimineață în iatac și și-a găsit soția dormind cu capul plin de bucle al regelui Saxoniei sprijinit confortabil pe pieptul ei dezgolit. Înnebunit, soțul a început să strige: „Vai, ticăloasă perfidă ce ești!“[15] Când regele speriat a sărit din pat și a înșfăcat sabia, Monsieur d'Esterle a rupt-o la fugă. August s-a îmbrăcat degrabă și și-a trimis amanta la adăpostul casei trimisului său la Viena, cu o casetă plină cu bijuterii sub braț.

Aproape scos din minți, Monsieur d'Esterle a dat năvală în anticamera împăratului, unde se aflau mai mulți curteni, și le-a povestit revoltat prietenilor lui ce i se întâmplase. Dar curtenii nu au fost de părere că Monsieur d'Esterle avea dreptate. Iată ce scria biograful lui August: „Prietenii lui l-au consolat cum au putut mai bine, spunându-i că nu avea nici un motiv să fie atât de afectat de o chestiune atât de măruntă. I-au oferit exemple din scrieri poetice și citate din istoria veche și modernă.“[16]

Prietenii lui au scos în evidență faptul că, după cum reiese din mitologia antică, Amfitrion s-a înfuriat când a descoperit că soția lui avea o relație extraconjugală. Dar când a aflat că rivalul lui era Jupiter, rege al zeilor, s-a calmat pe loc. I-au amintit de asemenea că mulți nobili romani își ofereau nevestele împăraților pentru ca aceștia să se folosească de ele. Când Monsieur d'Esterle a spus că soția lui nu se culcase nici cu un zeu, nici măcar cu suveranul lui, ambasadorul austriac la Roma i-a spus sfătos: „Ca să faci asemenea acelor soți despre care ți-am povestit noi, intră în serviciul electorului de Saxonia. Astfel, el se va putea culca cu soția dumitale, iar dumitale nu ți se va putea întâmpla absolut nimic.“[17]

Soțul încornorat s-a simțit mult mai bine la gândul de a-și împrumuta nevasta lui Jupiter, încât i-a scris numaidecât electorului, cerându-i o slujbă. Nedumerit de o asemenea întorsătură, August s-a dus la Madame d'Esterle pentru a-i cere părerea. Aceasta a fost îngrozită de ideea că soțul ei l-ar fi putut însoți pe elector la Curtea acestuia și că le-ar fi fost mereu prin preajmă, putând oricând să le facă probleme. L-a sfătuit pe elector să îi acorde mai bine o pensie generoasă soțului ei, cu câteva condiții care să îi garanteze ei și libertate, și respectabilitate. Soțul trebuia să renunțe la toate drepturile matrimoniale, dar să dea numele lui tuturor bastarzilor regali pe care soția lui i-ar fi putut naște. În schimbul stipendiului anual de 20 000 de guldeni, încornoratul a respectat cu rigurozitate termenii contractuali.

Un alt soț care nu a părut deranjat că a trebuit să își ofere soția lui Jupiter a fost Edward Langtry, a cărui frumoasă soție, Lillie, a devenit în 1877 prima amantă oficială a lui Eduard de Westminster, prinț de Wales, viitorul Eduard al VII-lea. În vreme ce Lillie și-a urmat calea spre faimă și onoare, Edward Langtry a călcat în urma ei, fără a putea însă vreodată să țină pasul cu ea. Când Lillie strălucea la vreun bal, Edward rămânea posac într-un ungher, înecându-și mințile în alcool.

Edward nu și-a manifestat niciodată public resentimentele față de prințul de Wales, dar uneori a dat frâu frustrărilor prin crize violente de furie împotriva soției lui. Într-o zi, Lillie și Edward erau oaspeți în casa lordului Malmesbury, alături de prinț. Ea îi scrisese iubitului ei regal o scrisoare cu indicii ascunse, pe care soțul ei a descifrat-o ținând în fața unei oglinzi sugativa pe care Lillie o folosise. Edward s-a înfuriat atât de tare încât a făcut-o pe Lillie, cea de obicei foarte stoică, să plângă în hohote. Toți cei din casă i-au auzit certându-se. Lordul Malmesbury s-a înfuriat și el – pe servitori, pentru că nu schimbau sugativa în fiecare zi în toate camerele de oaspeți așa cum fuseseră instruiți, ca să împiedice astfel de situații stânjenitoare.

După trei ani, Lillie a fost înlocuită ca amantă a regelui de actrița Sarah Bernhardt, care a cucerit furtunos deopotrivă Londra și inima prințului. Lillie s-a consolat cu principele Louis Bettenberg, cu care a rămas însărcinată. Prințul de Wales, pe care încă îl iubea, s-a îngrijit ca ea și copilul ei să se stabilească în Franța, ca să scape de bârfe. Nici măcar Langtry nu a știut că soția lui născuse.

Lillie s-a despărțit de soțul ei aflat în faliment financiar și i-a fost tăiată contribuția financiară din partea lui. Pentru a se hrăni pe sine și pe fiica ei, Lillie a încercat să o imite pe rivala ei, Bernhardt, câștigându-și existența ca actriță. Faima de a fi fost cândva amanta prințului de Wales i-a adus mulți spectatori, prințul și prințesa de Wales venind demonstrativ la spectacolele ei de la Londra. În turneul din Statele Unite, a călătorit singură în propriul vagon, care avea zece compartimente. Timp de șase ani, a susținut spectacole în toată țara, având un succes răsunător în orașele căutătorilor de aur din Vestul Sălbatic.

În ciuda rugăminților ei, Langtry a refuzat să îi acorde divorțul, autoritățile britanice neavând cum să declare că sunt oficial despărțiți fără acordul ambelor părți. Cum în Statele Unite lucrurile stăteau diferit, Lillie a obținut cetățenia americană pentru a se elibera de penibilul ei soț. A continuat să îi trimită soțului bani trimestrial, pentru cheltuieli cotidiene. Dar Edward s-a cufundat tot mai adânc în alcool și depresie. Adesea, când auzea că ea vine în vizită în oraș, mergea în gară și pândea să o vadă măcar puțin. Apoi, copleșit de emoții, când momentul se apropia, plătea un băiat ca să o urmărească îndeaproape și să îi povestească apoi cu ce era îmbrăcată și cum arăta. În 1897, Edward a fost găsit beat și rănit, rătăcind prin gară. A murit 10 ani mai târziu. Lillie nu a venit la înmormântare.

Pedeapsa sfidării

În vreme ce unii soți țopăiau de bucurie când monarhii se culcau cu soțiile lor, iar alții sufereau îngrozitor, câțiva au avut curajul de a se opune unor altfel de escapade adultere. Una dintre primele consemnări ale unei astfel de sfidări a apărut în timpul domniei regelui englez Ioan Fără de Țară (1167–1216), rămas în istorie pentru a sa Magna Charta Libertatum din 1215. Regele îl ura de moarte pe un anume nobil pe numele său Eustace de Vesci, deoarece acesta „nu i-o trimisese în pat pe soața sa, ci pe o femeie de rând“.[18]

Consemnări din secolul al XIII-lea asemănătoare acesteia ne oferă adesea mai multe întrebări decât răspunsuri. Totuși, să ni-l imaginăm pe Ioan Fără de Țară ascuns în întunericul draperiilor grele ale baldachinului său, desfătându-se, credea el, cu o frumoasă și virtuoasă nobilă, pentru ca la primele semne de lumină ale zorilor să vadă că fusese în pat cu o simplă bucătăreasă sau spălătoreasă.

În anii 1520, Francisc I al Franței a intrat în budoarul unei doamne și a dat nas în nas cu soțul acesteia așteptând lângă pat, păzind onoarea soției lui cu sabia. Înfuriat, regele l-a informat pe soț că dacă avea să-i facă vreun rău soției lui, urma să își piardă capul. Regele l-a dat afară din cameră pe nefericitul bărbat și s-a urcat în pat alături de nevasta acestuia.

Lui Henric al IV-lea al Franței i s-au împotrivit nu unul, ci doi soți de amante. Când Gabrielle d'Estrées i-a dăruit un fiu, Henric s-a temut ca nu cumva bătrânul ei soț, Nicolas d'Amerval, să-și declare paternitatea și să ia băiatul de lângă mama lui. Henric a decis astfel să insiste pentru anularea căsătoriei. Biserica Catolică acceptă doar foarte puține motive pentru anularea unei căsătorii, unul dintre ele fiind impotența soțului.

Bietul d'Amerval s-a trezit pe neașteptate într-o poziție deloc de invidiat. Dacă recunoștea că este impotent – lucru deloc plăcut pentru un bărbat chiar și în zilele noastre – ar fi acceptat o soartă mai rea decât moartea în secolul al XVI-lea. Pe de altă parte, dacă îl înfuria pe rege, și-ar fi putut pune în pericol averea și chiar viața, dacă Henric ar fi poruncit asasinarea acestui deranj neînsemnat. D'Amerval mărturisea: „... ca să mă supun regelui și temându-mă pentru viața mea, sunt gata să consimt la dizolvarea căsătoriei mele cu Dame d'Estrées... Declar și protestez dinaintea Domnului că, dacă dizolvarea este poruncită și adusă la îndeplinire, se va face forțat, împotriva voinței mele, și numai din respect pentru rege, căci afirmația, mărturisirea și declarația că aș fi impotent și neputincios sunt neadevărate."[19] Într-adevăr, d'Amerval avusese cu prima sa soție nu mai puțin de 14 copii.

Acțiunea a durat câteva zile, dar ulterior d'Amerval și-a schimbat brusc poziția, admițând că era cu adevărat impotent. Motivul din spatele acestei răsturnări de situație nu este cunoscut. Nu există dovezi că Henric l-ar fi amenințat, dar se poate să-l fi mituit. Servitorii lui d'Amerval au fost chemați ca martori, mărturisind că așternuturile lui nu erau niciodată pătate. Căsătoria a fost astfel anulată.

După moartea Gabrielei, în 1599, și căsătoria lui nefericită din anul următor cu Maria de Medici, un alt soț încornorat i-a dat lui Henric și mai mult de furcă când s-a îndrăgostit de frumoasa Charlotte de Montmorency, în1609. Ardoarea monarhului veșnic îndrăgostit nu fusese domolită nicidecum de cei 54 de ani ai săi și nici de diferența de vârstă; obiectul dorințelor sale avea 14 ani și abia renunțase la păpuși. Charlotte era logodită cu un tânăr viril și foarte chipeș. Regele a rupt logodna și a îndemnat-o să se mărite cu prințul de Condé, un amărât sfrijit, bănuit că era homosexual.

În luna mai, Charlotte și-a sărbătorit a cincisprezecea aniversare și s-a măritat cu prințul de Condé într-o ceremonie plină de fast. Regele a lipsit, dar a copleșit-o pe proaspăta mireasă cu daruri prețioase. Din păcate pentru Henric, neînsemnatul mire nu a fost așa de îngăduitor pe cât crezuse el. Mândria prințului a primit o lovitură puternică și publică aflând că este încornorat de rege. La o lună de la nuntă, i-a cerut permisiunea regelui de a se retrage împreună cu soția la o moșie aparținând familiei. Refuzul regelui a fost categoric.

Înfuriat, Condé l-a înfruntat pe rege, făcându-l tiran. Henric a amenințat că va anula pensia prințului dacă părăsea Curtea fără permisiunea sa. Neimpresionat, prințul și-a luat soția și a plecat. Henric s-a deghizat în vânător – și-a pus chiar și un petic pe unul dintre ochi – și s-a furișat pe proprietatea prințului ca să spioneze, sperând să își poată vedea iubita. Acest truc romantic al deghizării pe care îl folosise în tinerețe – când trecuse liniile inamice pentru a-și vedea amanta, pe frumoasa Gabrielle, pentru câteva ore – devenise legendar, dar acum era ceva jenant pentru un crai bătrân. În orice caz, Charlotte nu l-a apreciat. În timpul unei plimbări prin grădină, l-a văzut pe rege în hainele lui ponosite de vânător și a început să țipe ca din gură de șarpe, până când el a luat-o la sănătoasa. Auzind de vizita regelui, Condé și-a dat seama că trebuia să o scoată pe Charlotte din Franța.

La scurt timp după aceea, Henric a primit vestea să prințul și Charlotte fugiseră într-un loc sigur din Olanda. Consilierul lui Henric, ducele de Sully, relata: „Când am ajuns la lucru, l-am găsit pe rege în apartamentul reginei, plimbându-se de colo colo, cu capul plecat și mâinile împreunate la spate..." Regele a spus: „Ei bine, omul nostru a plecat și a luat totul cu el". Apoi a adăugat: „Sunt pierdut". Henric a rămas închis în apartamentele sale câteva zile după aceea, căzut într-o profundă depresie, refuzând orice vizită.

Între timp, Filip al III-lea al Spaniei, continuând tradiția regatului său de a stârni discordie cu Franța, l-a asigurat pe prințul de Condé de tot sprijinul lui în justa luptă pe care o ducea împotriva desfrânării regelui. Filip i-a oferit lui Condé o locuință în Spania sau, dacă ar fi dorit, în acea regiune a Italiei aflată sub dominație spaniolă. Între timp, papa – la care apelaseră în același timp atât Henric, cât și regele Filip al Spaniei și prințul de Condé – nedorind să atragă furia Spaniei sau a Franței, a încercat să joace rolul împăciuitorului. Timp de câteva luni, politica europeană s-a învârtit în jurul amorului lui Henric pentru tânăra de 15 ani și al refuzului tenace al soțului acesteia de a o oferi regelui.

Săptămânile s-au transformat în luni, și dorința lui Henric de a o avea pe Charlotte s-a transformat în obsesie. I-a scris ambasadorului său la Bruxelles: „Agonia asta mă torturează crunt, sunt numai piele și os. Totul mă deranjează; evit compania oricui, iar dacă, pentru a le face celorlalți pe plac, mă arăt în societate, lucrul acesta, în loc să mă remonteze, mă sleiește și mai mult de puteri."[21]

Trimisul Curții spaniole i-a scris monarhului său: „Mi s-a spus că regele Franței l-ar da pe Delfin și pe toți ceilalți fii ai săi pentru prințesa de Condé, ceea ce mă face să cred că ar risca totul pentru dragostea lui. Sănătatea îi este precară; și-a pierdut somnul, iar la Curte umblă zvonul că ar fi început să-și piardă și mințile. El, care iubea atât de mult societatea, stă acum singur cu orele, plimbându-se de colo colo copleșit de melancolie."[22]

Luna martie a adus o schimbare. Tatăl Charlottei a mers în instanță și i-a cerut ginerelui său anularea căsătoriei cu fiica lui. Soțul a acceptat divorțul, iar Charlotte a decis să se întoarcă în Franța și să devină amanta regelui. Condé obosise să se tot lupte cu regele Franței, și poate că Charlotte a preferat viața strălucitoare de la Curte unui exil monoton. Dar dușmanii lui Henric nu aveau de gând să accepte ca un trofeu precum Charlotte să se întoarcă în Franța, așa că i-au respins cererea de a călători. Henric le-a declarat război și a adunat armata.

Însă lui Henric îi era scris să n-o mai vadă vreodată pe Charlotte a lui. Pe 14 mai 1610, pe când se afla în caleașcă alături de sfătuitorii lui, Henric a fost înjunghiat în piept de nebunul Ravaillac și a murit câteva clipe mai târziu. Charlotte s-a întors degrabă la soțul ei cu coada între picioare și, printr-un act josnic de umilire de sine, s-a împăcat cu văduva lui Henric, regina Maria de Medici, noua regentă și cea mai puternică persoană din Franța.

Vreo 60 de ani mai târziu, nepotul lui Henric, Ludovic al XIV-lea, a suferit și el de pe urma acuzelor unui soț disprețuitor. Athénaïs de Mortemart, care își dorise zadarnic poziția de amantă a lui Ludovic al XIV-lea, a renunțat la vânătoare și s-a căsătorit cu marchizul de Montespan în 1663. Nu a fost o partidă avantajoasă pentru mireasă, care era deja fiica unui marchiz mult mai bogat decât soțul ei. Adevăratele calități ale brunetului și fermecătorului marchiz de Montespan nu puteau fi mascate nici de educație, nici de bun simț. Curând după nuntă, el și-a cheltuit mica avere – și zestrea soției – afundându-se în datorii.

Marchizul era soldat care avea parte de toate privilegiile unui soldat din secolul al XVII-lea – jafuri, violuri, incendieri. Pleca în campanii cu lunile, rareori lipsind perioade îndelungate de timp fără să intre în bucluc. Odată, a sedus o fată, a îmbrăcat-o în uniformă de soldat și i-a oferit un post în cavalerie – până când familia ei a venit după ea cu vechilul local. În ciuda lungilor sale absențe, soția i-a născut doi copii la scurt timp unul după altul, o fată, în 1644, și un băiat în anul următor. Femeia și-a abandonat repede copiii la rudele soțului, ca să se poată dedica în totalitate plăcerilor de la Curte.

În 1666, soțul ei fanfaron a plecat într-o campanie militară prelungită în sudul Franței. Probabil că farmecul lui strident n-o mai impresiona prea mult pe soție. În 1667, a reușit să devină *maîtresse-en-titre* a regelui.

Deși este mai mult decât cert că marchizul auzise de înalta poziție de metresă a regelui deținută acum de soția lui, la început nu a comentat în nici un fel. Poate că era nerăbdător să vadă ce avantaje financiare și ce onoruri avea să-i aducă această situație. Când s-a întors la Versailles în 1668, și-a găsit soția gravidă cu regele. Mai rău de atât, după cum spunea un curtean, Madame de Montespan „prinsese gustul mângâierilor regelui, devenind tot mai dezgustată de soțul ei“.[22]

Într-o astfel de situație, marchizul a reacționat întocmai ca nebunul pe care îl credea toată lumea a fi. Înjura și povestea ca într-un delir oricui era dispus să-l asculte vorbind despre imoralitatea relației dintre rege și soția lui – deși mulți considerau nou-descoperita lui evlavie puțin cam nepotrivită pentru un bărbat renumit pentru că vandalizase biserici și pângărise fecioare. Unele doamne de la Curte erau atât de șocate de limbajul lui, încât se ascundeau în paturile lor. Odată, a năvălit în apartamentul soției lui, i-a tras câteva scatoalce și a plecat. Se zvonea că marchizul ar fi frecventat cele mai rău famate bordeluri, sperând să se aleagă cu o boală venerică pe care să i-o transmită apoi, prin soția lui, regelui. Dacă este adevărat, atunci planul lui nu avea cum să reușească, pentru că Madame de Montespan a refuzat să se mai culce cu stânjenitorul ei bărbat.

Într-o zi, marchizul s-a dus la castelul regal din Saint-Germain într-o caleașcă cu draperii complet negre – își jelea soția, după cum spunea el – și cu câte o pereche de coarne de cerb în fiecare din cele patru colțuri – simbolul tradițional al bărbatului încornorat. Regele a dat poruncă să fie întemnițat pentru scurt timp și apoi să fie trimis în exil pe moșia lui din sud. Dar marchizul nu s-a oprit aici. Și-a invitat toți prietenii și toate rudele la castelul lui pentru o elaborată înmormântare înscenată a soției lui, Madame de Montespan, jelindu-i moartea provocată de „cochetărie și de ambiție“[24]. Și-a întâmpinat oaspeții la intrarea principală, alături de cei doi copilași, îmbrăcați toți trei în negru, primind triști condoleanțe pentru pierderea suferită.

Charlotte Elisabeth, ducesă de Orléans, nota că regele ar fi putut să-l mituiască pe marchiz ca să se potolească. „Monsieur de Montespan este un oportunist inveterat“, scria ea. „Dacă regele ar fi fost dispus să îl plătească mai generos, el s-ar fi domolit.“[25]

La un an după falsa înmormântare, marchizul înnebunit a atacat o mănăstire, pentru că o dorea pe o tânără care se ascundea de el acolo. În acea încăierare, tânăra, mama ei și starețul mănăstirii, plus câțiva țărani au fost răniți. Ludovic s-a folosit de acestă ocazie pentru a-l trimite pe marchiz la închisoare, de unde a evadat și a fugit în Spania, așa cum sperase regele. Dar la pioasa Curte spaniolă, marchizul a început să se lamenteze atât de ostentativ în legătură cu adulterul soției lui cu regele Franței, încât Ludovic a decis că era mai înțelept să îl ierte și să îl lase să se întoarcă în Franța, unde nu-i putea afecta reputația la nivel internațional.

De data asta însă marchizul a priceput. A rămas în exilul din sudul Franței în care fusese trimis, unde și-a administrat moșia, fermele și podgoriile, vânând, jucând jocuri de noroc, desfătându-se cu alcool și petrecând vârtos. Dar Ludovic avea spioni peste tot, care îl urmăreau atent. Regele a auzit zvonuri că marchizul intenționa să îi recunoască pe numeroșii bastarzi regali ai lui Athénaïs, născuți în timpul căsătoriei lor, și să îi ducă pe toți în Spania, de unde nici măcar brațul lung al lui Ludovic nu i-ar fi putut aduce înapoi. În 1670, când marchizului i s-a permis să viziteze Parisul, Ludovic i-a scris ministrului Colbert: „Monsieur de Montespan este un nebun. Supravegheați-l îndeaproape... pentru a-l împiedica prin orice mijloace să zăbovească prea mult în Paris... Știu că a amenințat că intenționează să își vadă soția... Scoateți-l din Paris cât se poate de repede..."[26]

În același an, Athénaïs a solicitat instanțelor să i se acorde o separare legală de soțul ei, astfel încât o eventuală răpire a copiilor ei cu regele sau revendicarea lor să fie ilegală. Instanțele au tărăgănat rezolvarea solicitării patru ani în ciuda insistențelor regelui – sau poate tocmai din această cauză – pentru o rezolvare urgentă. Acești protectori ai moralei nu erau impresionați de stilul de viață depravat al monarhului. În 1674, când hotărârea a fost emisă, ea menționa că Madame de Montespan „importanta și puternica doamnă... locuiește separată de soțul ei și va continua să locuiască și să trăiască astfel... iar soțului îi va fi interzis din acest moment... să își frecventeze soția sau să o hărțuiască..."[27]

Se poate considera o ironie a soartei faptul că Madame de Montespan și-a pierdut în 1680 poziția de *maîtresse-en-titre* în favoarea urmașei ei, marchiza de Maintenon, continuând însă cu încăpățânare să rămână la Curte până în 1691, când, la vârsta de 50 de ani, a fost izgonită de la Versailles și s-a retras pe moșia ei de la țară. A murit în 1707.

Temperată de îndelungatul ei exil la mănăstire, fosta favorită a regelui a fost sfătuită de duhovnic să „îi ceară scuze soțului ei și să își lase soarta în mâinile lui", scria ducele de Saint-Simon. Ea i-a scris cu mâna ei o scrisoare profund umilă, oferindu-se să se întoarcă în casa lui, dacă el ar fi binevoit să o primească; iar dacă nu, să o apuce spre orice destinație ar fi îndemnat-o el.[28]

Madame de Montespan a fost la fel de norocoasă cu solicitarea ei pe cât avea să fie Madame de Pompadour un secol mai târziu. Ducele de Saint-Simon relata: „I s-a dat crezare gestului ei, fără a trebui să suporte vreo consecință. Monsieur de Montespan i-a răspuns că nu dorea nici să o primească sub acoperișul lui, nici să îi dea vreun sfat, oricare ar fi fost acela; nu dorea nici să mai audă de ea vreodată, nici să aibă vești de la ea."[29]

Cu siguranță că lucrul cel mai dificil pe care Madame de Montespan a trebuit să-l îndure a fost reprimirea soțului ei la Curte la sfârșitul anilor 1690. În vreme ce ea continua să sufere în umilitorul exil, marchizul de Montespan, care se mai domolise odată cu vârsta, s-a mutat la Versailles. Fiul marchizului și al lui Athénaïs, născut în 1665, a devenit protejatul favorit al regelui, care l-a iertat pe tată grație fiului. La Curte, lumea se amuza și bârfea pe seama marchizului, care făcuse atâta zarvă pe seama relației amoroase a soției, iar acum juca foarte calm cărți cu cele două fiice bastarde ale acesteia cu regele. Așa cum scria Charlotte Elisabeth: „Până și el trebuie să fi înțeles umorul situației, pentru că uneori se întorcea ca să își ascundă un rânjet..."[30]

Capitolul 5

Vigilență susținută – Prețul succesului

Inima unui principe este veșnic în pericol de asediu, întocmai ca o citatelă.

Ludovic al XIV-lea

În vreme ce regina avea o poziție aproape intangibilă, cea a amantei era deosebit de fragilă. Motiv pentru care aceasta nu avea nici o clipă de liniște sau de răgaz. După ce obținea marele premiu, noua amantă nu se putea relaxa pentru a-și savura victoria. Nu își putea admira cu mândrie superbele încăperi în care locuia, nici nu putea zâmbi satisfăcută jucându-se cu sclipitoarele ei bijuterii – nu dacă asta ar fi însemnat să lase garda jos pentru o clipă.

„Fiece femeie s-a născut cu ambiția de a deveni favorita regelui," scria Primi Visconti, un prooroc italian care a trăit la Curtea lui Ludovic al XIV-lea.[1] Erau sute, poate mii, de femei care sperau să atingă această poziție, ceea ce însemna îndepărtarea celei ce deținea deja rolul de *maîtresse-en-titre*, la fel cum aceasta o făcuse cu cea de dinaintea ei. Păstrarea poziției necesita o strădanie mai mare decât dobândirea ei. De fapt, poziția de amantă regală era ca un maraton în care linia de sosire se tot mută.

Pentru a-și apăra teritoriul, o *maîtresse-en-titre* stătea permanent cu ochii pe femeile frumoase care încercau să cucerească atenția regelui. Prostituatele, cameristele și altele nu aveau nici o speranță să se ridice vreodată la înalta poziție de amantă regală, ele nereprezentând, prin urmare, o amenințare. Deși aceste mici infidelități dureau poate, o *maîtresse-en-titre* trebuia să pretindă că erau prea nesemnificative pentru ea pentru a le observa. Unele amante regale chiar aduceau femei din clasele de jos pentru rege, ca să îi distragă acestuia atenția de la adevărata amenințare a frumoaselor nobile.

Dar când o contesă numai zâmbet și drăgălășenie făcea tot posibilul ca să fie în compania regelui, experimentata amantă regală chema în ajutor artileria grea. Ea avea la Curte nenumărați prieteni și slugi generos plătite, care îi șopteau convingător regelui în ureche că îndoielnica doamnă suferă de o boală venerică, are o familie hrăpăreață sau este cumplit de indiscretă. Astfel de șoapte domoleau, de obicei, interesul regelui.

Cea mai mare parte a activității amantelor de a identifica și anihila inamicii trebuia desfășurată pe la spatele regelui. Amanta nu-și putea permite să se transforme într-o nevastă geloasă agasantă. Monarhul avea deja așa ceva, de care nu se putea dezbăra. Dar o amantă geloasă agasantă putea fi alungată doar dacă regele pocnea din degete.

„Aici miroase a carne proaspătă“, îi scria Madame de Sévigné fiicei ei cu o sinceritate acidă.[2] Când ochiul regal se îndrepta spre o nouă țintă, ceea ce se întâmpla alarmant de des, se porneau numaidecât speculații frenetice dacă obiectul dorințelor regale se va dovedi un flirt neînsemnat sau dacă această femeie va răsturna complet structura de putere existentă la Curte. Indiferent de decizia regelui, partea învingătoare avea de fiecare dată motive de sărbătoare. În 1677, Madame de Sévigné scria despre încă o victorie repurtată de veterana Madame de Montespan – la vremea aceea ea era de 10 ani favorita lui Ludovic al XIV-lea – asupra rivalelor pe termen scurt ce râvneau la dragostea regelui.

„Ah, fiica mea, ce triumf la Versailles!" scria entuziasmată Madame de Sévigné. „Victorie dublă, și ce victorie! O solidă confirmare a favoarei!... Există dovezi că relația ar fi înflorit – este mult mai dulce acum, după sfada amorezilor și după împăcarea lor. Ce reafirmare a posesiei! Am petrecut o oră încheiată în apartamentul ei – al Madamei de Montespan – într-o atmosferă încărcată de bucurie și prosperitate!"[3]

Într-un mediu plin de intrigi otrăvitoare, unde întrebările fundamentale ale omenirii despre viață și moarte erau fără însemnătate prin comparație cu fărâmele de succes ori frânturile de eșec la Curte, amantele regale trebuiau să facă manevre foarte abile. Pentru curteni, un mic gest din cap al regelui aflat în trecere însemna o victorie extraordinară, iar lipsa unui astfel de gest, o înfrângere umilitoare. Curtea regală era o lume a valorilor răsturnate, a onoarei neobișnuite și a dizgrației de neînțeles pentru generațiile viitoare.

În 1671, François Vatel, *maître d'hôtel* al prințului de Condé, a fost instruit să pregătească o sărbătoare extravagantă pentru Ludovic al XIV-lea. Cu douăsprezece zile înainte de marele eveniment, Vatel pregătise un festin cu multe feluri de mâncare pentru sute de invitați, dar constatase că preparase cu două fripturi mai puțin. Douăsprezece nopți după aceea nu a mai putut dormi. „Mi-am pierdut onoarea", i-a spus el unui prieten, ce remarcase starea de neliniște în care se găsea. „E o rușine pe care n-o pot îndura."[4] Apoi, a doua zi de dimineață, când comanda de pește nu a sosit, Vatel s-a sinucis cu propria-i sabie. Căruța care îi ducea trupul neînsuflețit la biserică s-a intersectat pe drum cu căruța ce aducea peștele comandat.

La fel cum satinurile desăvârșite și dantelurile delicate mascau trupurile ciupite de purici ale curtenilor, la fel și zâmbetele calde și cuvintele politicoase ascundeau armele cu tăișuri ascuțite precum o lamă de ras pe care curtenii le încrucișau pe câmpul de bătălie care era, în esență, o curte regală. Femeile, cu armurile lor înșelătoare de frumusețe și șarm, erau gata să își pedepsească rivalele cu răzbunări din cele mai nemiloase, și toți cei ce se plimbau zâmbind pe culoarele aurite aveau sufletele torturate de panică pură.

Unii curteni erau măcar sinceri în lipsa lor de sinceritate. Unul dintre aceștia scria: „Este o țară în care bucuriile sunt evidente, dar false, iar supărările sunt ascunse, dar reale".[5] Iar un vizitator de la Versailles remarca: „Un sentiment sincer este atât de rar, încât, după ce plec de la Versailles, rămân nemișcat în mijlocul străzii, ca să văd un câine rozând un os".[6]

Magie neagră

Amanta regală care s-a dat peste cap ca să obțină și apoi să păstreze poziția râvnită, în detrimentul rivalelor sale, a fost Athénaïs de Montespan. Fermecător de frumoasă, veninos de vicleană, Madame de Montespan a sperat câțiva ani la rând să o înlocuiască pe Louise de La Vallière, *maîtresse-en-titre* a lui Ludovic al XIV-lea. Dar regele era stâncă în fața fandoselilor ei. „Tare se mai străduiește", i-a spus fratelui său, „dar pe mine nu mă interesează."[7] În 1667, sperând să le distrugă relația, Madame de Montespan a cerut ajutorul unei vrăjitoare.

La Voisin, așa cum era numită, arăta mult mai bătrână decât cei 35 de ani ai ei. Locuia într-o casă dărăpănată și întunecoasă de la periferia Parisului, înconjurată de o grădină în paragină. Învăluită în veșminte ample brodate cu simboluri mistice antice, La Voisin și colegele ei făceau trucuri magice, citeau în palmă și în cărți de tarot, întocmeau horoscoape, bolboroseau în limbi stranii și țineau ședințe de spiritism pentru onorarii piperate.

Serviciile ei mai inofensive includeau loțiuni pentru înfrumusețare și vrăji pentru sâni mai mari și coapse mai ferme. Serviciile ei cele mai sinistre includeau înfigerea de ace în păpuși voodoo pentru incapacitarea sau moartea inamicului, avorturi, furnizarea de otrăvuri destinate soților agasanți și ritualuri satanice cu sânge de bebeluș mort în vreme ce își pregătea poțiunile magice. Ani de zile, caleștile celor bogați și faimoși au făcut coadă la poarta ei, clienții întrecându-se care mai de care pentru serviciile ei contra unor sume generoase. Dar Madame de Montespan nu avea nevoie de poțiuni pentru sâni mai mari sau coapse mai frumoase. Ea își dorea ca regele să o părăsească pe Louise și să se îndrăgostească de ea.

Louise de La Vallière nu era un subiect prea potrivit pentru magie neagră. Era foarte religioasă, provenea dintr-o familie nobilă, dar neînsemnată, și ajunsese la Versailles printr-o întâmplare norocoasă, aterizând la scurt timp după aceea și în brațele regelui. Abatele de Choisy spunea că Louise „... avea un ten desăvârșit, păr blond, ochi albaștri, un zâmbet dulce... cu o natură blândă și modestă".[8] Deși toți erau de acord că era o fată adorabilă, tandrețea și modestia nu erau de mare folos pe câmpul de bătălie de la Versailles, o Curte unde o doză sănătoasă de etichetă și un strop de parfum cu greu mascau ambițiile sălbatice și lăcomia perversă.

După cinci ani ca metresă regală, Louise a simțit că Ludovic devenea neliniștit. Gravidă cu cel de-al treilea copil, a invitat-o pe buna ei prietenă Athénaïs de Montespan să se alăture cinelor ei private cu regele. Louise știa că prietena ei era o adevărată maestră a strălucitelor conversații pline de duh – exact ce ea, Louise, nu era. În mod ironic, terna regină Maria-Tereza era și ea gravidă, având la rândul ei nevoie de cineva care să îl amuze pe rege. Se gândise la toate doamnele pe care le cunoștea, alegând-o până la urmă tot pe draga ei prietenă Madame de Montespan pentru a-l distra pe rege în timpul meselor. Regina și amanta au comis astfel o greșeală naivă fatală.

Madame de Montespan s-a folosit de aceste mese în compania regelui pentru a turna pe furiș poțiuni de dragoste în vinul și pe friptura lui – niște amestecuri dezgustătoare de sânge de bebeluș mort, oase și intestine, plus fragmente de broaște râioase și lilieci. Ludovic s-a îndrăgostit brusc de

Madame de Montespan – fie datorită conversației efervescente, fie grație poțiunilor ei. Fără nici un pic de remușcare față de regină sau de Louise, ea a aplicat triumfătoare sigiliul trădării pe altarul prieteniei.

După nașterea celui de-al treilea bastard regal al Louisei în 1667, aceasta nu a mai rămas gravidă niciodată, în vreme ce Madame de Montespan s-a aflat aproape constant în această interesantă condiție. Pentru a-și proteja noua metresă de manevrele legale ale soțului ei bolnav de gelozie, Ludovic a aranjat ca Louise de La Vallière și Madame de Montespan să împartă același apartament în incinta palatului. Una dintre glumele de la Curte era: „Majestatea Sa este la damele sale".[9] Nimeni nu știa cu certitudine pe care dintre ele o vizita. Sau poate că le vizita pe amândouă în același timp? Limbile malițioase nu aveau astâmpăr.

Treptat, a devenit limpede ca lumina zilei la Curte că Madame de Montespan era acum adevărata amantă, în vreme ce biata Louise era o simplă momeală. Madame de Montespan a cerut, aparent cu asentimentul regelui, ca Louise să o asiste în timpul toaletei. Doar Louise, spunea ea, îi putea aranja buclele rebele, închide un colier, aranja dantela rochiilor, pentru ca toate să fie desăvârșite pentru rege. Deși fosta favorită trebuie să se fi simțit umilită îndeplinind aceste îndatoriri pentru dictatoriala ei succesoare, ea nu se plângea niciodată. Amabilă, prietenoasă și muncitoare ca orice altă servitoare, Louise o trimitea pe radioasa Madame de Montespan plutind la întâlnirea cu amantul ei regal.

Cumnata regelui, Charlotte Elisabeth, se ținea la distanță de aceste intrigi amoroase de la palat, privind totul de pe margine ca la o cursă de cai. „La Montespan avea tenul mai alb decât La Vallière," scria ea, „avea o gură frumoasă și dinți albi, dar expresia ei era veșnic insolentă. Trebuia doar să o privești ca să vezi că punea ceva la cale. Avea păr blond frumos și niște mâini și brațe superbe, așa cum La Vallière nu avea, dar măcar

La Vallière avea o personalitate curată, în vreme ce La Montespan era întinată.“[10]

Charlotte Elisabeth nota că „Madame de Montespan o batjocorea pe Madame de La Vallière în public, tratând-o exagerat de urât și influențându-l pe rege să facă la fel... Regele trebuia să treacă prin încăperile lui La Vallière pentru a ajunge la cele ale lui La Montespan. Regele avea un cocker spaniel superb pe nume Malice; instigat de Madame de Montespan, el a aruncat micul cățeluș în poala lui La Vallière trecând pe lângă ea, zicând: «Luați, acum sunteți într-o companie selectă... așa că nu fiți mâhnită».“[11] Și a lăsat-o singură cu Malice.

Louise scria în autobiografia ei: „Am zăbovit în această lume a poftelor trupești pentru a-mi ispăși păcatele pe același eșafod de pe care ți-am întors spatele. Păcatele să-mi fie penitența... cei pe care i-am adorat mi-au devenit acum călăi.“[12]

În 1674, fie cu ajutorul poțiunilor Madamei de Montespan, fie din cauza umilinței îndurate, amanta respinsă s-a retras la o mănăstire. Dar Madame de Montespan nu-și putea permite să renunțe la poțiunile ei. Regele continua să se uite și după alte femei. Valetul lui, Bontemps, aducea tinere dornice în apartamentele regale, multe dintre ele împinse aici de mame sau de mătuși ambițioase. Scopul principal era, desigur, ca fata să o înlocuiască pe Madame de Montespan ca *maîtresse-en-titre*. Dar nici premiile de consolare nu erau de lepădat. Chiar și după un scurt interludiu cu regele, fetele provenite din familii nobile absolut neînsemnate puteau spera să se mărite în cele mai renumite și influente case nobiliare.

În 1675, Madame de Montespan – conștientă de interesul regelui față de câteva dintre frumoasele și tinerele doamne de onoare ale reginei – a țesut cu măiestrie intrigi care au dus la concedierea lor și înlocuirea cu doamne mai vârstnice. Conform consemnărilor lui Primi Visconti, amanta regelui, care dăduse naștere celui de-al șaptelea copil nelegitim al acestuia, „fusese șocată, pretinzând că acele tinere domnițe aduceau o proastă reputație Curții“.[13]

Dar la sfârșitul anilor 1670, Ludovic era deja cu amanta lui de mai bine de zece ani. Aceasta se îngrășase și își pierduse prospețimea; trandafirul înmiresmat era prea înflorit acum, petalele îi cădeau, iar țepii îi erau mai ascuțiți ca oricând. Așa cum spunea ducele de Saint-Simon: „Proasta dispoziție a Madamei de Montespan a pus capac... Ea nu învățase încă să se tempereze... victima toanelor ei fiind aproape mereu regele. El era încă îndrăgostit de ea, dar suferea din această cauză.“[14]

Madame de Sévigné scria că Madame de Montespan era mai mereu bosumflată din cauza succeselor rivalelor ei mai tinere, alegând de fiecare dată să se ferece în apartamentele ei. Uneori, deschidea larg ușile într-o încercare disperată de veselie debordantă. Madame de Sévigné bănuia că sfârșitul era aproape, pentru că „atâta mândrie și atâta frumusețe nu se mulțumesc ușor cu locul doi. Gelozia este violentă, dar când oare a schimbat gelozia cursul evenimentelor?“[15]

În 1676, obiectul acestei gelozii a devenit prințesa de Soubise. Deși înaltă și frumoasă, prințesa avea ghinionul unui păr roșu ca focul. Se credea că persoanele cu păr roșu sunt rezultatul sexului în timpul menstruației, ele fiind dovada lipsei de autodisciplină sexuală inerentă copulației la momentul nepotrivit a părinților lor. Ochii de vultur al Madamei de Montespan au observat că prințesa purta mereu aceeași pereche de cercei cu smaralde de câte ori soțul ei era plecat de la Curte cu treburi la Paris. Amanta regală și-a instruit spionii să urmărească ce făcea regele imediat ce apăreau cerceii cu smaralde, descoperind astfel furioasă că aceștia erau semnalul pentru o întâlnire sexuală. Dar regele, deși excitat inițial de înclinațiile lascive promise de părul prințesei, și-a pierdut repede interesul.

Următoarea rivală a fost frumoasa Madame de Ludres, care se considera înlocuitoarea Madamei de Montespan, fiind din acest motiv tare înfumurată. A pretins că era gravidă. Înalții nobili de la Curte se ridicau în picioare când trecea ea, o onoare rezervată de eticheta de la Curte doar prinților de sânge albastru și de practică celei ce deținea poziția de *maîtresse-en-titre*. Întocmai toată această agitație a nobililor ridicându-se în picioare la trecerea Madamei de Ludres a fost cea care a făcut-o pe regină să își dea seama că soțul ei avea o nouă amantă.

Aerele Madamei de Ludres l-au îndepărtat curând pe amantul ei regal, care s-a îndrăgostit numaidecât de foarte frumoasa și foarte tânăra Marie-Angélique de Fontanges. Brusc, Madame de Montespan s-a trezit în incredibila poziție ocupată în urmă cu zece ani de Louise de La Vallière – coafând părul și legând corsetul noii metrese a lui Ludovic. Dar vanitoasa Athénaïs de Montespan nu a accepta supusă situația așa cum o făcuse cândva Louise de La Vallière. Marchiza de la Fare relata că „Madame de Montespan mai are puțin și plesnește, amenințând ca o adevărată Medeea să-și ciopârțească odraslele dinaintea ochilor regelui".[16]

Încă din copilărie, ravisanta Mademoiselle de Fontanges fusese considerată de familia ei potrivită pentru un rege. Când acest vlăstar al micii nobilimi a împlinit 17 ani, rudele ei sărăcite au pus mână de la mână ca să o gătească pe fată cu cele mai alese podoabe și să o trimită la Versailles cu unicul scop de a deveni amanta regelui. Investiția familiei ei a fost răsplătită generos – fata a fost făcută ducesă, primind o pensie anuală de 40 000 de écu.

Dar Mademoiselle de Fontanges a fost favorita regelui pentru scurt timp, urmașa lui Athénaïs de Montespan având să fie altcineva. Printr-un fel de justețe poetică, Soarta avea să aducă lângă rege o femeie pe care Athénaïs însăși i-o recomandase. Madame de Montespan avea nevoie pentru copiii ei și ai lui Ludovic de o guvernantă, o doamnă cu care Ludovic ar fi putut petrece mult timp, așadar, trebuia să fie oricum, dar nicidecum tânără și frumoasă. După căutări atente, ochii i-au căzut pe o virgină pioasă, văduvă a unui poet invalid, formidabila Madame Françoise Scarron. Purtând tot timpul asupra ei mătănii și cruciulițe, văduva Scarron era mereu îmbrăcată în negru, doar ici și colo cu discrete decorațiuni argintii și aurii, doar pentru că așa cerea eticheta de la Curte. Când Regele Soare, simbolul frumuseții, al culorii, al artei și scandalului, a întâlnit-o prima oară pe femeia pe care amanta lui o alesese să vadă de copiii lui, a fost îngrozit de acea apariție neîngrijită, ce aducea mai degrabă a liliac. „Nu imi place deloc această *bel esprit* a dumitale", i-a spus el Madamei de Montespan, lucru care trebuie să-i fi confirmat că făcuse alegerea potrivită.[17]

Curând, însă, Ludovic a început să o admire pe această femeie inteligentă și bună la suflet. Amanta sa nu lua în seamă că relația ei cu copiii era tot mai strânsă, Madame Scarron fiind cea care îi îngrijea neobosit când erau bolnavi și care se preocupa de educația lor. Era inteligentă, sensibilă, eficientă, pietatea ei rigidă prezenta interes pentru monarhul ce-și suprimase constant înclinațiile religioase. În semn de recunoștință pentru eforturile ei, regele i-a dăruit moșia Maintenon, un castel apărat de șanțuri și cu terenuri întinse, guvernanta luându-și astfel numele de Madame de Maintenon.

Cum istericalele Madamei de Monstespan – generate de gelozia ei bolnăvicioasă – și incursiunile rapace în vistieria regală se înmulțeau, regele a început să vadă frumusețea mai ispititoare a guvernantei copiilor lui. „Madame de Maintenon știe cum să iubească", a spus el la un moment dat melancolic. „Să fii iubit de ea trebuie să producă o mare plăcere."[18]

Într-o zi, monarhul îndrăgostit s-a apropiat de acest incredibil obiect al dorințelor sale cu propunerea de a deveni amanta lui, propunere care, poate pentru prima oară în viața lui, a fost refuzată din motive religioase. Deși pietatea ei era sinceră, în spatele refuzului a fost poate și un pic de viclenie. „Nimic nu este mai inteligent decât să te comporți ireproșabil," i-a scris Madame de Maintenon unei prietene.[19] Comportamentul ei ireproșabil i-a sporit și mai mult ardoarea regelui – iar ea știa bine că așa se va întâmpla – astfel încât, la sfârșitul anilor 1670, el petrecea fiece clipă liberă pe care o avea alături de Madame de Maintenon. În elegantele și generoasele ei apartamente de la Versailles, cei doi discutau politică, religie, economie, teme importante pe care chiar și Madame de Montespan, cu toată inteligența ei, le susținea cu dificultate.

Strălucitoarea metresă a regelui a fost evident șocată de fascinația amantului ei pentru Madame de Maintenon cea slabă ca un țâr și ternă. Au existat numeroase scene furtunoase între cele două foste prietene, căci cândva omnipotenta metresă simțea cum îi alunecă puterea printre degetele ei albe și înmiresmate. Un curier a relatat că o auzise pe Madame de Montespan spunându-i lui Madame de Maintenon: „Regele are trei metrese. Obraznica aceea tinerică (Mademoiselle de Fontanges) deține funcția actuală de metresă; eu dețin titlul; dumneata, inima."[20]

Începutul sfârșitului Madamei de Montespan a fost în 1679, când poliția din Paris a demarat o anchetă în urma numeroaselor morți suspecte prin otrăvire apărute în oraș. Suspectate erau unele dintre cele mai nobile doamne din țară, care – după ce o vizitaseră pe vrăjitoarea La Voisin – deveniseră văduve putred de bogate în urma decesului brusc și neașteptat al dezgustătorilor lor soți. Unele dintre doamnele în cauză au preferat să fugă numaidecât din Franța decât să fie supuse vreunui interogatoriu.

În anul ce a urmat, 218 persoane au fost interogate – unele sub tortură – iar 36 au fost executate prin sabie, spânzurare sau ardere pe rug. Ancheta poliției era ca o pânză uriașă de păianjen care se mărea nu doar ca suprafață, dar cuprindea straturi tot mai înalte ale societății. Mulți acuzați au indicat o doamnă cu o poziție atât de înaltă și cu o putere atât de mare, încât nici nu îndrăzneau să îi rostească numele. În 1680, La Voisin a murit arsă pe rug, ea susținând categoric până în ultima clipă că o astfel de doamnă nu fusese niciodată clienta ei. La scurt timp după aceea însă, fiica ei a mărturisit că îndoielnica doamnă ar fi fost nimeni alta decât Madame de Montespan, cea care era de 13 ani amanta regelui și mama copiilor lui.

Fata a declarat: „De fiecare dată când apărea ceva nou care o supăra pe Madame de Montespan, de fiecare dată când se temea că ar putea pierde favoarea regelui, venea la mama mea ca să-i ceară un remediu, iar mama mea chema un preot, care ținea o slujbă, după care îi trimitea Madamei de Montespan pulberile pe care ea trebuia să i le administreze regelui".[21]

Ea a descris cum, între 1666 și 1668, mama ei apelase la magie neagră pentru ca doamna să câștige favorurile regelui, ritualurile fiind ținute în capele abandonate și oficiate de caterisitul abate de Guiborg. Sfântul pocal era ținut pe vintrele Madamei de Montespan. „La unele din ritualurile pentru Madame de Montespan, am văzut-o pe mama aducând un sugar, născut prematur, din câte mi-am dat seama... și l-a ținut deasupra unei găleți... iar Guiborg i-a tăiat beregata, lăsând sângele să curgă în pocal... pe urmă el a binecuvântat sângele și sfânta anafură... rostind numele Madamei de Montespan și al regelui... Trupul sugarului a fost incinerat în cuptorul din curte, iar măruntaiele au fost luate de mama a doua zi... ca să fie distilate împreună cu sângele și cu anafura sfințită... și a pus totul într-o fiolă de sticlă, pe care Madame de Montespan a venit mai târziu să o ia."[22]

După spusele fiicei lui La Voisin, la un alt ritual de magie neagră Madame de Montespan invocase demonii iadului să îi vină în ajutor. „Veniți, voi, Aștarot și Asmodeus, Prinți ai prieteniei", se spune că ar fi incantat ea. „Vă conjur să acceptați jertfa acestui prunc în schimbul favorurilor pe care vi le cer, de a avea și de a păstra dragostea regelui... Regina să rămână stearpă... Regele să-i părăsească așternutul și să vină într-al meu... și să fie de acord cu tot ce-i voi cere pentru mine și să fie al meu... să fiu inclusă în consiliile regelui și să iau parte la toate daravelele statului... iar iubirea regelui pentru mine să crească și să înflorească... astfel încât pe La Valliere să o dea la o parte și să n-o mai respectăluiască... astfel încât regina repudiată fi-va, iar regele pe mine mă va lua de soață."[23] În acest punct, se tăia beregata sugarului cu un cuțit și sângele lui curgea în pocal.

Poliția a primit indicii cum că în curtea lui La Voisin s-ar găsi oase de prunci, astfel încât s-au pornit săpăturile. Care au durat, și durat, și durat. S-au descoperit rămășițele a 2 500 de bebeluși – avortați, născuți morți, nou-născuți, prematuri. Într-un pavilion din curte exista un mic cuptor în care La Voisin incinera trupul pruncilor prea mari pentru a putea fi îngropați cu ușurință.

Ludovic a înțeles, în sfârșit, de ce timp de 13 ani se trezise cu dureri de cap în fiecare dimineață după ce, cu o seară înainte, cinase cu Athénaïs de Montespan. A fost revoltat de cantitatea de poțiuni nocive pe care le consumase de-a lungul anilor, dar poate că a fost și mai dezgustat de comportamentul unei femei pe care o iubise. Nici nu încăpea vorbă ca poliției să i se permită să o interogheze pe Madame de Montespan – Ludovic ar fi devenit ținta batjocurii întregii Europe dacă lucrurile s-ar fi aflat. Martorii care doar menționaseră numele ei au fost fie executați, fie întemnițați în carcere din fortărețe îndepărtate, unde au și sfârșit. Fosta favorită a rămas la Versailles încă zece ani, dând petreceri și uluindu-și oaspeții cu strălucita ei istețime. Dar regele a vizitat-o arareori, mereu însoțit de alții, și nu a mai mâncat ori băut niciodată nimic din ce i-a oferit ea.

Descoperirea vrăjitoriilor practicate de Madame de Montespan l-a aruncat pe rege în brațele Madamei de Maintenon pentru consolare religioasă. Aceasta l-a sfătuit să se întoarcă în patul soției, ceea ce el a și făcut, transformând ultimii trei ani din viața reginei Maria-Tereza în cei mai fericiți avuți vreodată. După moartea ei, în 1683, regele s-a însurat în secret cu Madame de Maintenon, care altfel nu s-ar fi culcat cu el. Biata văduvă, bona copiilor, era acum regina neîncoronată a Franței.

Vipere hrănite la sân

Unele amante regale, care își identificau și anihilau numaidecât eventualele rivale, au fost luate prin surprindere de propriile rude, adesea tinere sărmane de la țară, invitate să guste din plăcerile curții regale.

Madame de Mailly, prima metresă a lui Ludovic al XV-lea, a câștigat dubioasa faimă de a fi fost înlocuită de trei ori consecutiv de propriile-i surori. Născută Louise-Julie de Mailly-Nesle, se căsătorise cu vărul ei, Contele de Mailly, și fusese numită doamnă de onoare a reginei. Madame de Mailly era o femeie simplă, dulce, care în anii 1730 l-a ajutat timp de șapte ani pe tânărul rege să își înfrângă dureroasa timiditate. În mod paradoxal, unul dintre cele mai mari atuuri ale ei în ochii lui Ludovic era chiar lipsa frumuseții și a grandorii – avantajele de netăgăduit ale multor femei uluitoare de la Curte îl înspăimântau pe introvertitul rege.

Conform contemporanilor, Madame de Mailly „avea o față lungă, un nas lung... o gură mare... (Ea era) înaltă, lipsită de grație ori charismă... amuzantă, veselă, blajină, bună prietenă, generoasă și binevoitoare."[24]

Vicleana ei soră mai mică, Pauline-Félicité, era la fel de ștearsă, dar nu și la fel de binevoitoare. Neagră de invidie că sora ei era amantă regală în vreme ce ea lâncezea la țară,

Pauline-Félicité a implorat să fie invitată la Versailles ca să se bucure de viața de la Curte. Cum caleașca în care a călătorit a hurducăit-o câteva zile, străbătând drumurile prăfuite de la moșia rurală la palatul regal, a avut timp berechet să uneltească planuri viclene pentru a i-l sufla pe rege surorii ei.

Mai înaltă, mai zgomotoasă și mai isteață decât sora ei mai mare, Pauline-Félicité a început curând să strălucească la dineurile intime ale regelui. Uneltirile ei abile combinate cu naivitatea lui Mailly i-a asigurat marele premiu, iar Ludovic s-a îndrăgostit curând lulea de sora mai tânără. Când aceasta a rămas gravidă cu regele, a măritat-o cu un nobil, Monsieur de Ventimille, care a fost imediat trimis în provincie. Madame de Mailly, deși era încă oficial *maîtresse-en-titre*, nu putea decât să privească neajutorată, frământându-și mâinile, cum sora ei devenea favorita regelui. Regele o vizita pe Madame de Ventimille zilnic, lăsându-și amanta oficială singură și într-o asemenea penurie, încât curtenii au observat curând că jupele ei aveau găuri. În vreme ce sora mai mică primea un castel decorat în albastru și auriu, Madame de Mailly era înghesuită în niște odăițe reci de la Versailles.

La câteva zile după ce a dat naștere fiului regelui, Madame de Ventimille a făcut o criză de convulsii și a murit. Ludovic, distrus, s-a întors pentru consolare la Madame de Mailly. Timp de doi ani, ea a fost din nou amanta incontestabilă. Dar, naivă ca întotdeauna, Madame de Mailly a cedat dorinței unei alte surori de a veni la Versailles. Marie-Anne, văduva Marchiză de la Tournelle, își făcea planuri să se lepede de veșmintele cernite și să ia cu asalt Versailles și pe rege. Înarmată cu o inteligență ascuțită, ea era cea mai frumoasă dintre toate fetele Mailly-Nesle, având ochi mari albaștri și un chip fermecător.

Madame de la Tournelle a luptat cu toate armele din dotare pentru a i-l lua pe rege surorii ei, eforturile fiindu-i curând încununate de succes. Dar ea nu avea de gând să o suporte pe Madame de Mailly preumblându-se prin palat cu jupele ei ponosite și ținând cu gherele de titlul de *maîtresse-en-titre*. Înainte să ajungă în pat cu regele, Madame de la Tournelle i-a cerut acestuia să o izgonească de la Curte pe deranjanta Madame de Mailly, lucru pe care el l-a și făcut. A doua ei doleanță a fost să devină ducesă, așa că regele a făcut-o ducesă de Châteauroux. Abia atunci, după ce actul de iubire îi fusese plătit anticipat în zornăit de galbeni și sunet de surle și trâmbițe, proaspăta ducesă l-a primit pe rege în patul ei moale și imaculat.

Vicleana Madame de Châteauroux a adus-o cu ea pe o altă soră, pe durdulia și voioasa Madame de Lauragais. Dar ea știa că această soră nu avea cum să fie o amenințare reală; deși regele se mai culca din când în când cu Madame de Lauragais, de fapt Madame de Châteauroux era cea care ținea frâiele. Amuzați de fascinația lui Ludovic pentru surorile Mailly-Nesle, învățații de la curte se întrebau dacă era vorba despre nehotărâre ori fidelitate când un bărbat își alegea toate amantele din aceeași familie.

Madame de Châteauroux a avut un succes pe cât de spectaculos, pe atât de efemer. După numai doi ani, ea a fost răpusă de o febră subită. Nedorind să renunțe la poziție nici măcar în fața morții, Madame de Châteauroux a continuat să pășească pe coridoarele de marmură de la Versailles ca năluca, văzută de regina însăși. Iar biata Madame de Mailly, izgonită de la Curte, înlocuită în patul amantului ei de toate cele trei surori, a purtat o bluză aspră din păr de cal, îmbrăcată de regulă de pocăiți în semn de pocăință, bântuind altarele de marmură rece în genunchi-i sângerânzi.

După ce le avusese pe toate cele patru surori Mailly, Ludovic s-a trezit deodată fără amantă regală și s-a pornit în căutarea unei înlocuitoare potrivite. A ales-o pe Jeanne-Antoinette d'Etioles, pe care a făcut-o Marchiză de Pompadour. Și astfel, Madame de Pompadour a avut norocul să își înceapă cariera de amantă regală apărând pe o frumoasă scenă goală și nu fiind nevoită să îmbrâncească în culise o altă divă.

Dar dacă la început singura rivală a Madamei de Pompadour a fost o nălucă, scena s-a umplut numaidecât de multe femei în carne și oase. Rivalele au devenit și mai amenințătoare când, după șapte sau opt ani ca amantă regală, frumusețea proaspătă a Madamei de Pompadour a început să pălească, iar frigiditatea ei tot mai accentuată o împiedica să întrețină relații sexuale cu regele. A continuat să îndeplinească orice altă nevoie a regelui, subcontractând serviciile sexuale altora, pentru care a înființat un mic bordel la marginea Versaillesului, numit *Le Parc aux Cerfs*. Aici, una sau două adolescente odată – luate de prin canale și frecate bine cu apă și săpun – erau adesea pregătite să îl primească pe rege.

„Toate aceste fetițe needucate nu mi-l vor lua niciodată...", spunea ea despre fetele de la *Parc aux Cerfs*.[25] Dar temerea ei cea mai mare era să nu fie înlocuită de o rivală mai vrednică. Madame de Pompadour i-a spus cândva cameristei ei că era angajată într-un „război perpetuu" – ca un gladiator ostenit în arenă, trebuind să facă față unei succesiuni neîncetate de provocări, forțată să atace și să pareze până în ceasul morții.[26] Teama ei de rivale a făcut-o să își ascundă paloarea sub fard și să părăsească patul de boală de nenumărate ori în cei 19 ani ca *maîtresse-en-titre*. Pentru că Ludovic al XV-lea nu era foarte răbdător cu boala, iar Madame de Pompadour era îngrijorată că ar fi putut apela la o altă femeie pentru a-l binedispune dacă ei i-ar fi trebuit prea mult timp pentru însănătoșire.

Dacă regele ar fi murit sau ar fi alungat-o, Madame de Pompadour avea ca refugiu un somptuos conac în Paris – care este în prezent domiciliul președintelui Franței. I-ar fi plăcut să se relaxeze acolo câteva săptămâni pe an, departe de „urzela de malițiozitate".[27] Dar îl vizita rareori, de teama de a-l lăsa pe rege singur. Și avea motive întemeiate. Candidate mai tinere, mai frumoase, apăreau ca ciupercile după ploaie în calea regelui. O candidată foarte ambițioasă a îngrijorat-o pe Madame de Pompadour în mod special. Marie-Anne de Coislin era o verișoară a familiei Mailly, iar Madame de

Pompadour știa prea bine că regele nutrea o fascinație irezistibilă pentru femeile Mailly.

Într-o seară, Madame de Pompadour se întorcea la apartamentele ei de la Versailles și, aruncându-și mantaua, i-a spus cameristei, Madame du Hausset: „Nu am văzut niciodată o mai mare insolență ca a Madamei de Coislin. Am stat astă seară la aceeași masă cu ea pentru un joc de *brelan*; și nu vă puteți imagina ce am îndurat. Domnii și doamnele păreau să nu se mai sature privindu-ne. O dată sau de două ori, Madame de Coislin m-a privit și mi-a spus: «Eu iau tot!», în maniera cea mai jignitoare cu putință. Și am crezut că leșin când mi-a spus triumfătoare: «Am o mână plină de regi». Aș vrea să fi văzut ce reverență mi-a făcut când a plecat.“[28]

Madame du Hausset a întrebat: „Dar regele a primit-o călduros?“ Madame de Pompadour a răspuns: „Știți cum e el, draga mea. Chiar dacă ar fi avut de gând să o mute în apartamentul meu în noaptea asta, pe ea ar fi tratat-o cu răceală în public, iar cu mine ar fi fost extrem de tandru.“[29]

Dar Madame de Coislin a făcut o greșeală strategică. Conform scriitorului Charles Duclos, „ea ar fi putut reuși, dar în loc să-și cucerească iubitul *peu à peu*, cum spun francezii, adică încetul cu încetul, ceea ce ar fi însemnat prăbușirea rivalei ei, în loc să îl ațâțe printr-un comportament rezervat, ea a cedat atât de repede, încât a înăbușit orice dorință a regelui; i s-a dat ca o femeie ușoară, fiind folosită și abandonată ca o femeie ușoară“.[30]

Unul dintre cei mai buni sfătuitori ai Madamei de Pompadour a fost Madame de Mirapoix, care i-a spus: „Regelui îi place scara spre dumneata; s-a obișnuit să o urce și să o coboare. Dar dacă va găsi o altă femeie cu care să poată discuta despre vânătoare și afaceri, după trei zile va uita totul.“[31]

Madame de Pompadour – care se mutase în somptuoasele apartamente de la Versailles locuite de Madame de Montespan cu 80 de ani în urmă – a studiat viețile amantelor lui Ludovic al XIV-lea, căutând să învețe ceva din triumfurile și eșecurile lor. „Madame de La Vallière s-a lăsat păcălită de Madame de Montespan", i-a spus ea cameristei, „dar a fost numai vina ei sau, mai degrabă, rezultatul firii ei cumsecade. Inițial, nu a avut nici o bănuială pentru că nu putea crede că prietena ei ar trăda-o. Madame de Montespan a fost alungată de Madame de Fontanges și înlocuită de Madame de Maintenon; dar trufia și capriciile ei l-au înstrăinat pe rege."[32]

Deși Madame de Pompadour știa că Louise de La Vallière îl pierduse pe Ludovic al XIV-lea din cauza trădării celei mai bune prietene a ei, cel mai mare pericol care o păștea pe ea era propria-i verișoară. Madame d'Estrades era o femeie isteață, dar dizgrațioasă, care își datora poziția la Curte prieteniei și generozității Madamei de Pompadour. Madame d'Estrades a fost numită doamnă de onoare a fiicei regelui, croindu-și drum spre inima lui Ludovic ca prietenă amuzantă. A încercat să îl seducă, dar cum Ludovic putea fi sedus doar de frumusețe, încercările ei eșuaseră. Succesul verișoarei ei continua să o macine, așa că a clocit un nou plan prin care să o înlăture pe Madame de Pompadour.

Madame d'Estrades și-a adus la Curte frumoasa nepoată de 19 ani, Charlotte-Rosalie de Choiseul-Romanet. Madame de Pompadour a aranjat o căsătorie strălucită pentru tânără și i-a obținut o poziție de invidiat ca a doua doamnă de onoare a fiicelor regelui. Mătușa a început să îi împuie fetei capul cu propriile-i aspirații de a o înlocui pe deja trecuta Madame de Pompadour pentru a ajunge ea la bogății, putere și glorie.

Madame d'Estrades o invita pe nepoata ei să joace cărți în apartamentele Madamei de Pompadour în timpul serilor intime ale acesteia cu regele și câțiva prieteni. Prietenele Madamei de Pompadour o atenționau neliniștite că tânăra părea pornită să îl seducă pe Ludovic, dar în acest caz ea refuza cu naivitate să o suspecteze pe dulcea și frumoasa Charlotte-Rosalie că ar fi putut fi atât de șireată. Lunile treceau, iar Madame de Pompadour continua să o invite pe fată la evenimentele la care era prezent și regele.

Treptat, Ludovic a început să fie tot mai interesat de cocheta tânără, stabilind câteva întâlniri secrete cu ea, în timpul cărora ea refuza statornic să facă sex cu el. Madame d'Estrades și iubitul ei, contele d'Argenson, o instruiseră pe Charlotte-Rosalie să îi refuze avansurile până când era sigură că va deveni *maîtresse-en titre* – înlocuind-o astfel pe Madame de Pompadour. Într-o zi, pe când Madame d'Estrades și contele d'Argenson erau împreună, Madame de Choiseul-Romanet a dat năvală foarte răvășită, evident după o partidă de sex cu regele. A început să strige: „S-a întâmplat. Mă iubește, este fericit, iar ea va fi izgonită. Mi-a dat cuvântul de onoare".[33] Obținuse chiar și o scrisoare de la monarh, prin care acesta îi promitea să se descotorosească de Madame de Pompadour.

Sărmana prostuță, mândră de marea ei realizare, i-a arătat triumfătoare scrisoarea vărului ei, contele de Stainville. Contele, deși nu era prieten cu Madame de Pompadour, a decis viclenește să câștige eterna recunoștință a unei persoane atât de puternice. A convins-o pe Madame Choiseul-Romanet să îi permită să păstreze scrisoarea pentru câteva ore, apoi s-a dus numaidecât în vizită la Madame de Pompadour. A informat-o că verișoara lui era prea imatură ca să ocupe o poziție atât de importantă, una pentru care Madame de Pompadour era atât de extraordinar de potrivită. I-a dat scrisoarea și a plecat politicos.

De data aceasta, Madame de Pompadour și-a vărsat năduful pe amantul ei regal. Când Ludovic a vizitat-o în seara aceea, ea i-a arătat scrisoarea și – pentru prima și ultima oară în relația lor – a făcut o criză teribilă de nervi. Regele, îngrozit de faptul că indiscreta Madame de Choiseul-Romanet lăsase din mână scrisoarea lui pasională, a fost de acord să o izgonească de la Curte chiar în noaptea aceea. Șapte luni mai târziu, ea a murit la naștere. Avea 21 de ani.

Ca să se revanșeze, câteva zile mai târziu, regele a ridicat-o pe Madame de Pompadour în rang, de la marchiză la ducesă.

Când a fost prezentată oficial regelui și reginei ca ducesă, a ținut ca veninoasa ei verișoară, Madame d'Estrades, să fie martora triumfului ei, mai apoi alungând-o de la Curte. Contele de Stainville pariase pe calul câștigător; deși regele nu suporta să-i vadă fața – îi amintea de un episod penibil – Madame de Pompadour a dat dispoziție să fie numit ambasador la Vatican, el devenind mai târziu ministru de externe al Franței.

Uneori, fetele de la bordelul *Le Parc aux Cerfs*, angajate să le țină la distanță pe rivalele periculoase care i-ar fi putut crea probleme Madamei de Pompadour, făceau și ele probleme. O astfel de fată, nubila de 14 ani Louise O'Murphy, a fost folosită de inamicii lui Pompadour pentru atingerea scopurilor lor. Într-o seară, Louise l-a întrebat pe Ludovic cum mergeau lucrurile între el și „bătrâna doamnă", referindu-se, desigur, la Madame de Pompadour.[34] Regele a fost șocat, iar „bătrâna doamnă" a aranjat numaidecât ca Louise să fie măritată, dându-i-se o zestre considerabilă, cu puțin înainte să aducă pe lume un bastard regal.

După acest episod, regele a vizitat *Le Parc aux Cerfs* incognito, ca nobil polonez. Dar o fată a scotocit prin buzunarele amorezului ei în timp ce acesta dormea adânc și a descoperit că nu era un nobil polonez, ci însuși regele Franței. Aruncându-se la picioarele lui, și-a declarat dragostea infinită ce i-o purta. Această biată fată a fost dusă la un azil de nebuni – o metodă infailibilă de a invalida orice fel de poveste ar fi avut de gând să spună despre rege – iar după o perioadă adecvată de încarcerare, a fost măritată undeva departe, la țară.

O altă fată, o prostituată uluitor de frumoasă, adusă special regelui de cel mai renumit proxenet din Paris, a căutat să îl prindă în capcană pe rege cu talentele ei sexuale, sperând la mult mai mult decât niște întâlniri ocazionale la *Le Parc aux Cerfs*. Lebel, valetul regelui, dar și cel care îi aducea femei, un prieten adevărat al Madamei de Pompadour, l-a informat pe Ludovic că fata era măcinată de boli venerice, risipindu-i astfel pe loc orice speranțe.

Când Ludovic s-a îndrăgostit iremediabil de frumoasa Mademoiselle de Romans, Madame de Pompadour s-a temut din nou pentru poziția ei. Dar de tremurat a tremurat cu adevărat când a aflat că rivala ei era gravidă. Mademoiselle de Romans, foarte sigură că, însărcinată fiind, avea să o înlocuiască pe Madame de Pompadour, a început să se fălească în mod deschis. Regele, îngrozit de zarva pe care o făcea, a pus să îi fie percheziționată casa și să îi fie luate scrisorile de dragoste primite de la el – dovada că el era tatăl copilului.

Mademoiselle de Romans, sigură că pruncul ei avea să devină un duce puternic, îl ducea adesea într-un coșuleț în Bois de Boulogne, se așeza pe iarbă cu veșmintele ei prețioase și îl alăpta. Să privești o fostă amantă a regelui alăptându-și în public copilul devenise una dintre distracțiile parizienilor. Într-o zi, Madame de Pompadour și-a luat slujnica și a mers să îi vadă pe tânăra mamă și pruncul ei. Pentru ca Mademoiselle de Romans să nu o recunoască, și-a tras pălăria pe ochi și și-a acoperit cu o batistă falca, de parcă ar fi durut-o măseaua.

Era o scenă tristă: amanta înaintată în vârstă, care suferise atâtea pierderi de sarcină în eforturile ei de a-i dărui lui Ludovic un copil, privind-o pe tânăra mamă, cu părul ei negru ca pana corbului, prins cu un pieptene cu diamante, alăptându-l pe pruncul regelui. Madame de Pompadour și camerista ei au schimbat câteva plezanterii și au comentat pe seama frumuseții pruncului înainte să plece degrabă de acolo. Pompadour trebuie să fi fost profund tulburată de această întâlnire.

Spre sfârșitul vieții, Madame de Pompadour a părut să renunțe la lupta împotriva rivalelor. Prețul permanentei vigilențe era sănătatea ei precară. În 1763, cu un an înainte să moară la vârsta de 42 de ani, ea s-a retras de două ori de la Curte pentru scurt timp, ca să se odihnească, ceva ce nu făcuse niciodată în cei 18 ani cât fusese alături de rege.

Rivale politice

Majoritatea femeilor care râvneau la poziția de *maîtresse-en-titre* erau persoane ambițioase, atrase exclusiv de avantajele materiale. Dar se mai întâmpla și ca unele grupări politice puternice să susțină o candidată, sperând să trimită astfel în patul monarhului o femeie care să le folosească intereselor.

Una dintre amantele care, în cele din urmă, a pierdut lupta împotriva unei astfel de coaliții a fost contesa Anna Constantia von Cosel, amanta lui August cel Puternic, elector de Saxonia și rege al Poloniei. Contesa Cosel, o apariție impozantă, cu bucle albe pudrate și ochi negri pătrunzători, și-a păstrat poziția plătind numeroși spioni care să o informeze despre fiecare mișcare a regelui. Într-un final, însă, ea nu s-a dovedit potrivită pentru coaliția miniștrilor regelui.

Contesa Cosel stătea lipită de August aproape 24 de ore din 24, cu excepția cazurilor în care el insista că trebuia să se întâlnească singur cu sfătuitorii săi pentru probleme de stat. Aceste întâlniri îi provocau de fiecare dată o stare de agitație, și pe bună dreptate. Ele erau, de obicei, doar scuze pentru ca regele să facă sex cu alte femei. Contesa Cosel era atât de vigilentă, încât, gravidă fiind, a insistat să meargă cu el pe câmpul de luptă împotriva suedezilor. Dar, de data asta, regele a fost mai presus, trimițând-o înapoi la Dresda, la adăpost, împotriva voinței ei.

Conform biografului lui August, Karl von Pöllnitz, când doamna Cosel a descoperit că regele profitase de absența ei și avusese o relație cu fiica unui comerciant de vinuri din Varșovia, s-a făcut foc și pară. „Sunt hotărâtă să nu am aceeași soartă ca celelalte metrese ale dumitale. De dragul dumitale am părăsit un soț, mi-am pierdut reputația și le-am făcut pe toate acestea pentru că mi-ai promis sub jurământ fidelitate eternă. Nu voi îngădui abuzurile dumitale, decât dacă vei plăti cu viața pentru ele. Sunt hotărâtă să îți zbor creierii cu un pistol, și apoi să fac același lucru și cu mine, ca pedeapsă pentru nesăbuința de a te iubi."[35]

O altă scenă nefericită s-a petrecut în timp ce se recupera după naștere la Curtea din Dresda a lui August. Aflându-se lângă patul contesei Cosel, regele a primit un bilețel adus de secretarul de stat, domnul Bose. L-a citit și s-a făcut stacojiu la față. Amanta lui a vrut neapărat să afle ce conținea scrisoarea, așa că a sărit din pat și, așa cum menționa un raport în termeni delicați, „le-a arătat regelui și domnului Bose cu această ocazie ceea ce nici o femeie onorabilă nu i-ar fi arătat soțului ei decât după multă muncă de lămurire".[36]

Doamna Cosel a smuls scrisoarea și a văzut că era de la Henrietta, fiica neguțătorului de vin din Varșovia. Ba mai rău de-atât, prin ea îl informa pe rege că tocmai o născuse pe fiica lui. Doamna Cosel s-a făcut ca para focului de furie, urlând: „Îneca-s-ar odată! Și să dea Domnul să-mi stea în putere s-o înec și pe maică-sa!"[37] August a început să râdă, dar doamna Cosel l-a informat că dacă răspundea scrisorii sau dacă recunoștea copilul, ea avea de gând, chiar așa cum sângera după naștere, să ia următorul poștalion spre Varșovia și să le strângă de gât și pe mamă și pe fiică.

Irascibilitatea doamnei Cosel era îndreptată nu doar împotriva rivalelor la dragostea regelui, ci și împotriva curtenilor și oficialilor de la Curte. Dar și mai rău era că ea se implica în afacerile politice. După ce a suferit timp de nouă ani de tirania ei, o coaliție a miniștrilor a decis, în 1713, că trebuia înlocuită cu a amantă mai supusă. Când doamna Cosel era din nou însărcinată la Dresda, iar regele a trebuit să plece la Varșovia, consilierii lui l-au sfătuit să se folosească de această ocazie pentru a-și găsi o nouă amantă. Aceștia au convocat o ședință, unde au discutat toate posibilele candidate la Curtea Varșoviei. S-au oprit, în cele din urmă, asupra Mariei Magdalena, contesă von Dönhoff, pentru că „este suficient de cumsecade pentru a fi capabilă de a oferi plăcere, însă mintea ei nu este atât de exaltată pentru a fi capabilă să conducă".[38]

Noua amantă fiind aleasă, nu mai trebuie decât să se aranjeze o întâlnire între rege și contesă. Mai întâi, mama ei a fost și ea implicată în plan, ea având rolul de a potoli orice temeri pe care fiica ei le-ar fi putut avea de a-și trăda soțul sau de a deveni o amantă regală. Din fericire, contesa Dönhoff a fost numaidecât de acord cu planul.

Complotiștii știau că lucrurile vor fi mai dificile cu regele. „Regele putea fi fermecat doar de femei vesele și pline de viață", nota biograful lui, „și acestea erau întocmai calitățile ce-i lipseau contesei von Dönhoff, care, cu aerul ei plicticos și greoi, nu are nimic din modestia unei virgine, exact opusul caracterului pe care îl dorea regele la o amantă de-a sa." Consilierilor „le era foarte clar că ea nu se potrivea fanteziilor monarhului lor, dar nu știau vreo altă doamnă de la Curte mai potrivită pe care să i-o propună".[39]

August s-a arătat foarte interesat să vadă frumusețea atât de lăudată de prietenii lui, dar, așa cum era de așteptat, a fost dezamăgit de prima lor întâlnire. Lui „nu i-a plăcut cum a dansat" și „inima lui nu a putut fi cucerită încă de frumusețea ei". Regele își dăduse deja seama că miniștrii lui voiau ca el să aibă o nouă amantă. I-a spus unuia dintre ei: „Înțeleg că sunt forțat să iubesc, dar până ce ei nu-mi găsesc o femeie mai bună decât doamna Dönhoff, nu cred că ar trebui să-i fiu infidel doamnei Cosel".[40]

Consilierii lui nu s-au lăsat descurajați. L-au adus pe rege atât de des în compania doamnei Dönhoff – care îi arunca „priviri tandre și languroase" – încât, încetul cu încetul, inima lui a fost „înrobită".[41] În Dresda însă, spionii doamnei Cosel au informat-o despre rivala ei. Nici nu a născut bine un fiu, că s-a și urcat într-o caleașcă și a pornit spre Varșovia, ca să își confrunte amantul infidel. Susținătorii contesei von Dönhoff, auzind că năvalnica amantă venea să le zădărnicească planurile bine ticluite, au decis că trebuiau să împiedice sosirea ei la Varșovia cu orice preț. Au sfătuit-o numaidecât pe doamna von Dönhoff să facă o scenă în seara aceea, prefăcându-se că se teme pentru viața ei dacă doamna Cosel ar fi venit la Varșovia.

Vărsând multe lacrimi de crocodil, doamna von Dönhoff i-a spus lui August că prefera să părăsească orașul decât să dea ochi cu violenta rivală. Prin urmare, regele a poruncit ca doamna Cosel să nu fie lăsată să intre în oraș. Fidelă însă reputației ei, când doamna Cosel s-a apropiat de Varșovia și a primit mesajul că trebuia să facă cale întoarsă la porunca regelui, a scos un pistol și a amenințat că împușcă mesagerul dacă încerca să îi stea în cale. A fost în cele din urmă convinsă să plece mai degrabă înapoi acasă decât să riște dizgrația regelui și să încerce să recâștige dragostea acestuia după ce se va fi întors la Dresda.

Dar complotiștii s-au asigurat de imposibilitatea unei reconcilieri. Regele i-a permis fostei amante să se retragă și să locuiască în lux în Castelul Pillnitz din Dresda. Însă contesa Cosel nu era genul de persoană care să trăiască liniștită. După intrigi politice împotriva lui August, a fugit la Berlin, unde regele Prusiei a prins-o și a trimis-o înapoi în Saxonia. August, dându-și sema, în cele din urmă, că avea să pricinuiască mereu necazuri, a închis-o într-o fortăreață, în ciuda strigătelor ei disperate pentru clemență. A rămas acolo chiar și după moartea regelui, în 1733, până când, la vârsta de 85 de ani, a murit și ea însăși, în 1765, la capătul a 49 de ani de blândă captivitate.

RIVALITĂȚI PRIETENEȘTI

Sprințara Nell Gwynn, o actriță de comedie născută și crescută în mahalalele Londrei, și-a păstrat locul în haremul lui Carol al II-lea timp de aproape două decenii în ciuda rivalității crunte a duceselor și conteselor. În 1667, Nell avea 17 ani și făcea un salt imens de la statutul de vânzătoare de portocale în sala de spectacole a unui teatru la cel de actriță în rolurile principale pe scena aceluiași teatru. La scurt timp după aceea, a primit prima invitație la Palatul Whitehall, pentru o reprezentație în fața celor de la Curte. Ambasadorul Franței i-a relatat lui Ludovic al XIV-lea că regele Carol a râs cu mare poftă de „bufoneriile" ei.[42]

Deși putem presupune că a început să se culce cu regele cam la vremea aceea, nu a primit poziția de amantă regală permanentă, cu toate onorurile și avantajele financiare pe care această poziție le aducea. Orice remunerație ar fi primit din partea lui Carol, ea trebuie să fi fost destul de mică, deoarece Nell nu a renunțat la actorie timp de aproape trei ani. După ce i-a dăruit regelui un fiu, în 1670, Nell s-a întors pe scena teatrului în semn de protest. Își dorea ca toți admiratorii ei să afle cât de zgârcit era Carol cu ea prin comparație cu celelalte amante ale lui de viță nobilă. Șiretlicul ei a funcționat. După ce Carol a mutat-o într-o locuință modestă din oraș, i-a cumpărat mobilă și a fost de acord să îi acopere costurile cu traiul de zi cu zi, ea s-a retras de pe scenă.

Originile umile ale lui Nell erau un mare handicap. Intempestiva lady Castlemaine, pe care Carol o făcuse de curând ducesă de Cleveland, își pierdea influența după un deceniu ca amantă regală; dar în loc să o facă pe zglobia Nell ducesă și să o instaleze la palat, Carol a început să caute o femeie cu origini nobile. Nell avea o rivală puternică și în rândurile actrițelor londoneze de origini umile, pe Moll Davis, o fermecătoare cântăreață și dansatoare.

Competiția dintre Nell și Moll Davis a devenit feroce. Regele i-a *cumpărat* o minunată casă lui Moll, în vreme ce pentru Nell doar închiriase una. Lui Moll i-a dăruit cai, o caleașcă și bijuterii prețioase, lucru care a necăjit-o foarte pe Nell. Așa stând lucrurile, Nell a invitat-o la masa de prânz pe Moll în ziua în care aceasta avea pe seară o întâlnire cu regele. Nell a pus un laxativ puternic în mâncarea lui Moll, astfel că biata femeie, lovită brusc de o diaree atroce, nu a mai fost capabilă să îi țină companie regelui în acea seară.

În 1671, Louise de Kéroualle, în vârstă de 22 de ani, doamna de onoare de origine franceză a reginei, a cedat în cele din urmă insistențelor regelui, permițându-i să îi rupă sigiliul virginității. Deși aproape frigidă, ea a avut o putere uluitoare asupra lui, beneficiind de educația și de cunoștințele despre eticheta de la Curte, lucruri care i-au lipsit bietei Nell. Cum lady Castlemaine fusese trimisă între timp pe tușă, Louise a devenit noua *maîtresse-en-titre*. Dar, chiar dacă puternica ei poziție la Curte îi asigura o viață de lux, exista totuși un ghimpe, iar acesta se numea Nell Gwynn.

În 1674, Louise s-a lăsat pictată, îmbrăcată fiind într-o rochie albă, cu un sân dezgolit, întinsă lasciv pe un maldăr de perne și având pe fundal niște draperii grele, în vreme ce fiul ei era înfățișat plutind precum un amoraș. Nell s-a dus și ea la același pictor, a pozat îmbrăcată într-o rochie similară, cu aceleași draperii pe fundal, și cu cei doi fii ai ei reprezentați ca niște amorași cu rânjete ridicole și regele pe fundal, privind-o cu nesaț.

Louise și-a format teatralul obicei de a purta doliu de câte ori câte un personaj important din Franța murea, de parcă ar fi vrut să transmită că era îndeaproape înrudită cu el. Nell nu a putut rezista să nu glumească pe seama acestui obicei, spunând că Louise va purta doliu și după ce va muri și următorul han al tătarilor. „Pretinde că toți cei din Franța îi sunt rude; imediat ce vreo persoană însemnată moare, ea se îmbracă în doliu. Păi, dacă este așa de prețioasă, de ce face pe târfa? Ar trebui să moară de rușine. Cât despre mine, asta mi-e profesia. Eu nu pretind a fi altceva."[43]

Nell spunea mereu cu plăcere că rivalele ei, în ciuda sângelui lor albastru, tot târfe ale regelui erau, întocmai ca ea, un sentiment despre care aceste nobile domnițe nici nu voiau să audă. Într-o zi, i-a făcut o vizită lui lady Castlemaine și s-a simțit bruscată de răceala acesteia. Nell „a bătut-o pe umăr și i-a spus că părerea ei era că persoanele din aceeași breaslă nu se prea iubesc între ele!"[44]

Ca să o pună la punct pe Nell, lady Castlemaine s-a urcat în luxoasa ei caleașca nou-nouță trasă de șase cai și s-a plimbat dus-întors prin fața casei lui Nell – regele nu îi dăruise niciodată lui Nell ceva nici măcar pe jumătate la fel de valoros. A doua zi, Nell s-a urcat într-un car dărăpănat tras de șase boi și s-a oprit în fața casei Barbarei, strigând: „Lume, lume! Hai la târfe de vânzare!"[45]

Nell i-a oferit lui Carol ceea ce alte amante ale lui nu au putut – glume deocheate și umor de cea mai bună calitate. Într-o zi, regele, Nell și încă vreo câteva persoane au plecat la pescuit. Carol era tot mai frustrat pentru că nu reușea să prindă nimic. Nell a pus pe cineva să îi distragă atenția, în timp ce ea a agățat în cârligul undiței lui un pește prăjit – luat din coșul de picnic – și l-a aruncat în apă. Când regele s-a întors, Nell i-a sugerat să își verifice undița. Spre surprinderea lui, a descoperit că prinsese și el un pește, până la urmă – pe deasupra, și gata prăjit.

Nel era pricepută nu doar la astfel de farse, ci și la a imita anumite persoane. Episcopul Burnet nota că „imita pe toată lumea într-o manieră atât de veselă, distrându-l constant pe regele într-o asemenea măsură, că nici măcar o nouă amantă nu a putut-o îndepărta".[46] Lui Nell îi plăcea să imite mai ales accentul franțuzit și sâsâit al Louisei, spre amuzamentul regelui.

Când Carol a blagoslovit-o pe Louise cu trei titluri deodată – baroneasă de Petersfield, contesă de Farnham și ducesă de Portsmouth, Nell aproape a leșinat de furie. Tot ce îi adusese ei mărinimia regelui erau doar o casă închiriată, câteva piese amărâte de mobilier și niște mărunțiș. Când i-a cerut regelui să facă mai mult pentru ea și cei doi fii ai lor, acesta i-a răspuns că războiul cu Franța îl sărăcise. Ceea ce a determinat-o pe Nell să răspundă tăios: „Am să vă spun eu cum să nu mai suferiți vreodată de penurie. Trimiteți-i pe francezi (Louise de Kéroualle) înapoi în Franța lor, lăsați-mă să urc din nou pe scenă și puneți-vă lacăt la prohab."[47]

Dacă Louise era un Goliat de viță nobilă, cu maniere alese și putere politică, Nell era un mic David care lansa pietre cu praștia cu o precizie mortală. Într-o zi, la scut timp după înnobilarea ei, Louise a dat nas în nas cu Nell și i-a admirat condescendent rochia de calitate. „Nelly", a început ea să ciripească, „te-ai îmbogățit, bag seamă, judecând după rochia ta; fată dragă, ai stofă de regină, nu alta." La care Nell i-a răspuns acid: „Aveți perfectă dreptate, doamnă. Și sunt îndeajuns de desfrânată pentru a fi ducesă."[48]

O altă poveste spune că, într-o seară, Nell, regele și Louise participau împreună la un dineu care se dovedea a fi un adevărat chin. Făcând efortul de a fi glumeață, lucru care nu-i stătea deloc în caracter, Louise a spus că ea putea obține trei porumbei din cei doi pe care îi aveau în față, pe masă. „Acesta este numărul unu, acesta este numărul doi, iar unu plus doi fac trei."[49] Atunci Nell a pus unul dintre porumbei pe farfuria regelui, pe al doilea pe farfuria ei și i-a sugerat Louisei să îl mănânce pe al treilea.

Plicticoasa Louise nu avea nici cel mai mic simț al umorului, fiind absolut incapabilă să facă față replicilor tăioase ale lui Nell. Chiar și dacă viața i-ar fi fost pusă în joc, singura ei replică era să apeleze la fiece dram al formidabilei ei demnități.

Uneori, chiar și lui Carol îi făcea plăcere să o împungă pe Louise cea lipsită de simțul umorului și de apărare. Ambasadorul francez relata că regele o provocase pe Louise „închinând de două ori în 24 de ore întru sănătatea lui Nell Gwynn" care „pentru care ducesa de Portsmouth continua să fie ținta sarcasmului ei usturător".[50]

În 1674, Moll Davis se retrăsese și lady Castlemaine se mutase în Franța. Aceste schimbări în haremul regal nu au adus vreo schimbare și pentru Nell, dar Louise de Kéroualle a fost încântată că, teoretic, palatul îi aparținea acum doar ei. Dar bucuria i-a fost scurtă. Curând, o nouă rivală a apărut în peisaj, o tânără cu sânge clocotind și păr negru ca abanosul, pe numele ei Hortense Mancini, ducesă de Mazarin. Regelui i s-au aprins curând călcâiele după această senzuală seducătoare care avusese relații amoroase cu cei mai chipeși bărbați și cu cele mai frumoase femei din Europa. Louise, predispusă la melodramă, a slăbit și a pălit, tânguindu-se și jelind aproape neîntrerupt. Venise acum rândul lui Nell să se îmbrace în haine de doliu. Actrița, care știa bine cum să treacă peste flirturile lui Carol, a spus că era îndoliată după „salcia plângătoare" și speranțele ei moarte.[51]

Uneori, lupta împotriva intrigilor rivalei sale depășeau puterile Louisei. Într-o seară, Courtin, ambasadorul francez, i-a făcut o vizită și a găsit-o istovită de atâta tensiune. „Amanta plângea amarnic", a scris el în depeșa către Ludovic al XIV-lea.

„Vocea îi era gâtuită de suspine și oftaturi. Cinstit vă spun că nu am mai văzut niciodată o scenă atât de tristă, de mișcătoare. Am rămas cu ea până la miezul nopții, încercând prin toate mijloacele să-i readuc curajul și să o fac să priceapă cât de important este pentru poziția ei să își ascundă suferința.“[52]

Curtenilor le plăcea foarte mult să fie martorii echivalentului unei lupte în noroi între două femei din secolul al XVII-lea, aplaudând cu mâinile lor cu degete pline de inele de bucuria acestei ocazii. La sfârșitul anului, pasiunea fierbinte a regelui pentru Hortense începuse să se stingă din cauza infidelităților ei flagrante – avusese o relație chiar și cu Anne Palmer, bastarda adolescentă a regelui și a lui lady Castlemaine. Totuși, dezgustător de insidioasei Hortense i s-a permis să rămână oficial în haremul lui.

În vreme ce majoritatea bărbaților visează la o femeie care este o doamnă în salon și o târfă în pat, Carol ți-a împlinit fără efort această fantezie petrecându-și zilele cu recea și rafinata Louise și nopțile cu vesela și efervescenta Nell. Oricât ar fi încercat, Louise nu a reușit să se descotorosească de Nell. Deși temperată sexual, Louise se molipsise în 1674 de o cruntă boală venerică de la Carol, ceea ce i-a provocat o nespusă suferință ce a durat luni de zile. L-a făcut pe Carol să plătească pentru asta cu două coliere splendide – unul de diamante, celălalt de perle –, dar a fost avertizată de medici să nu mai aibă niciodată relații sexuale cu regele. Dovada dragostei lui Carol față de Louise a fost faptul că a păstrat-o ca amantă oficială chiar dacă aproape că nu au mai făcut sex deloc. Dar regele avea nevoi sexuale, pe care Nell i le-a satisfăcut cu cea mai mare plăcere.

Într-o zi, Nell s-a oprit la apartamentele lui Hortense Mancini și a găsit-o acolo pe Louise de Kéroualle împreună cu prietenul ei apropiat, ambasadorul Franței. Era un grup ciudat. Lady Harvey povestea: „Nu cred că mai e posibil altundeva în toată Anglia să aduni laolaltă trei femei care să se urască mai mult".[53] Înainte ca Nell să o împungă pe Louise cu remarcile ei veninoase, ducesa a ieșit trufașă din cameră. Nell s-a întors spre ambasador și a cerut să afle de ce regele Franței „nu i-a trimis daruri ei, ci salciei plângătoare care tocmai ieșise din cameră?"[54] I-a spus că Ludovic al XIV-lea ar fi cheltui mai înțelept banii dacă i-ar fi trimis ei daruri, căci ea era preferata regelui Carol, și nu Louise. De fapt, el făcea sex cu ea – Nell – noapte de noapte! Ambasadorul a bâiguit ceva, s-a înroșit și s-a fâstâcit tot.

Hortense a schimbat elegant vorba, spunând că se zvonea că Nell ar fi purtat lenjerie de corp deosebit de frumoasă. Cât ai pocni din degete, Nell și-a ridicat poalele rochiei și i-a arătat ambasadorului jupoanele, ciorapii și portjartierul. Este interesant dacă ne gândim ce altceva trebuie să mai fi văzut ambasadorul, căci pe vremea aceea nu se purtau chiloți. Indiferent ce a văzut, a fost în mod evident încântat. În raportul oficial către ministerul de externe de la Paris, acest vrednic domn a acordat un spațiu amplu laudelor aduse lenjeriei intime a lui Nell „și anumitor altor lucruri ce ni s-au dezvăluit tuturor"[55], declarând că nu văzuse niciodată ceva mai „splendid".[56]

Capitolul 6

Dragoste profitabilă – Prețul păcatului

Frumusețea este potentă, însă banul este omnipotent.

John Ray, Proverbe englezești

Într-o zi din 1860, un grup de curteni francezi au mers să viziteze un castel care tocmai se renova. Amanta lui Napoleon al III-lea era, în momentul acela, Marie-Anne de Ricci, contesă Walewska prin căsătoria cu fiul Mariei Walewska și al lui Napoleon Bonaparte. Aceasta a arătat către o șopârlă gargui realizată cu multă fantezie și a comentat: „Garguiul acesta este foarte frumos realizat, însă o asemenea conductă de apă este probabil foarte scumpă". La care ministrul casei regale a lui Napoleon, mareșalul Vaillant, a răspuns enervat: „Nu mai mult ca dumneavoastră, *madame*". Când un alt membru al grupului l-a apostrofat pentru lipsa de politețe, el a continuat: „Pompa asta ne-a costat până acum patru milioane de franci!“[1]

Amanta, spre deosebire de soție, putea fi eliberată din funcție în orice clipă, fără un decont financiar. Prietenii ei puternici de la Curte o susțineau doar atât timp cât deținea puterea, așteptând la schimb diverse favoruri. Exilată și ponegrită, fosta metresă regală se putea trezi brusc căzută din zenitul măreției în genunea sărăciei și a dizgrației.

Drept urmare, amanta regală isteață începea să își facă provizii pentru pensie de îndată ce era numită, pentru a-și asigura un stil de viață luxos și după iminenta cădere. Banii erau mereu practici, apoi bijuteriile, caleștile aurite, caii pur-sânge, vesela aurită sau argintată – pe scurt, tot ce se putea transforma rapid în bani, pentru cazul în care, decăzută din poziția de metresă, trebuia să își facă rapid bagajele și să plece în exil.

Amantele regale colecționau și titluri – contesă, marchiză, ducesă – care le ofereau o poziție oficială la Curte pe scara ierarhică a celorlalți curteni. Titlurile veneau la pachet cu castele și terenuri rentabile, care erau și ele aducătoare de bani, dacă erau administrate bine. În plus, majoritatea amantelor regale primeau pensii anuale pentru serviciile lor. Problema cu titlurile, pământurile și pensiile era că ele puteau oricând fi retrase dacă vântul politic își schimba direcția complet. Banii și echivalentul lor erau întotdeauna de preferat în vremuri de restriște.

Ele mai trebuia, de asemenea, să aibă buzunarele cât se putea de doldora cu bani din taxe și impozite, ceea ce, în mod ironic, înfuria cel mai tare familia regelui, Curtea și supușii – sfatul cel mai bun pentru ele fiind să-și pună deoparte sume frumușele atâta vreme cât puteau.

Athénaïs de Montespan a iubit cu adevărat profitabil. Când și-a început relația cu Ludovic al XIV-lea, cea mai bună pereche de cercei cu diamante pe care o avea era amanetată. În scurt timp, a construit trei nave de război pentru rege pe cheltuiala ei și a recrutat echipajele din regiunea ei natală, Poitou.

Amantele regale engleze nu erau la fel de răsfățate precum colegele lor din Franța. În vreme ce cuvântul Regelui Soare era lege, cadourile contemporanului lui, Carol al II-lea, pentru amantele regale erau blocate de oficialii de la Curte. Lordul cancelar Clarendon – care controla cea mai mare parte a banilor lui Carol – s-a făcut cunoscut ca un „implacabil inamic al puterii și intereselor pe care Barbara, lady Castlemaine le avea pe lângă rege, făcând tot ce-i stătea în putință pentru a le distruge".[2] El știa că „principala afacere a lui lady Castlemaine era să obțină o moșie pentru ea și copiii ei"[3] și „să își plătească datoriile exorbitante pe care le făcuse în câțiva ani, și să îi acopere cheltuielile constante și excesive pe trăsuri și cai, haine și bijuterii".[4] Solicitările de cadouri ale regelui pentru lady Castlemaine păreau să nu poată trece niciodată de biroul lordului cancelar, iar regele trebuia să găsească alte metode pentru a-și arăta mărinimia.

Bijuterii

Majoritatea amantelor regale erau recunoscute pentru dragostea lor lacomă față de bijuteriile elegante și multe dintre ele purtau cu mândrie mai multe nestemate splendide decât regina însăși. Amanta nu își împodobea în exces gâtul, urechile, încheieturile mâinilor și degetele cu diamante doar din vanitate, ci din teama constantă de cădere bruscă în dizgrație. Într-adevăr, bijuteriile erau avuția cea mai apropiată de bani. Dacă amanta trebuia să fugă degrabă – lucru care unora li s-a și întâmplat – ea putea să ascundă o avere în mici săculețe sau cusută în tivurile rochiilor.

În 1662, când ambasadorul moscovit i-a adus lui Carol al II-lea daruri valoroase din partea țarului – blănuri și bijuterii în valoare de 150 000 de lire – lordul cancelar Clarendon l-a implorat pe rege să nu cumva să i le dea „cuiva". Prin „cuiva" el se referea, desigur, la hrăpăreața lady Castlemaine. Carol i-a promis. Dar promisiunea n-a folosit la nimic, căci lady Castlemaine și-a convins prin lingușire amantul regal să îi dea ei toate cadourile de Crăciun primite de la nobilii de la Curte – multe fiind bijuterii pe care Carol ar fi trebuit să i le dea reginei. Curând, lady Castlemaine a apărut împodobită cu foarte multe bijuterii, care „puneau în umbră bijuteriile reginei", după cum se menționează în jurnalul lui John Evelyn, care a văzut-o la un bal de la Curte.[5] Curtenii nu au fost încântați să-și vadă darurile către rege împodobindu-i insolenta amantă.

Lady Castlemaine avea la bijutierii din Londra credit aproape nelimitat, căci aceștia știau că regele îi va acoperi cheltuielile. Există încă facturi care stau dovadă achizițiilor făcute: un inel de 850 de lire, două inele cu diamant pentru suma totală de 2 000 de lire. În 1666 – anul în care marinarii din Marina Regală primeau niște bilete fără valoare în loc de salariu – regele a achitat toate datoriile în valoare de 30 000 de lire făcute de lady Castlemaine, care includeau bijuterii și tacâmuri din aur și argint. Iar, după ce i-a achitat datoriile, i-a mai cumpărat niște bijuterii. Nemulțumită, totuși, cu ce avea deja, lady Castlemaine se autoservea din trezoreria regelui aflată în Turnul Londrei, semnând documente prin care se angaja să returneze bijuteriile și argintăria împrumutate. Dar reușea cumva întotdeauna să transforme împrumutul în cadou.

Prințul regent al Angliei, care a devenit apoi George al IV-lea, a fost atât de generos cu bijuteriile de valoare dăruite prietenelor sale încât l-a făcut multimilionar pe bijutierul său. Cumplit de îndatorat, vânat de creditori, moștenitorul tronului făcea vizite lunare în saloanele de prezentare ale firmei londoneze Rundel & Bridge. În octombrie 1807, prințul a cheltuit aproape 2 000 de lire (aproximativ 200 000 de dolari), pentru mai mult de 30 de bijuterii bătute cu nestemate prețioase, inclusiv opt brățări, patru broșe, câteva platouri de argint și frumoase cutii pentru tutun de prizat. Avea obiceiul ca atunci când făcea curte unei noi doamne să îi ofere mai întâi un medalion încrustat cu diamante ce coținea fie un portret în miniatură înfățișându-l pe el însuși, fie o șuviță din părul său. Apoi, pe măsură ce relația progresa, o copleșea pe aleasă cu inele cu smarale, coliere cu rubine și brățări cu safire.

Prin urmare, nu este deloc surprinzător că o metresă a lui George al IV-lea a fost cea care, după câtiva ani de relație cu regele, a strâns cea mai mare colecție de pietre prețioase. Lady Conyngham a fost o amantă atipică – grasă și binevoitoare, bogată și rapace. În 1820, la vârsta de 50 de ani, a reușit să ajungă în patul regelui mult mai gras decât ea și având 60 de ani.

Lady Conyngham a început numaidecât să încaseze răsplata pentru serviciile ei în bijuterii. Regele i-a dăruit un safir imens înconjurat de diamante, care aparținuse monarhilor din dinastia Stuart. Când l-a luat din Trezoreria regală, regele a spus că safirul trebuie să fie atașat coroanei cu care fusese încoronat. Dar el a apărut, în schimb, pe corsajul amplu al lui lady Conyngham. La moartea regelui George, în 1830, lady Conyngham a returnat cuminte safirul și alte nestemate regale către trezorierul consiliului privat – după ce i s-a reamintit de nefericita moarte prin ghilotinare a contesei du Barry– spunând că nu era sigură dacă răposatul rege ar fi trebuit să i le dea ei.

Lady Conyngham strălucea orbitor de atâtea nestemate la fiece eveniment. Un martor a descris-o ca fiind foarte urâtă și foarte sclipitoare în același timp. Facturile lui George la bijutier la momentul acela includeau 3 150 de lire pentru un colier din perle orientale extrem de mari, 400 de lire pentru o pereche de cercei cu diamante, 437 de lire pentru o pereche de brățări din perle, 530 de lire pentru un colier de smarald, 740 de lire pentru un alt colier de perle. Unele estimări arată că regele îi oferise amantei sale bijuterii în valoare totală de 100 000 de lire.

Madame de Pompadour a lui Ludovic al XV-lea prefera să colecționeze proprietăți, nu bijuterii. Nu prea îi plăceau bijuteriile, deși poziția deținută îi cerea să le poarte zilnic. Nestematele ei erau de cea mai bună calitate. O parte din colecția ei era alcătuită dintr-un colier cu 547 de diamante, un set de bijuterii cu smaralde și 42 de perechi de cercei inestimabili.

Dar ea nu prea punea preț pe ele; și-a predat de două ori bijuteriile Trezoreriei pentru a ajuta pe timp de război.

Succesoarea ei, Madame du Barry, nu ar fi putut fi niciodată atât de generoasă. Ea își adora nestematele și crea noi trenduri în moda bijuteriilor. În primele șapte decenii ale secolului al XVIII-lea, femeile de la Curte au purtat doar diamante sau perle, uneori smaralde ori rubine conturate cu mici șiruri de diamante, dar niciodată în două culori antagonice. Când a devenit metresă regală, în 1769, Madame du Barry i-a încurajat pe bijutieri să experimenteze cu combinarea de pietre de culori diferite – ametiste cu safire, rubine cu smaralde, acvamarine și granate.

Scandalosul colier cu diamante care avea să îi provoace reginei Maria Antoaneta atâtea necazuri un deceniu mai târziu în faimoasa afacere Colierul Reginei fusese inițial făcut pentru Madame du Barry. Colierul era compus din cele mai frumoase și mai prețioase nestemate care se puteau găsi în Europa. Acestea erau îmbinate într-un fel de guler din care atârnau șnururi împletite din diamante. Într-o epocă de dezastru financiar pentru națiune, acest colier îi scandaliza până și pe cei mai frivoli curteni de la Versailles. În ciuda calității pietrelor, mulți considerau colierul a fi incredibil de urât, comparându-l cu o zgardă pentru câini. Madame du Barry l-ar fi purtat însă cu mândrie dacă Ludovic nu ar fi murit înainte să i-l cumpere.

În 1847, Lola Montez îl avea pe regele Ludovic I al Bavariei atât de tare la degetul mic încât avarul monarh – care își punea regina să poarte rochii vechi la teatru – o copleșea cu bijuterii. Într-o seară, înfumurata Lola a apărut la operă radiind împodobită cu diamante în valoare de 13 000 de florini – inclusiv o tiară – punând-o în umbră pe regină, posomorâtă cu piesele ei demodate moștenite și cu rochia ponosită.

Dintre toate amantele regale, Lola Montez a fost cea mai urâtă de oameni, având, într-adevăr, nevoie de multe lucruri prețioase pentru a putea dispărea cu repeziciune. În mod ironic, expulzarea Lolei s-a petrecut atât de repede că nici nu a avut timp să-și ia cutia cu bijuterii. Amenințată de o mulțime furioasă adunată în fața casei ei, Lola a fost forțată de prieteni, împotriva voinței ei, să se urce într-o caleașcă ce a părăsit în mare viteză orașul. Îmbrăcată într-o rochie simplă și fără mantie care să o apere de frigul aspru al nopții de februarie, Lola a plecat în exil.

Ludovic a împiedicat mulțimea să îi vandalizeze casa și a aranjat vânzarea clădirii, a mobilei, a rochiilor și a bijuteriilor Lolei, pentru a-i achita datoriile. Regele i-a trimis Lolei puținul rămas, pentru că datoriile ei în München erau semnificative. Lola ar fi trebuit să-și ia bijuteriile și să fugă.

Apartamente regale, imobiliare și mobilier

Unul dintre cele mai mari beneficii ale unei metrese regale – deși doar pe perioada ocupării poziției oficiale – erau apartamentele luxoase din toate palatele regale, legate, de obicei, cu cele ale regelui printr-o ușă sau o scară secretă. Camerele de la Curte erau emblema statutului unei amante. Sute de familii nobile concurau pentru spațiu limitat, dornice să aibă o singură cameră înghesuită și tristă sub streașină. În vreme ce majoritatea curtenilor aveau case confortabile în apropierea palatelor regale, râvneau la onoarea de a locui sub același acoperiș cu regele.

Ne putem imagina bucuria nețărmurită a unei femei oarecare – care, în circumstanțe obișnuite, nu ar fi primit nici cea mai rece mansardă din castel – când se trezea nu doar amanta regelui, ci și stăpâna unui imens apartament din palat. Adesea amanta avea mai multe camere – și mai frumoase – la Curte decât regina. De exemplu, în anii 1670, regina Maria-Tereza a primit doar 11 camere la Versailles, în vreme ce Madame de Montespan ocupa 20 de camere.

Amanta lui Carol al II-lea, Louise de Kéroualle, avea un apartament generos cu mobilier atât de ostentativ, încât apartamentele reginei păreau sărăcăcioase prin comparație.

Cronicarul John Evelyn a vizitat-o într-o zi pe amanta regală, care l-a primit îmbrăcată într-un somptuos capot în timp ce era coafată. Privind uluit prin apartamentul ei, la „bogățiile și splendorile acestei lumi, cumpărate prin viciu și dezonoare", el a văzut „noua țesătură a tapiseriilor franțuzești, care, prin aspect, delicatețe și lucrătură, imitând într-un mod incomparabil cele mai frumoase picturi, întreceau tot ce îmi fusese dat să văd vreodată... dulapuri japoneze, paravane, orologii de podea, vase uriașe de argint fasonat, mese și măsuțe, ustensile pentru șemineu, candelabre de perete, sfeșnice cu două brațe, tipsii... toate din argint masiv și fără număr, pe lângă cele mai bune tablouri ale Majestății Sale".[6]

Pentru că încăperile din palat erau așa de greu de obținut, erau și primele pe care o metresă căzută în dizgrație le pierdea. Abia ieșea pe ușă cu capul plecat de rușine, că bucuroasa ei urmașă își și aducea bagajele. Așadar, era recomandabil pentru o metresă să își caute între timp oareșce imobiliare în afara palatului.

Moșiile de la țară erau deosebit de căutate, pentru că ele aduceau un venit frumușel de la chiriași și din vânzarea recoltelor și a vinului produs acolo. În anii 1440, Carol al VII-lea al Franței i-a dăruit lui Agnès Sorel mai multe castele și terenuri, primul fiind Château de Beauté – Castelul Frumuseții – lui datorându-i-se porecla pe care Agnès a primit-o, *La Dame de Beauté*. Celelalte proprietăți i-au fost dăruite la nașterea copiilor ei.

Nemulțumită cu vastele apartamente din fiecare din cele trei palate regale, Athénaïs de Montespan a vrut ca Ludovic al XIV-lea să îi construiască un castel doar al ei. El îi cumpărase deja o minunată casă în Paris, lângă Luvru, dar ea își dorea și una la țară. Când Ludovic i-a prezentat planurile pentru o casă la țară, în apropierea palatului lui de la Saint-Germain, ea le-a respins categoric, argumentând că așa ceva putea fi „potrivit poate doar pentru o figurantă".[7] Așa că Ludovic i-a dăruit Castelul Clagny, a cărui construcție a durat zece ani, deși la el au lucrat 1 200 de oameni. În banii de azi, castelul a costat 11 milioane de dolari.

În 1668, Carol al II-lea i-a dăruit Barbarei, lady Castlemaine, superba Berkshire House. Darul avea dublu scop – să potolească pe moment setea ei de bani și să o îndepărteze de la Whitehall Palace. Curând, ambasadorul francez raporta: „Se preocupă cu evaluarea și mobilarea darului primit".[8] Dându-și seama de valoarea terenului, lady Castlemaine a dispus demolarea venerabilului conac, a vândut lemnul și tot terenul, mai puțin un colțișor de proprietate, unde a construit o căsuță nouă din cărămidă. Tranzacția i-a adus în buzunare un purcoi de bani.

La începutul secolului al XVIII-lea, August, elector de Saxonia și rege al Poloniei, a construit un palat pentru amanta lui, Madame Cosel. Cele două apartamente de vară ale acesteia erau pardosite cu marmură rece; cele două apartamente de iarnă erau încrustate cu lemn prețios, decorate cu obiecte din porțelan și draperii de brocart. În plus, a umplut micul palat cu tipsii de argint, goblenuri prețioase, covoare turcești, mese de cristal și brocarturi excepțional brodate.

În cei 19 ani cât a fost amanta lui Ludovic al XV-lea, Madame de Pompadour a avut 17 proprietăți pe lângă numeroase altele pe care le-a cumpărat ca investiții. A investit echivalentul a milioane de dolari în restaurarea și decoarea acestor proprietăți – în principal pentru a fi pe placul regelui. Doar lenjeriile au costat-o o avere – în inventarul uneia dintre proprietățile ei sunt înscrise 112 cearșafuri, 160 fețe de masă, 1 600 de șervete de masă și 388 de șorțuri de bucătărie. La asta se adăugau costurile pentru lemnul de foc, lumânări și alimente. Dar cheltuielile pentru proprietățile ei nu erau așa de frivole precum ar părea; proprietățile aduceau bani de la chiriași și din vânzarea recoltelor și a vinului. Multe proprietăți au fost vândute în profit.

Dar proprietățile, spre deosebire de bijuterii, nu puteau fi ascunse în corsaj și făcute nevăzute. La sfârșitul anilor 1690, Petru cel Mare i-a dat amantei lui, Anna Mons, 295 de ferme și un conac în regiunea germană de pe malurile Volgăi. Anna a pierdut absolut totul când Petru a aflat de infidelitatea ei.

Nici măcar după 20 de ani ca amantă oficială Wilhelmine Encke Rietz nu a fost ferită de pierderea casei. În 1775, Frederic cel Mare al Prusiei era îngrijorat de dezmățul costisitor de la Berlin al nepotului și moștenitorului lui, prințul Frederic Wilhelm. Sperând să economisească bani pe termen lung, regele și-a instruit nepotul să cumpere o proprietate rurală pe lângă Berlin pentru el și amanta lui, oferindu-i 20 000 de taleri pentru a cumpăra Palatul Charlottenburg. Dar, în 1796, după moartea regelui Frederic Wilhelm al II-lea la Potsdam, Wilhemina Encke a fost alungată de la Charlottenburg de noul rege, care a pus stăpânire pe palat.

Titluri

Unul dintre cele mai mari privilegii pentru o amantă regală era să ajungă în atmosfera rarefiată a nobilimii prin primirea titlului de contesă, marchiză sau ducesă, odată cu prețioasa semnătură a regelui.

Existau diverse motive pentru care un rege își ridica în rang amanta. În 1450, Carol al VII-lea a făcut-o pe Agnes Sorel ducesă, dar numai după moartea acesteia, ca să poată beneficia de o splendidă înmormântare, așa cum le era rezervată doar nobililor.

Pentru unii regi, o astfel de înnobilare era primul pas către o căsătorie cu amantele lor. Pentru un rege era practic exclus să se însoare cu o femeie de rând sau cu o membră a micii nobilimi, mult mai acceptabil fiind să se însoare cu o femeie de rang înalt. Pregătindu-se să se însoare cu Anne Boleyn, Henric al VIII-lea a numit-o pe aceasta, în 1532, marchiză de Pembroke și, prin urmare, pair al Angliei, o onoare fără precedent pentru o femeie. Titlul aducea cu sine venituri consistente și mari privilegii. În mod similar, Henric al IV-lea i-a acordat amantei sale, Gabrielle d'Estrées, titlurile de marchiză de Montceaux în 1594 și de ducesă de Beaufort în 1597, un fel de prețioase daruri pe drumul spre altar.

Uneori, înnobilarea era un fel de premiu de consolare când regele decidea să își înlocuiască amanta cu un chip proaspăt. În 1853, împăratul Napoleon al III-lea a făcut-o pe de mult suferinda lui metresă Harriet Howard contesă de Beaurégard când el s-a logodit cu frumoasa spaniolă Eugénie de Montijo. Harriet, care tânjea de mult după onoarea de a deveni împărăteasa Franței, s-a trezit brusc concediată și exilată. „Majestatea Sa a fost aici noaptea trecută, oferindu-se să mă plătească pentru a pleca", îi scria Harriet cu tristețe unei prietene. „Da, un comitat doar al meu, un castel și un soț francez decent, asta mi-a propus... Atotputernicul monarh a stat de vorbă cu mine două ore încheiate... Mai târziu, a adormit pe sofaua purpurie, sforăind în timp ce eu plângeam."[9]

În 1670, Carol al II-lea, tot mai plictisit de lady Castlemaine, a numit-o ducesă de Cleveland, o onoare care aducea cu sine terenuri și venituri importante. Înaltul statut acordat a împăcat conștiința regelui, căruia i se aprinseseră deja călcâiele după următoarea amantă, franțuzoaica Louise de Kéroualle.

Aproximativ în aceeași perioadă, de cealaltă parte a Canalului Mânecii, vărul lui Carol, Ludovic al XIV-lea, se confrunta cu o situație similară. A făcut-o ducesă pe Louise de La Vallière, amanta lui de șapte ani, aparent în semn de mulțumire pentru nașterea celui de-al patrulea copil. În realitate, regele începuse să se plictisească de ea și saliva după mai drăguța ei prietenă, Madame de Montespan. Ducesă fiind, Louise putea acum să poarte o trenă lungă de trei metri și să rămână așezată pe un *taburet* în prezența reginei. Această piesă de mobilier foarte apreciată, *taburetul*, era un scăunel pliant din lemn pe care ducesele de la Curtea franceză – care avea cea mai strictă etichetă din toată Europa – aveau voie să rămână așezate în prezența familiei regale, un privilegiu de care se bucurau doar foarte puțini. Scăunelul era alcătuit din câteva bucăți de lemn curbat ce foloseau drept picioare și un blat frumos tapițat deasupra, pe care se ședea, și de care atârnau ciucuri. Era purtat cu mare pompă de un lacheu cu perucă și în livrea, care îl desfăcea cu mișcări exagerat de teatrale și îl punea jos când ducesa era pregătită să se așeze.

Acest lucru mărunt, *taburetul*, era o mare onoare la Curtea franceză. Când nobilul polonez Jan Sobieski – care avea să devină regele Poloniei în 1674 – s-a căsătorit cu Marie d'Arquien și s-au mutat la Versailles, soția sa nu a încetat să insiste ca soțul ei să își folosească influența pe lângă Ludovic al XIV-lea pentru ca ea să devină ducesă, titlu care i-ar fi adus automat și un *taburet*. Sobieski îl numea „scaunul ăsta nenorocit".[10] În 1650, două non-ducese au primit câte un taburet cu acordul mamei lui Ludovic la XIV-lea, regenta Ana, lucru care a declanșat o asemenea furtună de proteste încât regenta a trebuit să retragă discret acest privilegiu.

Totuși, Louise de La Vallière nu a fost impresionată de primirea unui taburet. Ea a spus că îi amintea de darurile pe care le primeau slujitorii când erau scoși la pensie.

Amantele erau adesea ridicate în rang deoarece statutul lor reflecta gloria amanților lor regali. La scurt timp după ce a devenit regele Poloniei, în 1704, August cel Puternic, elector de Saxonia, a numit-o pe noua lui amantă, contesa Ursula Katharina Lubomirska, prințesă de Teschen, înmânându-i certificatul ce atesta noul ei statut împreună cu un cufăr doldora de bijuterii de tot felul. Dar, la scurt timp după aceea, August s-a îndrăgostit de Madame von Hoym, care a avut o doleanță aparte: să devină contesă a Sfântului Imperiu Roman. Cum nu era Împăratul Sfântului Imperiu Roman, August a trebuit să își folosească influența pe lângă împărat pentru a obține titlul râvnit de amanta sa. Astfel a devenit simpla doamnă von Hoym contesa Cosel.

În 1745, Ludovic al XV-lea și-a înnobilat iubita, Jeanne Antoinette d'Etioles, numind-o marchiză de Pompadour. Titlul nobiliar, o moșie și blazonul aparținuseră cândva unei familii nobile stinse și reintraseră în posesia Coroanei alături de veniturile moșiei. În 1752, amanta regelui a fost ridicată la rangul de ducesă. Această nouă poziție i-a adus nu doar un *taburet*, ci și permisiunea ca la dineurile oficiale să șadă, asemenea unei prințese din familia regală, într-un fotoliu, o scăpare a etichetei de la Curte. Caleașca ei, purtând blazon nobil, avea acum permisiunea să intre în curțile cele mai private ale tuturor castelelor regale. Muritoarele de rând trebuiau să coboare din calești în curțile de la intrare, să-și ridice poalele jupelor și să meargă pe jos prin grămezile de balegă de cal. Dar Madame de Pompadour nu a folosit niciodată nenumăratele privilegii aduse de noul titlu, continuând să își spună marchiză de Pompadour, din respect pentru regină.

Unii regi le acordau amantelor de origine străină titluri nobiliare pentru a le ușura integrarea în țara de adopție. George I și-a transformat rigida amantă teutonă Ermengarda Melusina von Schulenberg – un nume aproape imposibil de pronunțat pentru englezi – în blânda ducesă engleză de Suffolk. În mod similar, amanta din Hanovra a lui George al II-lea, Amelia von Walmoden, a devenit contesă de Yarmouth. Carol al II-lea a onorat-o pe franțuzoaica Louise de Kéroualle cu un buchet de înmiresmate titluri englezești – baroneasă de Petersfield, contesă de Farnham și ducesă de Portsmouth.

Poate că Lola Montez, după ce a răsfoit cărțile de istorie, și-a zis că i s-ar fi cuvenit și ei un titlu nobiliar, amantă regală la rândul ei fiind. Dacă așa au stat lucrurile, probabil că nu a înțeles că trecuseră acele vremuri când cuvântul unui rege era lege. Primele semne timide, dar evidente, de opoziție politică de la începuturile secolelor al XVII-lea și al XVIII-lea au căpătat forța unei tornade de nestăvilit odată cu Revoluția franceză. Și totuși, Lola i-a cerut regelui Ludovic I al Bavariei ei să o facă prințesă bavareză, titlu care, spera ea, avea să îi aducă respectul celorlalți, sau măcar să o ridice oficial deasupra vehemenților ei critici.

Ludovic a izbutit cu mare dificultate să determine guvernul să o numească pe Lola contesă de Landesfeld. În cele din urmă, întregul Consiliu a demisionat în semn de protest. Dar Lola avea acum permisiunea să circule într-o caleașcă ce purta însemnele coroanei cu nouă colțuri a unei contese bavareze, dându-și aere mai ceva decât înainte. Spre necazul ei, noua contesă tot nu a fost acceptată în înalta societate din Bavaria, regina Tereza subliniind foarte clar că nimeni din cei ce aveau să o primească pe Lola nu avea să mai fie vreodată primit de ea.

După ce a fost exilată din Bavaria, Lola a călătorit timp de doi ani prin Europa, titlul ei fiind luat în râs de adevărații nobili cu sânge albastru. În mod straniu, titlul i-a fost mai de folos în Statele Unite, unde a trăit în anii 1850. Spre deosebire de conservatoarea nobilime europeană, americanii au fost încântați să cunoască o adevărată contesă bavareză, nepăsându-le câtuși de puțin de felul în care aceasta își dobândise titlul.

DATORII LA JOCURILE DE NOROC

În secolele trecute, datoriile la jocurile de noroc reprezentau în mod normal o cotă semnificativă din costurile de trai. Nu mira pe nimeni că cei din straturile înalte ale societății jucau cărți și zaruri pe sume mari. Cei ce refuzau erau considerați plicticoși sau, și mai rău, săraci. Se înțelege de la sine că mulți dintre jucători au suferit pierderi extraordinare pe care onoarea îi obliga să le achite prompt. Unul dintre cele mai satisfăcătoare privilegii ale unei metrese regale era certitudinea că regele îi va achita datoriile la jocurile de noroc.

De-a lungul domniei sale de un deceniu la Curte – și încă un deceniu după – lady Castlemaine a făcut la jocurile de noroc datorii de milioane, calculate în banii de azi, datorii pe care Carol al II-lea le-a acoperit. Ea pierdea – și uneori câștiga – sume amețitoare, pariind fără să clipească. În 1679, lady Castlemaine s-a întors în Anglia după o ședere îndelungată în Franța. Un curtean relata că, auzind vestea, „Majestatea Sa i-a avertizat pe împuterniciții Trezoreriei să se păzească, căci ea va cere bani, pierzând în ultima vreme 20 000 de lire, în numerar și bijuterii, într-o singură noapte de joc".[11]

Contemporana din Franța a lui lady Castlemaine, Athénaïs de Montespan, era și ea o înverșunată cartoforă, care juca pe sume foarte mari și riscând și câteva sute de mii de livre pe o singură carte. Câștiga adesea, iar când pierdea, Ludovic al XIV-lea îi acoperea automat datoriile. Într-o zi de Crăciun, a pierdut uluitoarea sumă de 230 000 de livre, a continuat să joace și a câștigat, până la urmă, 500 000 de livre într-un singur joc, cu trei cărți.

Încă de la începutul relației sale cu împăratul Franz Iosif al Austriei, în 1886, Katharina Schratt a beneficiat de achitarea datoriilor acumulate la jocurile de noroc. Ea pierdea de regulă sume înspăimântătoare la cazinourile din Monte Carlo, părând a fi dependentă de jocurile de noroc. În 1890, și-a pierdut tot bugetul de călătorie și a trebuit să împrumute bani pentru biletul de tren către Viena. Acest episod s-a repetat în 1906, când a pierdut nu mai puțin de 200 000 de franci, trezindu-se strâmtorată pe Riviera și cu o urticarie urâtă pe tot corpul. A luat imediat legătura cu împăratul, care s-a înfuriat așa de tare că a lăsat-o să fiarbă puțin în suc propriu înainte să îi răspundă. În cele din urmă, i-a trimis banii necesari și o scrisoare plină de reproșuri.

Amanta imperială a răspuns astfel: „Mii de mulțumiri pentru deosebit de amabila scrisoare a domniei voastre. Doctorul, care a crezut inițial că sufăr de vărsat, este acum de părere că singurul vinovat pentru urticaria mea este Monte Carlo. Se pare că pierderile mele de proporții mi-au dat peste cap stomacul, apoi nervii și, în cele din urmă, mi-au afectat pielea. Ce bine ar fi fost dacă Majestatea Voastră ar fi moștenit măcar o parte din instinctele de cartofori ale unora dintre strămoșii săi, căci ați fi putut atunci simpatiza și înțelege, iar eu nu ar fi trebuit să ies în lume desfigurată și neînțeleasă."[12]

Împăratul, care era atât de avar, încât scria depeșe pe versoul paginilor deja scrise, i-a răspuns: „Mă bucur că ești din nou fericită și sper că te-ai însănătoșit deja complet. Medicina a făcut, fără îndoială, o nouă descoperire grație bolii dumitale, căci eu nu am mai auzit până acum de o urticarie provocată de ghinionul la jocurile de noroc."[13]

RENTE ȘI NUMERAR

Amantele regale primeau, de obicei, o rentă lunară - adeseori niște sume exorbitante - care se evapora instantaneu, amanta rămânând deseori îndatorată la finalul lunii. Ce făceau ele, oare, cu aceste generoase sume regale? Foarte simplu, amanta trebuia să păstreze aparențele - aparențele regale. I se cerea să fie un accesoriu superb care să facă și mai strălucitoare gloria deja strălucitoare a regelui. Nu toate rochiile și bijuteriile ei veneau în cutii de cadou de la amantul ei regal - amanta trebuia să fie mereu la modă și folosind o parte din renta personală. Exista o regulă nerostită conform căreia garderoba amantei regale trebuia să le depășească în somptuozitate pe cele ale celorlalte doamne de la Curte – inclusiv pe cea a reginei.

Chiar și Lillie Langtry, care nu primea cu regularitate o rentă de la Eduard al VII-lea, trebuia să apară în tot felul de noi rochii uluitoare. În ultima parte a vieții, Lillie a relatat că avusese o singură ceartă cu Eduard în cei doi ani cât fusese amanta lui. „Am purtat aceeași rochie albă cu garnituri argintii la două baluri succesive“, își amintea ea. „Nu am știut că avea să fie și el prezent la ambele baluri, dar a fost. A venit la mine în cea de-a doua noapte și a exclamat: «Iar rochia asta nenorocită!»

Apoi a plecat nervos... Mi-a trebuit mult timp ca să-l împac... Aceasta a fost singura ceartă pe care am avut-o vreodată."[14]

Lillie venise la Londra cu o singură rochie neagră simplă. Ca amantă, era îmbrăcată de casele de modă Worth și Doucet. Rochiile ei de seară erau brodate cu perle, rochiile pentru ceaiuri erau tivite cu blană de vulpe argintie, capoatele erau decorate cu blană de hermină. La un bal de la Marlborough House, Lillie a apărut într-o creație din tul galben, peste care era așezată o plasă de aur pe care erau prinși fluturi reali conservați de diferite dimensiuni și culori.

În anii 1890, a doua amantă oficială a lui Eduard, Daisy Warwick, nu plătea niciodată mai puțin de 5 000 de dolari în banii de azi pentru o rochie, adesea mult mai mult. Revistele mondene nu mai pridideau să scrie despre „catifeaua violet cu două splendide broșe cu turcoaze și diamante prinse de corsaj" pe care a purtat-o la un bal, despre „rochia albă diafană pe sub care se întrevedeau numeroase meandre de panglici delicat colorate" pe care a purtat-o la un dineu, sau despre „desăvârșitele straie albe cu paspoaluri roșu-de-strugure și mantie de perle" purtate la o recepție oficială.[15]

Mai costisitoare – și cu certitudine mai puțin profitabilă decât costurile amantei pentru propria-i înfrumusețare – era administrarea unei case mari, plină de slugi. În anii 1590, Gabrielle d'Estrées a fost stăpâna unei case care avea 83 de nobile domnițe și nobili domni, 17 oficiali ai Coroanei și peste 200 de servitori. Acest numeros grup de paraziți trebuia hrănit, cazat, plătit și, uneori, chiar îmbrăcat.

O parte din banii amantei se duceau pe întreținerea simbolului suprem al statutului în secolele trecute – o caleașcă splendidă. Amanta trebuia să își păstreze caleașca în stare perfectă – să fie proaspăt vopsită și aurită la exterior, să fie îmbrăcată în pluș la interior și să aibă perne moi și pufoase. Caleașca era trasă de cai care trebuiau adăpostiți în grajd și hrăniți. În plus, ea trebuia să plătească angajații care se îngrijeau de cai. Madame de Montespan, mândra proprietară a unei luxoase calești trase de șase cai, a încremenit de-a dreptul când și-a văzut mai tânăra rivală, Mademoiselle de de Fontanges, într-o caleașcă trasă de *opt* cai.

Amanta organiza evenimente menite a-l amuza pe rege, adesea exagerate, unde ea plătea nu doar pentru mâncare, bucătari și servitori, ci și pentru actori, cântăreți, muzicieni, decoruri teatrale, costume și focuri de artificii. În 1671, de exemplu, în semn de recunoștință pentru că fusese numită ducesă, Louise de Keroualle a organizat un dineu pentru toată Curtea regală engleză.

O parte din renta amantei regale era cheltuită pe daruri scumpe pentru curteni, ambasadori și servitori, dar și pentru rege însuși. Toată lumea se aștepta de la ea să facă donații în scopuri caritabile – cutia milei din biserici, familii sărmane, soldați răniți, spitale, orfelinate și altele asemenea. În timp de război, putea fi sfătuită să dea bani înapoi Trezoreriei regale, sursa lor de proveniență.

Putem înțelege aspectul financiar al vieții unei amante analizând consemnările meticuloase ale Madamei de Pompadour referitoare la cheltuielile ei din data de 9 septembrie 1745, când a fost prezentată oficial la Versailles ca amantă a regelui, până la moartea ei, în aprilie 1764. În cei 19 ani, i s-a dat uluitoarea sumă de 36 827 268 de livre, sau ceea ce în banii de azi ar fi 200 de milioane de dolari.

Dar, deși cheltuitoare, Madame de Pompadour cheltuia adesea cu cap, cumpărând și renovând imobile, pe care le putea închiria și vinde, și adunând o colecție de pietre prețioase și porțelanuri, a căror valoare creștea și care, după moartea ei, au fost lăsate moștenire regelui. Ea a investit chiar și în vase piraterești, echipate pentru a prăda comercianții englezi, prăzile fiind împărțite frățește cu pirații. A fost o forță conducătoare în resuscitarea industriei franceze, fondând manufactura de porțelan Sèvres, renumită în toată lumea – și care există și azi – și o manufactură de sticlă de mare succes, care producea sticle, carafe și diverse alte obiecte emailate.

Oricât de strângătoare a fost Madame de Pompadour – adora să cumpere și găsea mereu ceva, la ea sau la ceea ce o înconjura, ce putea fi îmbunătățit – ea și-a păstrat pururea inima generoasă, contribuind la dotele mireselor sărace, vânzându-și chiar din diamante pentru a susține construcția unui spital pentru săraci. În timpul dezastruosului Război de Șapte Ani, ea a predat Trezoreriei majoritatea bijuteriilor pentru ca soldații să își poată primi soldele. Dată fiind această generozitate și pentru că își plătea surprinzător de prompt toate facturile – o calitate aproape necunoscută în secolul al XVIII-lea în Franța – Madame de Pompadour nu a strâns niciodată sume mari de bani. Veniturile din multele ei investiții se duceau la fel de repede precum veneau. Când a murit, în sertarul mesei de scris s-au găsit doar câțiva galbeni.

Succesoarea ei, Madame du Barry, a fost tot timpul datoare, în ciuda venitului ei lunar uriaș din partea regelui – la un moment dat, 300 000 de livre. Avea rochii și bijuterii superbe, în plus, se înconjura de mobilier de lux – un candelabru de cristal de stâncă, o oglindă din aur pur, sticle de parfum din cristal cu dopuri din aur masiv. Avea angajați 16 lachei și cel puțin la fel de multe slujnice, pe care trebuia să îi îmbrace, să îi hrănească și să îi cazeze, și plătea pentru grajdurile și hrana numeroșilor cai pe care îi deținea.

Carol al II-lea – care nu s-a preocupat niciodată de plata soldelor soldaților și marinarilor lui – s-a gândit permanent să își susțină financiar amantele. În 1674, lady Castlemaine primea anual 15 000 de lire direct de la rege, 10 000 de lire din taxe vamale, 10 000 de lire din impozitul pe bere de diverse tipuri, 4 700 de lire de la Poștă și 3 500 de lire din licențele pentru vin. Louise de Kéroualle primea 18 600 de lire de Carol și, în mod ironic, o dotă anuală din taxele plătite de Biserică. Treptat, dota ei a crescut la aproximativ

40 000 de lire, iar în anul 1681 a primit fabuloasa sumă de 136 000 de lire. Nell Gwynn, mereu pe ultimul loc, primea modesta sumă de 4 000 de lire pentru ea și cei doi fii ai ei.

În vreme ce noii monarhi tăiau adesea veniturile amantelor foștilor regi, lady Castlemaine a reușit în mod miraculos să și le păstreze pe ale ei. Ea a continuat să beneficieze de multe din veniturile ei și după moartea lui Carol, în 1685, după exilul fratelui acestuia, Iacob al II-lea, în 1688, pe tot parcursul domniei lui William al II-lea și al Mariei a II-a, și o bună parte din domnia reginei Ana. Chiar dacă lady Castlemaine a trebuit să îi preseze periodic pe monarhi și pe oficialii lor să îi trimită banii, ea și-a păstrat veniturile până când a murit, în 1709. Succesul ei se datorează, fără îndoială, combinației eficiente dintre voința neîndurătoare și faptul că își căsătorise bastarzii regali în cele mai bune familii din Anglia, care i-au susținut demersurile pentru păstrarea veniturilor.

La sfârșitul secolului al XIX-lea, un monarh nu mai era în măsură să dea sume mari de bani amantei sale nici din fondurile publice, nici din alocația personală. Parlamentul verifica foarte atent cheltuielile unui monarh; tabloidele abia așteptau să publice zvonuri defăimătoare, pe care supușii regelui le citeau încruntați. Dar împăratul Franz Iosif și contemporanul lui, Eduard al VII-lea al Regatului Unit, au găsit o cale de a-și ajuta financiar amantele care evita controlul public. Ambii bărbați au angajat consilieri financiari inteligenți, care au transformat rapid modestele economii ale femeilor în averi uriașe. Ambii au găsit, de asemenea, ocupații lucrative pentru soții metreselor lor, cu scopul dublu de a le aduce și mai mulți bani, dar și de a-i ține departe de casă când amanții regali veneau în vizită.

Mită și daruri

Amantele primeau daruri nu doar de la rege, ci adesea și de la ambasadori, funcționari și curteni – daruri oficiale, dar și mai puțin oficiale, sub formă de mită, pentru a obține influență. Gesturi care erau acceptate înainte de Revoluția franceză – oferirea de atenții valoroase oamenilor influenți – erau considerate acte de corupție de următoarea generație.

Un ambasador african, care auzise de amanta lui Ludovic al XIV-lea, Madame de Montespan, o considera pe aceasta a doua regină a Franței. Când s-a prezentat în fața lui Ludovic, a adus cu sine daruri extraordinare pentru rege, regină și amanta regală. Nedorind să facă o gafă, acest onorabil domn, care avea el însuși trei neveste, a dăruit perle și safire „celei de-a doua soții a regelui“, spre încântarea Madamei de Montespan și, probabil, furia reginei.[16]

Gabrielle d'Estrées primea de regulă daruri de la monarhii străini și de la nobilimea franceză. Ea a păstrat un jurnal detaliat al darurilor primite în timpul unei vizite oficiale cu Henric al IV-lea în orașul Rouen. Regina Elisabeta I a Angliei i-a trimis Gabriellei o imensă broșă cu diamante și safire montate în aur; arhiducele Ferdinando de Medici al Toscanei i-a dăruit un set de 24 de pocale de argint gravat; un politician francez i-a adus un ac cu smaralde; o nobilă i-a adus un borcan cu ulei cu parfum delicat, iar un curtean, doi cerbi pe care tocmai îi ucisese.

În 1669, apetitul de nesăturat pentru daruri și șperțuri al Barbarei, lady Castlemaine, a secat bugetul ambasadorului Franței. „Am dat tot ce am adus din Franța", se lamenta el, „inclusiv jupele soției mele... Dar dacă lady Castlemaine este copleșită cu asemenea daruri costisitoare, regele Carol va înțelege că noi credem că ea îl conduce pe el, chiar dacă el neagă cu vehemență acest lucru. Așa că ar trebui să ne limităm la panglici, capoate și alte astfel de flecuștețe."[17]

Dar Ludovic al XIV-lea se gândea la o sarcină dificilă pentru lady Castlemaine, una care cerea o recompensă mai consistentă decât niște biete pănglicuțe și fundițe. Printre altele, ea ar fi trebuit să îl convingă pe rege să nu ofere libertate religioasă generalizată.

Așadar, ministrul francez de externe i-a răspuns ambasadorului francez următoarele: „Regele apreciază în mod deosebit încrederea pe care lady Castlemaine a căpătat-o în domnia voastră... și din moment ce... domnia voastră e de părere că ea ar putea pune mai multă presiune decât orice altă persoană pe regele Carol... Majestatea Sa dorește să continuați să cultivați această relație la fel de bine precum ați început-o... În această privință, Majestatea Sa i-a poruncit fratelui domniei voastre să vă trimită un dar constând din bijuterii din Franța, pe care i le puteți prezenta lui lady Castlemaine ca fiind din partea domniei voastre – și se știe prea bine că bijuteriile impresionează orice doamnă, indiferent de starea ei de spirit."[18]

Bijuteriile oferite valorau 1 000 de lire. Încântată, lady Castlemaine i le-a arătat regelui Carol, care – nepărând deranjat că metresa sa era mituită pentru a-l influența – a fost de acord că erau de o rară frumusețe. A durat doi ani ca să se cimenteze alianța franco-engleză, iar Barbara a abandonat cauza de timpuriu. Totuși, a păstrat diamantele.

Regele francez a avut mai mult noroc cu înlocuitoarea lui lady Castlemaine, Louise de Kéroualle, care, din fericire pentru Ludovic, s-a întâmplat să fie franțuzoaică. Ea a oferit țării sale natale servicii atât de indispensabile prin influențarea poziției pro-Franța a lui Carol al II-lea, încât, în 1675, Ludovic i-a oferit o pereche de cercei valorând uluitoarea sumă de 18 000 de lire, cel mai costisitor dar trimis de el în Anglia în acel an și, cu certitudine, mai generos decât orice îi dăruise vreodată reginei lui Carol.

Pe lângă astfel de daruri oficiale, au mai existat și unele cu un discret iz de corupție și altele duhnind de-a binelea. Amanta lui George I, Ermengarda Melusina, contesă de Schulenberg, a fost încântată de promovarea iubitului ei de la simplu elector de Hanovra la rege al Regatului Unit dată fiind recompensa financiară de care ea urma să beneficieze. Noul rege i-a acordat o dotă anuală de 7 500 de lire și i-a recomandat să dobândească și pe cont propriu fonduri, dacă acest venit nu era suficient. Contesa accepta recunoscătoare mite de până la 10 000 de lire de la curteni care simțeau că ea l-ar fi putut influența pe rege în folosul lor. George avea cunoștință de câștigurile ei suplimentare și, cu chibzuiala lui germană tradițională, era de acord cu ele, mai ales că în felul ăsta cuferele regale rămâneau pline.

George al II-lea a învățat probabil de la tatăl lui cum să își păstreze amantele bogate fără să sece Trezoreria. Când lady Yarmouth i-a cerut 30 000 de lire, el i-a sugerat cu tact că ar fi putut vinde două titluri nobiliare și să îi dea ei câștigul. Contesa Yarmouth a băgat bucuroasă banii în buzunar, iar George a fost încântat că el nu a trebuit să se despartă de nici un cent.

În anii 1660 și 1670, lady Castlemaine a vândut în mod repetat funcții politice, pe unele chiar și pentru 15 000 de lire anual. Succesoarea ei, Louise de Keroualle, a făcut niște afaceri excelente, vânzând amnistia regală unor criminali avuți. Dar în 1809 vremurile se schimbaseră. Ducele de York, fiu al lui George al III-lea, a fost investigat de parlament pentru că amanta sa, Mary Anne Clark, vânduse brevete militare.

Când și-a făcut-o amantă pe Mary Anne, ducele îi promisese un venit anual de 12 000 de lire. Frivola doamnă a închiriat numaidecât o casă imensă, a angajat numeroși servitori, a cumpărat cai, calești, rochii și bijuterii și a început să dea petreceri extravagante – toate pe credit. Când ducele – ținut din scurt cu banii de către cumpătații lui părinți – nu și-a putut ține promisiunea și creditorii au început să facă presiuni, Mary Anne s-a apucat singură de afaceri, vânzând promovări ofițerilor ambițioși.

Ducelui i s-au adus opt capete de acuzare, dar nici unul dintre ele nu a fost destul de solid. Deși era clar că profitase de pe urma tranzacțiilor, nu s-a putut dovedi că el chiar știuse de ele. Și deși se știa că era vinovată, Mary Anne nu a fost acuzată, devenind chiar un fel de eroină a poporului, aclamată de oameni pe străzi. A fost însă o bucurie de scurtă durată. Ducele de York a rupt relația cu ea, s-a ascuns de rușine și a demisionat din postul de comandant suprem, pierzând venitul anual de 6 000 de lire de care avea extremă nevoie. Iar Mary Anne Clark s-a întors pe străzile de pe care venise.

Regi strânși la pungă, amante scăpătate

Nu toate amantele reușeau să strângă munți de aur și diamante de la amanții lor regali. Unele chiar pierdeau bani. Altele o scoteau cumva la capăt economisind la sânge. Când George, elector de Hanovra, a devenit regele Regatului Unit în 1714, a sărit la bordul primului vas ca să vină să-și revendice moștenirea. Dar amanta lui, Sophia Charlotte Kielmansegge, a fost reținută în Hanovra de creditorii ei. Când noul rege al Regatului Unit a refuzat să o ajute cu plata datoriilor, ea s-a văzut nevoită să fugă pe furiș, deghizată, pentru a i se alătura regelui în noua lui țară.

Frederic cel Mare și-a ținut nepotul și moștenitorul tronului, Friedrich Wilhelm, foarte din scurt din punct de vedere financiar. Acesta locuia cu amanta lui, Wilhelmine Encke Rietz, în fermecătorul Palat Charlottenburg, de lângă Berlin, alături de copiii lor, dar și de bastarzii lui din relațiile anterioare. Mica ei pensie o obliga să fie destul de cumpătată, pentru că trebuia să îi ajungă pentru multe lucruri. Ea avea grijă de copii și de educația lor, dar și de bătrâna ei mamă. Alegea cu mare grijă mobila, care era elegantă, dar convenabilă ca preț. Odată, pentru a-i oferi prințului o masă excelentă, și-a amanetat argintăria. În 1786, când a devenit rege, Friedrich

Wilhelm a răsplătit-o din plin pentru tot. Ea a moștenit Palatul Unter den Linden și a avut destui bani pentru traiul de zi cu zi, primind mai târziu și titlul de contesă de Lichtenau.

Dintre toate amantele regale, cea care a dus-o cel mai prost financiar a fost, fără îndoială, acrița engleză de comedie Dorothy Jordan. Vorbind despre fostul ei iubit regal, viitorul William al IV-lea al Regatului Unit, ea spunea, la un moment dat: „Și dacă m-ar lăsa să mor de *inaniție*, tot nu aș rosti vreodată vreun cuvânt jignitor la adresa lui!“[19] Declarația ei s-a dovedit a fi fost de-a dreptul profetică. El *chiar* a lăsat-o să moară de foame, iar ea *i-a fost* prea loială ca să îi reproșeze vreodată acest lucru.

Vesela Dorothy Jordan, un geniu al comediei, era deja mama a patru copii din alte două relații anterioare când William, duce de Clarence, a văzut-o pe scena din Drury-Lane-Theaters și a dorit să fie a lui. Un contemporan o descria astfel: „Chipul ei, poate nu tocmai frumos, era irezistibil de agreabil; ținuța și mersul ei sunt extraordinar de mlădioase, vocea ei când cântă este dulce și melodioasă până la perfecțiune, iar când vorbește, o face cu dicție, impresionant“.[20]

În 1791, Dorothy a cedat solicitărilor insistente ale lui William pentru – conform relatărilor din presă – suma impresionantă de 3 000 de lire înainte de consumarea relației, plus 1 000 de lire anual. Alături de câștigurile ei din teatru, ar fi fost îndeajuns pentru ca Dorothy să se îmbogățească. Dar Dorothy cea bună la suflet și banii au apucat-o curând pe căi diferite.

Nu peste mult timp, presa relata că ducele, care primea de la zgârcitul său tată, George al III-lea, o alocație mai mică decât ar fi primit pomană un cerșetor, nu doar că reținea indemnizația lui Dorothy, dar aranjase condiții financiare avantajoase pentru spectacolele ei, ba chiar venea personal la teatru pentru a colecta câștigurile. Așa că mulți se întrebau dacă el o întreținea pe ea sau viceversa.[21]

Pe parcursul a 20 de ani, Dorothy și William au avut 10 copii. Pentru a obține cele mai mari venituri posibile, ea juca pe scenele din toată Anglia, stând uneori și câte patru zile în trăsură, hurducăită pe drumuri desfundate. Dar oricât de generos ar fi fost profitul ei din teatru, fiecare bănuț era folosit numaidecât pentru întreținerea celor 14 copii ai ei – educație pentru băieți, zestre pentru fete și achitarea datoriilor la jocurile de noroc ale fiilor și ginerilor. În 1797, ducele și Dorothy s-au mutat în eleganta Bushy House. Acest impunător conac nu a fost un cadou al prințului pentru metresa lui, ci al metresei pentru prințul ei. Într-o scrisoare, în care se plângea de ritmul amețitor al vieții de actriță, Dorothy scria: „Am jucat pe scenă și m-am istovit până la ultima picătură de energie, dar măcar așa am putut achita o bună parte din valoarea casei mele".[22]

În 1810, William era înglodat în datorii, iar Dorothy a simțit cum se înstrăinează de ea. A muncit mai mult ca oricând pentru banii despre care credea că îl vor ține lângă ea. Dar, în vreme ce ea susținea spectacole în toată Anglia, el a început să o curteze pe o tânără moștenitoare de 22 de ani. Când moștenitoarea l-a respins, William a informat-o rece pe Dorothy că trebuiau să se despartă, căci el considera relația cu ea principalul obstacol în calea unei căsătorii de succes.

În 1818, cu sănătatea șubrezită și asediată de creditorii săi și de cei ai membrilor săraci ai familiei, Dorothy a preferat să fugă în Franța decât să ajungă în închisoarea datornicilor. Ducele, amantul ei din ultimii 20 de ani și tatăl a 10 dintre copiii ei, nu a mișcat nici un deget ca să o ajute. Ei nici măcar nu i s-a permis să îi scrie.

În Franța, slăbită de dezamăgire și îngrijorare, sănătatea lui Dorothy s-a înrăutățit. Aștepta cu nerăbdare poșta zilnic, sperând să se poată întoarce în Anglia, acasă. Vecinii ei din Franța, inclusiv mulți britanici expatriați, admirau loialitatea și tăria de caracter ale lui Dorothy. Ei nu au auzit-o niciodată spunând vreun cuvânt urât despre duce. Într-o zi, când poșta iar nu a sosit cu vreo scrisoare, Dorothy a leșinat și a murit. A fost înmormântată într-un colț al curții bisericii din mila prietenilor. Nici unul din membrii familiei sale nu i-a fost alături când a murit sau a fost înmormântată.

Când William a devenit rege, în 1830, bârfele șușotite despre felul în care o tratase pe Dorothy s-au transformat într-un adevărat strigăt. Un ziar al timpului îi critica aspru: „Poporul... a fost martorul unui bărbat care a inundat țara cu bastarzi și a abandonat-o pe merituoasa, dar neajutorata mamă a progeniturilor lui, lăsând-o până la urmă să moară ca un câine pe străzi și să fie îngropată ca o sărăntoacă, din mila publică, atunci când ea a încetat să îl mai poată întreține prin activitatea ei..."[23]

După moartea lui Dorothy, una din fiicele ei a dezvăluit faptul că ducele de Clarence împrumutase aproximativ 30 000 de lire de la Dorothy, sumă pe care nu i-o mai dăduse niciodată înapoi.

Capitolul 7

Putere politică între așternuturi

Nu departe de Pall Mall locuia o târfă pe nume Nell.
Carol al II-lea, da, chiar el, ținea pe târfa zisă Nell.
Pe mătărânga lui cu măiestrie stăpână era ea,
Numai pe sceptrul lui nu puse mâna vreodată ea.

Pamflet din secolul al XVI-lea

S-a presupus adesea că regii erau cei mai sensibili la sugestii politice atunci când erau în pat. Că metresele lor, care își cumpăraseră puterea prin sex, săreau din pat, își netezeau frumos jupele mototolite și își exercitau triumfătoare puterea asupra poporului și a curtenilor. Această percepție este, în general, falsă. Cu câteva excepții notabile, majoritatea amantelor au exercitat *influență* politică, influența unei persoane iubite asupra monarhului pentru ca acesta să privească o situație dintr-o perspectivă diferită și să se gândească la soluții diverse. Unele amante lucrau în colaborare cu miniștrii regelui, informându-i asupra dispoziției monarhului și a celor mai propice momente pentru prezentarea unor propuneri. Ele îl linișteau pe rege când era nervos și îi ridicau moralul când era deznădăjduit, ungând astfel rotițele statului.

Multe amante erau fie prea proaste, fie prea preocupate de ele însele pentru a fi interesate de politică, limitându-se la numirea prietenilor și a rudelor în funcții guvernamentale. Majoritatea regilor, împăunându-se cu autoritatea lor dată de Dumnezeu, erau dezgustați la gândul amestecului unei femei în treburile lui. După ore de discuții politice cu miniștrii săi, regele își vizita amanta pentru o cină liniștită, conversație lejeră și sex de calitate.

În anii 1570 și 1580, arhiducele Francesco de Medici (1541–1587) declara că nu va îngădui niciodată ca vreo femeie să se amestece în politică. Amanta lui, venețianca Bianca Cappello, a fost îndeajuns de deșteaptă încât să îl facă să creadă că ideile ei ar fi fost izvorâte numai și numai din geniala lui minte. Arhiducele cădea atât de frecvent în cele mai sumbre genuni ale depresiei, încât Bianca era cea care conducea efectiv Toscana alături de prietenul ei, secretarul de stat Serguidi. Majoritatea deciziilor politice și a numirilor în funcții importante erau ale lor. Chiar și după ce arhiducele s-a însurat cu amanta lui în 1578, Bianca, acum arhiducesă de Toscana, a rămas în umbră, în rolul ei de femeie discretă, trăgând însă pe tăcute toate sforile.

Unii regi, însă, prețuiau sfatul înțelept al inteligentelor lor amante, pentru că acestea erau sincere – spre deosebire de miniștrii și consilierii lui. O conversație calmă la adăpostul draperiilor patului cu baldachin era de multe ori de mai mare efect decât hărțuiala și șicanele ambițioșilor miniștri, care se întreceau care mai de care să prezinte regelui cel mai nebunesc și măreț plan. „Ah, și acum cine a mai rămas să spună adevărul?“ se văita Ludovic al XV-lea când a aflat de moartea amantei lui, Madame de Châteauroux.[1]

Prima amantă care a avut cu adevărat putere politică a fost, desigur, o franțuzoaică. În anii 1550, Diane de Poitiers, amanta mai în vârstă și mai înțeleaptă a lui Henric al II-lea, a semnat documente oficiale, a numit miniștri, a acordat onoruri, pensii și titluri, a acordat sau a retras mari proprietăți. Ea a devenit membră a Consiliului de Coroană, având o importantă influență asupra celorlalți membri.

Pentru a ajuta la umplerea vistieriei regale, Diane a impus taxe – majoritatea mai ales pe sare și pe clopotele bisericilor. Se semna simplu, doar cu prenumele, Diane – așa cum o făceau capetele încoronate – fără a se sinchisi să mai înșiruiască titlurile complicate pe care nobilii le așezau cu mândrie după numele lor. Uneori, Diane și regele semnau împreună câte un document, semnăturile lor fiind alipite într-un singur nume, „HenriDiane“. Când un grup de cardinali i-au contestat autoritatea, ea i-a trimis pe 13 dintre ei la Roma, chipurile pentru a reprezenta interesele Franței, dar, de fapt, doar pentru a se descotorosi de ei de la Curte.

„Parisul ar merita o mesă"

În anii 1590, Henric al IV-lea al Franței a emis un decret regal prin care toți ambasadorii străini trebuiau prezentați amantei lui, Gabrielle d'Estrées, și care stipula că nobilimea franceză, clericii și oficialii veniți în vizită la Curte să îi facă și ei o vizită oficială imediat după audiența la rege.

Gabrielle avea un har înnăscut de a folosi cu mai multă dibăcie armele unei femei – persuasiune, conciliere și șarm – decât pe cele ale unui bărbat – securi, ghiulele și săbii – pentru a aplana turbulentele conflicte cu care se confrunta Franța. Născută catolică, Gabrielle l-a convins pe protestantul Henric să se convertească la catolicism pentru a pune capăt războiului civil religios, determinându-l să declare: „Parisul ar merita o mesă."[2]

Deși regele a numit-o pe Gabrielle marchiză de Monceaux și mai târziu ducesă de Beaufort, nu avea o poziție oficială la Curte care să se potrivească îndatoririlor ei diplomatice. Henric cel serios, căruia îi plăcea să vorbească direct, fără ocolișuri, a numit-o „Amantă titulară a Majestății Sale, regele Franței"[3]. Înarmată cu noul ei titlu, Gabrielle comunica direct cu papa. Vaticanul susținuse Liga Catolică din Spania care se împotrivea regelui Henric și a continuat să o susțină și după trecerea lui la catolicism, acțiune considerată de ei frauduloasă și motivată politic. Pentru Filip al II-lea al Spaniei devenise o rutină să facă incursiuni în sudul Franței, secând resursele lui Henric.

Gabrielle i-a trimis papei copii ale documentului ei de numire în poziția de „Amantă titulară“, solicitând amabil ca Sanctitatea Sa să înceteze să susțină un război inutil acum, că Henric devenise un adevărat fiu al Bisericii. I-a amintit că ea fusese cea care îl convinsese pe Henric să devină catolic și a făcut o aluzie subtilă că exista posibilitatea ca Franța să se rupă complet de Biserică, așa cum făcuse Anglia cu 60 de ani înainte, dacă Vaticanul continua să susțină inamicii regatului. Două săptămâni mai târziu, papa a instruit toată preoțimea din Franța să se roage pentru sănătatea regelui Henric al IV-lea. Când Henric a fost informat că papa îi acceptase convertirea, a fost auzit spunând: „Gabrielle a reușit acolo unde alții au eșuat“.[4]

Gabrielle s-a preocupat apoi să stingă conflictul dintre Henric și ducele de Mayenne, capul puternicei familii Guise. Mayenne fusese conducătorul Ligii Catolice; avea încă efective numeroase și refuza să facă pace cu regele. Femeile cu care Mayenne se înrudea erau apropiate ale Gabriellei; acestea au urzit un plan prin care să îi forțeze pe bărbați să facă pace. Gabrielle l-a convins pe Henric să fie mai conciliant cu adversarul lui, iar femeile Guise s-au străduit să îl determine pe Mayenne să renunțe la o cauză pierdută. În cele din urmă, Gabrielle s-a întâlnit personal cu Mayenne într-un mic castel, unde au rămas două zile pentru discutarea termenilor capitulării. Henric a făcut multe concesii – inclusiv o mare sumă de galbeni și trei castele – pentru a încheia pace cu inamicul lui.

Gabrielle devenise cel mai important diplomat al lui Henric, dar nu avea un loc oficial în Consiliu, unde se făcea politica națională. Totuși, exista un precedent – cu numai 40 de ani înainte, Diane de Poitiers fusese membră a Consiliului. În martie 1596, încălcând cu aplomb regal pașii ce se impuneau, Henric i-a dat Gabriellei cheile de aur care i-au dat dreptul să se alăture Consiliului. Pentru a evita criticile, a dat, în același timp, un set identic de chei surorii lui, devotata Catherine. Și astfel, a numit două femei membre ale Consiliului dintr-o lovitură: Gabrielle, renumită pentru harul ei diplomatic, și Catherine, renumită pentru profunda ei pioșenie. Au existat multe ocazii publice după aceea când s-a observat că Gabrielle, în loc să își afișeze magnificele și prețioasele diamante, a purtat mândră micile chei de aur pe un lănțuc în jurul gâtului.

În 1597, ducele de Mercoeur, conducătorul efectiv al Bretaniei, a condus o ultimă revoltă împotriva regelui. Când războiul părea inevitabil, iar cele două armate se aflau față în față pe câmpul de bătălie, Gabrielle a invitat-o pe soția lui Mercoeur la un *tête-a-tête* în caleașca ei. Cele două femei au aranjat capitularea lui Mercoeur în condiții onorabile și o căsătorie între copiii lor. S-au mobilizat apoi să își convingă partenerii să fie de acord cu deciziile lor. Și astfel, Henric a înregistrat o ultimă victorie fără a vărsa un singur strop de sânge. A fost o victorie a femeilor.

Războiul civil abia încheiat, Henric a trebuit să împiedice un nou conflict. Tensiunile dintre catolici și protestanți se accentuau, iar Henric căuta o cale de reconciliere a celor două grupuri. Sora hughenotă și amanta catolică s-au pus pe treabă. Ducele de Montmorency, pe atunci Conetabil de Franța, scria: „Madame (Catherine) și ducesa de Beaufort și-au început formidabila acțiune de reconciliere a ireconciliabilului. Vor trebui să își folosească la maximum arta persuasiunii și farmecul natural cu care sunt înzestrate, căci cu certitudine că nu au mai existat alte două femei care să fi avut o sarcină mai dificilă ca aceasta."[5]

Unora dintre catolici nu le-a plăcut să primească lecții de religie de la amanta regelui. Acestora li s-a amintit că Gabrielle fusese cea care îl convinsese pe papă să îl accepte pe Henric în Biserică. Henric era încântat de succesul Gabriellei în convingerea puternicilor catolici, unul câte unul, să accepte decretul lui pentru toleranță religioasă. El scria: „Iubita mea a devenit un orator de o excelență inegalabilă, atât de aprins susține cauza noului Edict“.[6] Printr-o combinație de șarm plin de căldură sufletească și de amenințări reci ca gheața, Gabrielle și-a atins scopul. În 1598, Edictul de la Nantes a fost semnat, garantându-le hughenoților anumite drepturi și aducându-le catolicilor multe avantaje. Semnul cert al echității Edictului a fost faptul că, după semnarea lui, ambele părți au fost nemulțumite. Dar Henric a fost foarte mulțumit, știind că fără talentul diplomatic al Gabriellei nu ar fi putut emite Edictul.

„Nu trebuie să ne pierdem niciodată judecata...“

Nepotul lui Henric, Ludovic al XIV-lea, nu i-a permis amantei lui să se implice prea mult în politică. În memoriile sale, scrise special pentru urmașul său ca un fel de inițiere în ale domniei, Ludovic menționa: „Timpul acordat relațiilor de iubire nu are voie să aducă prejudicii afacerilor de stat... Iar dacă uneori ne pierdem inima, nu trebuie să ne pierdem niciodată judecata ori vrerea... Trebuie să menținem o distincție riguroasă între tandrețea unei iubite și hotărârea unui suveran... și trebuie să ne asigurăm că frumusețea, care este sursa plăcerii noastre, nu-și ia niciodată libertatea de a se implica în afacerile politice.“[7]

Madame de Montespan, amanta lui Ludovic, nu era prea interesată de politică, dar a cerut ca părerile ei să fie ascultate în domeniile artei, arhitecturii, literaturii și muzicii. Printre protejații ei s-au numărat Molière, Racine, Boileau și La Fontaine. Singurul ei succes în domeniul politicii a fost când candidații propuși de ea au fost numiți în poziții înalte – și chiar și în astfel de situații, a promis mult și a oferit, de obicei, puțin.

Un curtean, marchizul de Puyguilhem, plictisit să tot aștepte ca ea să îi facă rost de poziția râvnită, s-a ascuns sub patul ei pe când ea era plecată să ia masa de prânz cu Ludovic, știind că urmau să se întoarcă împreună în cameră pentru sex. Tăcând mâlc, marchizul a ascultat scena de dragoste a celor doi și conversația de după. S-a înfuriat foarte când a auzit-o pe Madame de Montespan *opunându-se* numirii lui în funcția dorită, în ciuda promisiunilor pe care i le făcuse.

Mai târziu, când Madame de Montespan și doamnele ei de onoare au pornit spre teatrul de la Curte, marchizul a acostat-o, făcând-o stricată, escroacă și mincinoasă și repetând cuvânt cu cuvânt conversația ei cu regele. Tremurând – convinsă că marchizul se aliase cu diavolul împotriva ei – amanta regală a intrat în clădirea teatrului nesigură pe picioare și a leșinat imediat în fața întregii Curți, venindu-și în fire numai cu mare dificultate.

„Doamnele au o mare influență asupra judecății regelui Angliei."

Dacă Ludovic al XIV-lea nu le-a permis amantelor lui influență politică, el știa că vărul lui, Carol al II-lea, era mult mai sensibil la lingușelile lor. În 1670, Carol a văzut-o pentru prima oară pe Louise de Kéroualle printre cei din suita surorii lui, prințesa Henriette, care se căsătorise cu fratele lui Ludovic al XIV-lea, în timpul vizitei ei în Anglia. Paralizat de admirație, Carol a cerut să o păstreze pe fată la Curtea lui. Cunoscând cât de depravat era fratele ei, Henriette a refuzat cu fermitate și a luat-o pe Louise înapoi în Franța. După doar câteva săptămâni, Henriette a murit, iar regele Franței, sperând că Louise putea fi de ajutor Franței mai mult decât fusese amanta lui Carol, lady Castlemaine, a încuviințat ca Louise să fie trimisă în Anglia.

Ambasadorul de Savoia și-a informat monarhul de sosirea Louisei la Curtea britanică. „... Mademoiselle de Kéroualle... este o fată frumoasă", relata el, „și se crede că planul ar fi să devină amanta regelui Marii Britanii. El (Ludovic al XIV-lea) ar vrea să o detroneze pe lady Castlemaine, care este inamica lui, iar... Majestatea Sa extrem de creștină se va bucura să vadă postul ocupat de unul dintre supușii săi, căci se spune că doamnele au o mare influență asupra judecății regelui Angliei."[8]

Louise nu se grăbea să își ofere virginitatea regelui Angliei. Voia să se asigure că el aprecia marele dar pe care ea urma să i-l dea, crezând că recunoștința lui avea să fie pe măsura timpului cât ar fi trebuit să aștepte. Lunile treceau, iar admirația lui Carol pentru Louise continua să fie încurajată, dar nesatisfăcută. Ambasadorul francez a început să se frământe – Louise continua să amâne lucrurile atât de mult, încât risca să piardă pe deplin interesul regelui.

Abia după un an încheiat de la sosirea ei în Anglia, emisarii au avut bucuria de a da de veste ministrului francez că Louise nu se simțea în apele ei. În depeșă se menționa că: „Afecțiunea regelui Angliei față de Mademoiselle de Kéroualle crește pe zi ce trece, iar mărunta criză de greață pe care ea a avut-o ieri pe când lua masa cu mine mă face să sper că norocul va continua să o însoțească...“[9]

Ministrul de externe al Franței a răspuns pe dată: „Regele a fost surprins de cele ce mi-ați scris referitor la Mademoiselle de Kéroualle, al cărei comportament cât a fost aici și de când se află în Anglia nu a inspirat mari speranțe că va reuși să aibă atâta noroc. Majestatea Sa așteaptă cu nerăbdare să fie informat asupra rezultatului legăturii despre care domnia voastră crede că ar exista între rege și ea.“[10]

Dar aceste speranțe regale erau inspirate, la urma urmei, doar de o biată indigestie. Regele Carol și Louise nu făcuseră sex. Dezamăgiți, emisarii francezi au simțit că Louise nu înțelegea importanța poziției ei, neachitându-se de datoria față de țara ei. Ei se temeau că un alt chip frumos – ceva mai puțin pudic decât Louise – îl va cuceri pe rege, iar Louise își va pierde irevocabil șansele. Dar după ce s-a pus presiune asupra ei din toate părțile – inclusiv prin amenințarea că va fi trimisă la o mănăstire foarte severă – ambasadorul francez scria: „Cred că vă pot asigura că ea a făcut suficiente progrese pentru a câștiga afecțiunea regelui ca să fie de folos cumva Majestății Voastre. Își va face datoria.“[11]

Louise și-a făcut, în cele din urmă, datoria, la sfârșitul lui octombrie 1671 – la un an după sosirea în Anglia. Se spune că ar fi umblat aproape dezbrăcată – doar în jupon și cămășuță, fără corset – și că după o ceremonie de nuntă înscenată a ajuns, în sfârșit, în patul regelui. Dovada nu a întârziat să apară – nouă luni mai târziu, ea a adus pe lume un fiu, pe care l-a botezat Carol.

Ambasadorul francez și Ludovic al XIV-lea au fost extaziați de succesul lor. Îl aveau acum pe regele Carol, în sfârșit, la degetul mic. Ambasadorul Colbert i-a scris ministrului Louvois: „I-am făcut lui Mademoiselle de Kéroualle o mare bucurie asigurând-o că Majestatea Sa va fi foarte încântată dacă ea rămâne în grațiile regelui. După toate aparențele, așa vor sta lucrurile multă vreme de acum încolo, oricine altcineva fiind exclus."[12]

Ambasadorul a avut dreptate. Louise a preluat la început îndatoririle oficiale ale reginei, iar, la final, și pe unele dintre cele ale regelui prea obosit. La începutul anilor 1680, Carol trecuse de 50 de ani și îmbătrânea cu repeziciune. O viață întreagă de trai intens, combinată cu efectele pe termen lung ale bolilor venerice, îl împingeau către moarte. Părăsea adesea Londra pentru a se distra la Windsor cu Nell Gwynn, lăsând afacerile de stat în mâinile capabile ale Louisei, care, deși nu avea putere oficială, lucra asiduu din culise pentru alegeri, numiri, arestări și politică externă. Carol, care jurase cu 20 de ani în urmă să nu permită vreodată unei femei să țină frâiele puterii, i le lăsa acum de bunăvoie și bucuros Louisei.

A fost o decizie înțeleaptă, pentru că, spre deosebire de alte amante ale regelui, Louise se pricepea la politică. Lady Castlemaine a fost preocupată exclusiv să adune cât mai multe titluri, bijuterii și subvenții, cerând mereu mai mult. Apriga Hortense Mancini a fost prea preocupată de relațiile amoroase cu bărbați și femei de la Curte ca să se amestece în afacerile de stat. Nell Gwynn a preferat să facă glume despre oamenii politici, autointitulându-se „partenerul mut de pe nava de stat".[13]

„Îl faceți să pălească pe rege."

Nici o altă amantă, nici măcar Louise de Kéroualle, nu a avut mai multă putere decât Madame de Pompadour. La început, a fost interesată doar de relația ei de dragoste cu Ludovic al XV-lea. Dar, odată ce a trebuit să se lupte pentru propria-i supraviețuire în groapa cu șerpi a Versaillesului, a avut destulă inteligență pentru a ști că avea nevoie de prieteni sus-puși. Noua amantă a pornit – la început timid – în căutarea acelor persoane de la Curte care îi erau prieteni sau dușmani. S-a folosit de influența pe care o avea pe lângă Ludovic pentru a-i da jos pe oficialii care îi erau potrivnici și a-i înlocui cu prieteni de-ai ei. Unul dintre primii pași a fost să îl înlocuiască pe vistierul Curții – care o mustrase pentru extravaganțele ei – cu un prieten de-al ei care i-a plătit imediat toate facturile fără să cârtească.

Curând, Madame de Pompadour decidea cine anume de la Curte primea cele mai râvnite pensii, titluri, premii și posturi. Regele, ușurat și recunoscător că nu mai trebuie să ia el singur toate aceste decizii, a lăsat bucuros aceste sarcini în grija amantei sale. Marea majoritate a curtenilor, miniștrilor, oficialilor guvernamentali și chiar a artiștilor în devenire au decis să îi devină prieteni. Dimineața, li se permitea tuturor să participe la *Lever*, tradiționala audiență de dimineață, când se înghesuiau în dormitorul ei ca să o admire cu gurile căscate cum se farda. Un tânăr scriitor pe nume Marmontel i-a înmânat un manuscris la care lucra, rugând-o să își spună părerea. Câteva zile mai târziu, el scria: „M-am prezentat într-o dimineață la *Lever*, când camera de dormit era plină de o mulțime de curteni". Spre surprinderea lui, Madame de Pompadour l-a luat pe tânăr în biroul ei privat pentru a-i înapoia manuscrisul pe care făcuse corecturi și sugestii. Când au revenit în mulțimea care se înghesuia în salonul ei, „toți ochii s-au ațintit asupra mea", relata Marmontel, „fiind salutat din toate părțile cu înclinări discrete de cap și zâmbete prietenești, iar înainte să părăsesc încăperea, primisem deja atâtea invitații la masă cât să-mi ajungă pentru toată săptămâna".[14]

Pe măsură ce relația sexuală dintre Madame de Pompadour și rege pălea, puterea ei politică creștea. Mesaje destinate exclusiv regelui trebuiau să treacă mai întâi prin mâinile amantei, ea fiind cea care decidea dacă erau destul de importante pentru a-l deranja pe Ludovic. Ambasadorii se puteau întâlni cu regele numai cu *maîtresse-en-titre* de față, ea fiind foarte atentă dacă Ludovic se îngălbenea la față, semn clar că acea conversație îl deranja. Când contele de Maurepas, ministru al Parisului, precum și secretar de stat și ministru al forțelor navale, nu-i mai dădea pace regelui cu discursul lui plictisitor, Madame de Pompadour l-a întrerupt discret, spunându-i: „Monsieur de Maurepas, îl faceți să pălească pe rege. O zi bună să aveți, Monsieur de Maurepas."[15] Ministrul a așteptat în van ca regele să intervină. Cum acest lucru nu s-a întâmplat, s-a retras, spumegând de furie că o femeie neînsemnată din clasa de mijloc îl dădea afară.

După cinci ani ca metresă a regelui, Madame de Pompadour s-a mutat din confortabilele ei apartamente de sub acoperișul Palatului Versailles – aflate chiar deasupra celor ale regelui – în apartamentele mult mai luxoase de la parter, aflate chiar sub apartamentele regelui. Desigur că și acestea comunicau cu cele ale regelui printr-o scară secretă. În aceste grandioase încăperi, ea a lucrat 13 ani ca prim-ministru neoficial al Franței. Într-adevăr, a avut mai multă putere decât oricare alta dintre amantele lui Ludovic, *ea* fiind aceea care le-a ales pe acestea.

În 1753, machizul d'Argenson scria: „Metresa este prim-ministru și devine tot mai despotică, așa cum nici o altă favorită nu a fost vreodată în Franța".[16]

Auzind de puterea de care se bucura Madame de Pompadour, renumitul misogin care era regele Frederic cel Mare al Prusiei a fost atât de ofensat, că și-a numit cățeaua după ea. Conform contesei Lichtenau, amanta nepotului și moștenitorului lui Frederic, regele „... era de părere că nu deveneai conducător destinat al unei mărețe și puternice nații pentru a fi guvernat și prostit de femei și de o șleahtă de paraziți trândavi. Astfel de creaturi erau, în general, asociate cu o clică de vântură-lume, care nu aveau alt scop în viață decât acela de a intra prin lingușiri pe sub pielea prințului, la adăpostul unei curtezane șmechere, imediat după ce obțineau favorurile râvnite băgându-și nasul în cele mai serioase și mai importate probleme de Stat."[17]

Poate că Frederic a anticipat fără să vrea momentul în care Madame de Pompadour, folosindu-se de puterea pe care o deținea, a întors spatele Prusiei – aliatul tradițional al Franței – și s-a aliat cu împărăteasa Maria Tereza a Austriei în timpul Războiului de Șapte Ani (1757–1763). Susținearea Franței în acest conflict teritorial dintre Prusia și Austria putea foarte bine să încline balanța de partea celui cu care Franța se alia. Iar comentariile caustice ale lui Frederic la adresa Madamei de Pompadour au convins-o pe aceasta să treacă de partea altor două femei puternice, Maria Tereza și împărăteasa Elisabeta a Rusiei, odată ce Frederic își numise alte două cățele și după acestea. De fapt, el le numea pe cele trei cățele de vânătoare Jupoanele I, II și III, având o plăcere deosebită să pocnească din degete, iar Madame de Pompadour, împărăteasa Maria

Tereza și împărăteasa Elizabeta să vină la el fuguța, sau să le bată pentru că nu se supuneau. Dar asta a funcționat doar cu cățelele lui. Femeile și-au scos ghearele și l-au sfâșiat.

Alianța cu Austria nu a fost pe placul poporului francez, care își pierduse de curând fiii și tații, răpuși de puștile și baionetele austriecilor. Dar Madame de Pompadour l-a convins pe rege că Prusia devenise prea puternică sub Frederic și că o alianță cu Austria crea un mai bun echilibru de putere în Europa.

Madame de Pompadour devenise neoficial ministru de război, alegând personal generalii. Alegerile ei erau extrem de limitate. Generalii trebuiau să provină din rândurile nobilimii, mulți dintre cei mai buni generali francezi fiind fie prea bătrâni, fie prea bolnavi pentru a participa. Erau disponibili și unii bărbați competenți, însă aceștia nu erau admiratorii Madamei de Pompadour, care insista să facă numiri din rândul prietenilor ei.

Francezii credeau că originile sănătoase și sângele nobil puteam mai degrabă câștiga un război decât geniul militar. Trupele franceze erau indisciplinate, iar comandații lor cărau după ei bucătari, frizeri, valeți și curtezane, într-un fel de Curte mobilă. Caii de luptă trăgeau după ei butoaie pline cu pudră pentru păr, pomezi și parfumuri. Într-o seară, după o strălucită victorie prusacă, un ofițer francez luat prizonier a avut ocazia unei cine joviale în prezența lui Frederic cel Mare. Ofițerul l-a întrebat pe rege cum reușise să repurteze o asemenea victorie la care nimeni nu se așteptase. „Este simplu“, a răspuns Frederic. „Prințul de Soubise“, a adăugat el, referindu-se la generalul francez, „are 20 de bucătari și nici măcar un spion; în vreme ce eu am 20 de spioni și un singur bucătar.“[18]

După șapte ani, ambele părți erau epuizate. Vistieria franceză era goală. Iar ceea ce era și mai rău, Franța pierduse 200 000 de oameni. La semnarea armistițiului, Franța a consimțit la cedarea a numeroase proprietăți, inclusiv a Canadei și a unor regiuni din India. Singurul caz de putere reală deținută de delicatele mâini dalbe ale unei metrese s-a sfârșit dezastruos.

Poate că a fost bine că succesoarea ei, Madame du Barry, a fost mai puțin interesată de politică. S-a spus adesea că atunci când curtenii discutau chestiuni politice cu ea, sperând să-i câștige influența, ea zâmbea vag, ca și când nu ar fi înțeles nici o iotă. Madame du Barry a avut mai mult succes ca patroană a artelor și literelor, dând cu generozitate din banii regelui tinerilor artiști și scriitori care îi solicitau sprijinul. În fiece dimineață, când stătea în baia ei frumos înmiresmată, doamnele de onoare îi citeau petițiile și scrisorile prin care i se solicita ajutorul.

Cei ce căutau favoruri așteptau răbdători în salonul ei până ce amanta regală apărea învăluită în halatul ei bogat împodobit cu șnururi și pănglicuțe. În timp ce coafezele îi aranjau ultimele detalii ale coafurii, comercianții se înghesuiau să îi prezinte bijuterii, porțelanuri și suluri de țesături fine. Cei mai importanți politicieni luau parte la ritualul de dimineață, alături de bancheri, artiști și filosofi. Mulți aduceau propuneri pentru care îi cereau sfatul ori susținerea. Alții erau înarmați doar cu bârfe amuzante. Chiar dacă Madame du Barry nu avea influență politică, participarea la toaleta de dimineață a favoritei regelui era cel mai bun mod de a da nas în nas cu regele, care se oprea adesea să își viziteze amanta în drum spre liturghie.

„Adevărata putere din spatele tronului german"

Frederic cel Mare, care a murit împăcat că o înfrânsese pe Madame de Pompadour în război, grăbindu-i astfel, probabil, moartea, s-ar fi răsucit în mormânt dacă și-ar fi putut vedea Prusia iubită condusă de o curtezană americană la mai puțin de un secol după acest moment. Mary, contesă de Waldersee, era foarte bisericoasa fiică a unui băcan bogat din New York care se măritase cu colonelul Alfred von Waldersee, feldmareșalul Armatei germane. Mary cea cu părul deja alb a înființat la Berlin un salon unde oamenii influenți petreceau pe bani mulți, printre aceștia numărându-se și prințul Wilhelm, moștenitorul tronului.

Femeia vârstnică și înțeleaptă avea un efect profund calmant asupra nervosului tânăr prinț, care făcea tot ce-i stătea în putință pentru a-i urma sfatul. Curând, din Berlin au început să circule în toată lumea depeșe în care se specula pe marginea naturii acestei relații, căci Mary era cu doi ani mai vârstnică decât *mama* lui Wilhelm. Miniștrii și ambasadorii au început brusc să o respecte. Când francezii au numit-o noua Pompadour, acesta a fost considerat cel mai grozav compliment posibil. Când germanii au numit-o noua Pompadour, acesta a fost considerată o insultă de moarte.

În 1888, prințul Willi a devenit împăratul Wilhelm al II-lea, care nu făcea publică nici o opinie asupra chestiunilor politice decât după ce le discuta mai întâi cu Mary. Presa americană era în delir. *The New York Tribune* scria: „Fosta newyorkeză îl domină pe noul împărat".[19] *The New York Transcript* anunța: „Prințesa americană îl farmecă pe mândrul împărat – Povestea romantică a fiicei de băcan – adevărata putere din spatele tronului german".[20] Un ziar din Boston declara: „Fiecare pas făcut de împărat este rezultatul influenței și intrigilor ei".[21]

The New York Tribune declara: „Contesa von Waldersee este, în mod evident, un comandant suprem atât de puternic, încât îi poate înlătura pe toți ofițerii din cele mai înalte funcții".[22] *The New York Times* scria: „Orice nou ambasador care reușește să câștige prestigiul interesului ei personal se poate considera cu adevărat norocos. Lui i se deschid ca prin minune ușile către magicul cerc interior, în care altfel se poate pătrunde numai după nenumărate lupte cu toate îmbâcsitele instituții germane din prezent."[23]

Mary dorea demisia urgentă a puternicului cancelar Bismarck. I-a spus împăratului că nu va putea niciodată conduce cu adevărat atâta vreme cât popularul Bismarck îi stătea în cale. Deși adevărat, principalul obiectiv al lui Mary pentru îndepărtarea Cancelarului de Fier era eliberarea postului pentru soțul ei. Folosindu-se de toată puterea de convingere de care era capabilă, Mary a muncit mult și din greu la răsturnarea gigantului.

În martie 1890, Bismarck a căzut. Mary și Alfred au așteptat încrezători să culeagă roadele celor 17 ani de eforturi concertate – numirea lui Alfred în funcția de cancelar. Dar în loc să îl înlocuiască numaidecât pe Bismarck cu contele von Waldersee, împăratul a ales pe altcineva pentru această funcție. Încurajat de noii săi prieteni depravați, Willi a decis că, după plecarea lui Bismarck, *Mary* era cea care stătea în calea exercitării deplinei lui puteri. A fost scandalizat când a citit în ziare că Mary era „puterea din spatele tronului“.

Așa că, în loc să îl promoveze pe contele von Waldersee, împăratul l-a retrogradat public de la cel mai înalt post din armată la cel de comandant al unei garnizoane dintr-o suburbie a Hamburgului, făcând din această rușine subiectul principal de discuție la Berlin. Fără influența liniștitoare a lui Mary, Willi s-a transformat treptat într-un megaloman paranoic, care a pus în mișcare mecanismul declanșării Primului Război Mondial.

„ACEASTA NU ESTE TREABA EI ȘI NU VA FI NICIODATĂ!"

Singura amantă care, timp de 20 de ani cât a stat alături de un rege, nici măcar nu a simțit gustul puterii a fost Henrietta Howard, amanta lui George al II-lea al Marii Britanii. Deși Henrietta nu avea interese politice, i-ar fi plăcut să le ofere prietenilor și membrilor familiei poziții înalte, lucru dintotdeauna la îndemâna unei amante regale. „Îți jur", se plângea ea unui vechi prieten, „nu am avut nici cel mai mic post de oferit, căci ar fi fost fără discuție al dumitale."[24]

Prietenul Henriettei, lord Hervey, scria că ea știa prea bine „că, neavând ceea ce, în situația ei, lumea s-ar fi așteptat să aibă, atrăgea după sine un anumit dispreț, deși nu pretinsese niciodată a avea ceva, și că o amantă care nu putea obține puterea nu era o persoană mai agreabilă ori mai respectabilă decât un ministru ce nu putea păstra puterea".[25]

După retragerea discretă a Henriettei, urmașa ei, lady Deloraine, a dat-o peste cap pe regină, dar și întreaga Curte. Noua favorită era o muiere afectată și intrigantă, care se lăuda în gura mare de câte ori regele făcea dragoste cu ea. Într-o zi, lordul Walpole a mărturisit cât de mult regreta că lady Deloraine era aleasa regelui. Dar lordul Hervey i-a răspuns: „Dacă cineva dintr-o poziție influentă ar pleca urechea la ea, s-ar putea lăsa cu consecințe tare neplăcute, dar cum asta nu face decât regele, eu nu cred că are prea mare importanță".[26]

După moartea reginei, George și-a alinat tristețea trimițând din când în când după lady Deloraine, chiar dacă ea se apucase de băut vin spaniol puternic alcoolizat, fără să se jeneze că mirosea a alcool în fața regelui. Temându-se de un eventual amestec al lui lady Deloraine în politică, primul-ministru a decis că era mai bine să o aducă de la Hanovra pe amanta germană a regelui, Amalie Sophie von Wallmoden, care părea inofensivă politic. Între timp, a acceptat întâlnirile sporadice ale regelui cu mica obrăznicătură Deloraine. „Oamenii trebuie să poarte mănușile vechi până să poată primi unele noi", spunea el oftând.[27]

Spre încântarea regelui, Madame Walmoden a răspuns chemării. Spre încântarea ei, a fost numită ducesă de Yarmouth. Spre încântarea miniștrilor regelui, ea nu s-a implicat în politică. Treptat, însă, lady Yarmouth a devenit o cale de influență politică între rege și miniștrii lui, și chiar una extrem de benefică. Ea îi informa pe miniștri asupra momentului potrivit când să îl abordeze pe rege cu chestiuni importante și despre cum să le pună în discuție. Pe politicienii ceva mai deranjanți nu-i lăsa să îl enerveze pe George.

Francezii, studiind influența amantei regelui englez, au constatat că ea suferea prin comparație cu Madame de Pompadour a lor. Un nobil francez de la Londra scria batjocoritor la Paris: „În vreme ce Madame de Pompadour împarte puterea absolută cu Ludovic al XV-lea, lady Yarmouth împarte impotența absolută cu George al II-lea".[28]

Spre deosebire de Ludovic al XV-lea, care și-a încurajat amanta să facă numiri politice, George a fost indignat când a aflat că ministrul Pitt ceruse o audiență la lady Yarmouth pentru a discuta despre candidații propuși pentru diferite funcții. „Domnul Pitt să nu mai folosească vreodată această cale", a tunat regele. „Aceasta nu este treaba ei și nu va fi niciodată!"[29]

Dar, dacă regele nu avea cunoștință de influența politică a amantei lui, nu în aceeași situație erau și curtenii lui. Așa cum consemna spiritualul lord Chesterfield, lady Yarmouth trebuie văzută drept cheia de boltă a opiniilor Majestății Sale, „căci până și cel mai înțelept om, asemenea cameleonului, preia culorile suportului *deasupra* căruia de află".[30]

Capitolul 8

Curvele Babilonului: Opinia publică și metresele

Unii slăvesc în zori ce-au blestemat în noapte
Dar cred întotdeauna că ultima părere este cea cu dreptate.

Alexander Pope

Se poate doar specula dacă femeile din societatea occidentală ar fi avut o altă soartă în ultimii 4 000 de ani dacă Facerea l-ar fi blamat pe seducătorul Adam pentru că a ademenit-o pe inocenta Eva cu o banană. Dar, pentru că Eva a fost cea care i-a dat lui Adam mărul, Femeia Păcătoasă a devenit o țintă justă a acuzelor pentru că l-a ademenit pe Virtuosul Bărbat, abătându-l de la calea sa dreaptă și îngustă cu șiretlicurile ei sexuale.

Acest lucru a avut o semnificație înzecită pentru o amantă regală. Dacă majoritatea femeilor aveau relații extraconjugale departe de ochii lumii, menținând o imagine exterioară de decență castă, prin virtutea poziției însăși, amanta regală era cunoscută de toată lumea ca fiind cea care face sex cu un bărbat care nu este soțul ei. Mai mult de atât, oricât de nemulțumită ar fi fost o nație de regele ei, se considera trădare a spune asta, iar amanta era o țintă mult mai nimerită pentru mânia oamenilor și nemulțumirile de la Curte.

Au existat amante care, indiferent ce ar fi făcut, pur și simplu nu au fost plăcute de popor. Dacă făcea copii cu regele, era târfa care aducea pe lume bastarzi costisitori. Dacă nu făcea copii, și mai rău – era considerată o zdreanță stearpă. Dacă era frumoasă, frumusețea ei era un dar al diavolului cu care îl ațâța pe nenorocitul monarh. Dacă era urâtă, regele merita ceva mai bun de atât. Dacă ducea un trai opulent, cheltuia ca o egoistă taxele bietului popor. Dacă ducea un trai simplu, diminua gloria monarhului.

Amantele din familii nobile puternice se implicau adesea în politică și își transformau rudele într-o facție politică ce provoca la Curte conflicte. Din acest motiv, unii regi au evitat capcanele adorabilelor contese și ale superbelor ducese și și-au căutat amante printre oamenii de rând. Astfel de femei erau mult mai recunoscătoare pentru binecuvântarea ce se abătuse asupra lor și mai puțin experte în intrigi. Oamenii de rând aplaudau, de obicei, ridicarea unuia din rândurile lor, dar cei prin ale căror vene purpurii pulsa nobil sânge albastru se înverzeau de gelozie când cineva din exterior le invada sanctuarul.

Amantele aparținând nației respective erau mai bine tolerate decât cele de import, care erau adesea, și uneori pe drept cuvânt, suspectate a fi spioni străini. În 1736, când George al II-lea a insistat să-și aducă o amantă germană, supușii lui englezi au vrut să-și știe de ce nu se putea mulțumi cu o târfă englezoaică. La urma urmei, spuneau ei, „avem aicea târfe din belșug, și chiar mai ieftine".[1]

„Königs hure! Hure!"

Inteligenta amantă a lui Ludovic al XIV-lea, Madame de Montespan, nu a fost plăcută la Curte și nici de popor pentru cheltuielile ei vanitoase și atitudinea imperială. Ea l-a încurajat pe rege să construiască palate, să creeze grădini și să organizeze petreceri extravagante. Curtea, și francezii care îi imitau pe cei de la Curte, respira muzică, dans, artificii, jocuri de noroc, în foșnetul mătăsurilor multicolore și în sclipirea nestematelor prințeselor.

În timpul celor 13 ani cât a fost *maîtresse-en-titre*, această curvă a Babilonului a fost considerată o adevărată povară pentru vistierie și spinarea poporului muncitor sărman. Auzid de sordida ei reputație, trupele germane care au trecut prin fața ei la parada militară au strigat: *„Königs Hure, Hure!"*[2]. Neînțelegând germana, Madame de Montespan i-a cerut unul alt spectator să îi traducă ce strigau soldații, fiind informată că aceștia o strigaseră „târfa regelui". Ea a rămas netulburată, iar mai târziu în acea seară i-a spus regelui că, deși îi plăcuse parada, și-ar fi dorit ca germanii să nu mai fie atât de dureros de preciși în exprimare.

După ce aceasta a căzut în dizgrație, Ludovic s-a însurat în secret cu pioasa Madame de Maintenon, care avea toate virtuțile pe care francezii le detestau și nici unul din viciile pe care le admirau. Brusc, Madame de Montespan a câștigat admirația opiniei publice. Francezii doreau ca regele lor și Curtea regală să uluiască lumea. Le lipseau balurile, serbările, balurile mascate. Pentru a fi în pas cu timpurile, mulți curteni au schimbat zarurile cu mătăniile și romanele de dragoste cu Biblia, dar nu au făcut-o cu plăcere. După cum îi scria cumnata lui Ludovic al XIV-lea, Charlotte Elisabeth, ducesei de Orléans: „Nici toate amantele regelui la un loc nu au făcut atâta rău ca această Madame de Maintenon!"[3]

„Dacă am să mor, am să mor de mâhnire"

În ciuda generozității ei și a susținerii artei și industriei franceze, Madame de Pompadour a fost subiectul unor caricaturi dure și poezii acide cât timp a fost amanta regelui. Mulți curteni erau, pur și simplu, geloși că Ludovic al XV-lea alesese o femeie din clasa de mijloc pentru această onoare, făcând permanent glume pe seama numelui ei de fată, Poisson, care înseamnă „pește" în franceză. Odată, ea a găsit sub șervetul de pe masă o poezie prin care era acuzată că suferă de o boală venerică. Dincolo de granițele Curții și de eleganța ei otrăvitoare, poporului francez îi făcea plăcere să își râdă de ea prin taverne sau lipind versuri răutăcioase pe stâlpii de iluminat.

Când a sosit la Versailles, nobilii au privit-o de sus, pufnind din nasurile lor lungi aristocrate. „Este exagerat de comună", scria contele de Maurepas, „o burgheză nelalocul ei, care va da toată lumea peste cap dacă nu-i venim noi de hac."[4] În mod similar, ducele de Luyne o lua peste picior: „Probabil că va fi doar o fantezie pasageră și nu o amantă așa cum se cuvine".[5]

Inamicii ei de la Curte aveau o mare plăcere să ducă vorba în rândul oamenilor de rând despre extravaganța ei, exagerând peste poate sumele pe care le cheltuia. Când Madame de Pompadour a înființat un mic teatru la Versailles pentru amuzamentul regelui, s-a dus vorba în Paris că acesta costase o sumă exorbitantă smulsă de la ei sub formă de taxe. Când a vizitat Parisul – casa copilăriei și un loc pe care îl prefera mult mai mult decât palatul regal – au aruncat în trăsura ei cu ouă și noroi, a fost fluierată și huiduită, ba chiar și amenințată cu moartea.

Dar abia după ce a preluat conducerea Războiului de Șapte Ani, începând din 1757, Madame de Pompadour a fost cu adevărat ocărâtă. Aproximativ 200 000 de francezi au fost uciși sau răniți, vistieria națională a fost secătuită, taxele au crescut. Madame de Pompadour a devenit ținta frecventelor amenințări cu moartea, unele apărând în mod misterios pe polița șemineului din apartamentele sale private.

Detestata metresă a căzut într-o depresie profundă, suferind de insomnie, pe care a tratat-o cu multe medicamente. Când s-a declarat pacea, în 1763, Franța pierduse multe din proprietăți. Poporul francez nu l-a învinovățit pe regele Ludovic Mult-Iubitul pentru pierderile devastatoare, ci pe diabolica lui amantă. Madame de Pompadour, a cărei sănătate nu fusese niciodată robustă, a suferit enorm din cauza urii îndreptate împotriva sa. „Dacă am să mor, am să mor de mâhnire", suspina ea.[6] A murit un an mai târziu.

Parizienii s-au bucurat de moartea ei cu un stih batjocoritor:

> Aici zace una care a fost douăzeci de ani virgină,
> Șapte ani târfă și opt ani codoașă.[7]

„Luxul absurd al petrecerilor ei este o jignire la adresa sărăciei poporului."

Succesoarea Madamei de Pompadour, Jeanne du Barry, și-a început cariera de curtezană regală cu un handicap cumplit – fusese o prostituată pariziană recunoscută, cu care mulți dintre miniștrii și curtenii regelui făcuseră sex.

Pentru a deveni *maîtresse-en-titre*, Madame du Barry trebuia prezentată oficial la Curte de către o nobilă. Și asta era problema, căci nu exista nobilă care să fi vrut să faciliteze accesul prostituatei într-un asemenea cerc privilegiat. În cele din urmă, regele a convins-o pe scăpătata contesă de Béarn să accepte misiunea, achitându-i în schimb toate datoriile și susținându-i fiii pentru a fi promovați în armată.

Dar în ziua ceremoniei prezentării, contesa de Béarn, deși generos mituită, și-a pierdut curajul, știind că dacă făcea acest lucru, toți de la Curte aveau să îi întoarcă spatele și să nu mai vorbească vreodată cu ea. Șchiopătând convingător, a pretins că își luxase glezna atât de rău, că abia dacă putea merge. Mulți au fost de părere că dacă ea chiar avea glezna luxată, o făcuse intenționat. Ceremonia a fost anulată, spre încântarea curtenilor de la Versailles și a poporului francez.

La insistențele regelui și prin mașinațiile Madamei du Barry, trei luni mai târziu contesa de Béarn și-a respectat partea ei de înțelegere și a prezentat-o la Versailles pe metresa regală. Încăperile erau pline până la refuz de curteni, sperând să fie martorii unui eșec lamentabil. Madame du Barry a întârziat, dar, când a sosit, până și cei mai acerbi inamici s-au minunat de frumusețea ei. Purta bijuterii cu diamante în valoare de 100 000 de livre și o rochie regală țesută cu fir de aur și argint, cu o crinolină imensă și o trenă lungă, pe care a reușit grațios să o dea cu piciorul din cale pentru a face cele trei reverențe ce se impuneau. Cei care au sperat să vadă o toantă necioplită culeasă de pe străzi au fost dezamăgiți. Rafinamentul elegant al Madamei du Barry nu a fost cu nimic mai prejos de cel al unei ducese veritabile.

Cu toate acestea, cea mai mare parte a perioadei de șase ani cât a fost amanta regelui, Madame du Barry a fost ostracizată de curteni. Când se așeza să joace cărți, celelalte locuri se goleau. Când dădea o petrecere, nu venea nimeni. În cele din urmă, regele le-a poruncit curtenilor să participe la petrecerile ei.

Cea mai mare provocare pentru ea a venit când nepotul regelui, viitorul Ludovic al XVI-lea, a primit-o drept soție pe adolescenta de 14 ani Maria Antoaneta, fiică a împărătesei Austriei, Maria Tereza. Înzestrată cu o voință de fier, frumoasă și fermecătoare, noua Delfină a cucerit inima regelui și a disprețuit-o pe Jeanne du Barry. Ea a cerut ca, din poziția de Delfină, să fie primă-doamnă la Curte, umilind-o public pe amanta regelui, în ciuda dojenilor blânde ale lui Ludovic. Curtenii savurau acest conflict dintre cele două femei – o prințesă de cea mai nobilă spiță și o prostituată – pentru cucerirea afecțiunii regelui.

În cele din urmă, după doi ani, refuzul Mariei Antoaneta de a-i adresa vreun cuvințel favoritei s-a transformat într-un scandal internațional. Regele, împărăteasa Maria Tereza și ambasadorul Austriei în Franța au convins-o, în sfârșit, pe Delfină să îi adreseze în public câteva cuvinte politicoase Madamei du Barry. În cadrul unui eveniment atent orchestrat, prințesa cea dojenită s-a întors către *maîtresse-en-titre* și i-a adresat următoarele cuvinte: „E multă lume astăzi la Versailles".[8] Regele și amanta sa au fost extrem de recunoscători. Relațiile tensionate dintre Austria și Franța s-au îmbunătățit, dar ura Mariei Antoaneta față de Madame du Barry s-a accentuat. Ea nu a fost niciodată invitată în anturajul tineresc, iubitor de distracții al Delfinei, care a devenit curând nucleul vieții sociale de la Curte.

Madame de Pompadour, detestată spre sfârșitul vieții, era acum considerată o adevărată sfântă, moartea aducându-i vălul alb al virtuții, cum li se întâmplă adesea oamenilor, indiferent cât de scandaloasă a fost viața lor. Cei ce trăiesc, însă, sunt osândiți să sufere pentru fărădelegile lor, iar o fostă prostituată plimbându-se grațios prin sălile aurite din Versailles era o imagine care a revoltat populația franceză. Noua preocupare națională erau poeziile pornografice și cântecelele obscene despre favorita regelui. În ultimele sale luni ca metresă regală, în 1774, Madame du Barry devenise atât de nepopulară că se temea să intre în Paris. Gloatele, care o numeau „târfa regelui", îi atacau trăsura. Ei dădeau vina pe viața ei luxoasă pentru șomajul crescut, taxele tot mai mari și penuria de pâine. Un curtean scria: „Luxul absurd al petrecerilor ei este o jignire la adresa sărăciei poporului".[9]

Mulți ani după moartea regelui, Madame du Barry a dus o viață liniștită într-un conac de la țară, din afara Palatului Versailles. Bogată, grație venitului de amantă regală, ea primea oaspeți din toată Europa, care veneau să vadă cu ochii lor chipul care îl fermecase pe rege. O curteană de la Versailles, care s-a bucurat de ospitalitatea ei, i-a spus, scuzându-se: „Nu a fost vorba de ură, dar toate ne-am fi dorit să fim în locul dumneavoastră".[10]

„Eu sunt o târfă protestantă."

Când Carol al II-lea a fost invitat să urce pe tronul Angliei în 1660, viața sa desfrânată era în contrast fermecător cu un deceniu de anost Protectorat puritan. Dar în doar câțiva ani, mulți englezi cu frică de Dumnezeu au condamnat dezmățul de la Curte protestând – poate cu puțin cam prea multă înflăcărare – față de regele care își pierdea timpul numai cu amante, „pipăindu-le și sărutându-le pe tot trupul, întinse goale în pat".[11]

Prima amantă regală a lui Carol, lady Castlemaine, a simțit adesea săgețile ascuțite ale furiei publice. „Dați-i-o regelui pe contesa de Castlemaine și nici nu-i mai pasă că națiunea suferă", spuneau ei.[12] După nașterea celui de-al patrulea copil al ei cu regele în tot atâția ani, unii supuși englezi au considerat că se întrecuse deja măsura. Într-o seară, pe când ea traversa parcul St. James, a fost acostată de trei bărbați care au făcut-o târfă nenorocită, amintindu-i că în urmă cu 200 de ani Jane Shore, amanta regelui Eduard al IV-lea, murise singură și detestată pe o grămadă de balegă.

În 1665, pe când se afla alături de restul Curții la Oxford, lady Castlemaine a dat naștere celui de-al cincilea copil. La scurt timp după aceea, a găsit prinse de ușă niște versuri ofensatoare în engleză și latină, referindu-se la pedepsirea femeilor imorale în Evul Mediu prin scufundare în apă.

> Motivul pentru care înecată nu-i?
> Pentru că este-a Cezarului, fir-ar![13]

Regele a oferit o recompensă de 1 000 de lire pentru descoperirea făptașilor, dar aceștia nu au fost de găsit.

În 1668, un grup de ucenici londonezi au făcut una cu pământul câteva bordeluri notorii și au amenințat că vor face același lucru cu cel mai mare bordel dintre toate, Whitehall Palace, domiciliul regelui Carol. La scurt timp după aceea, a început să circule o petiție falsă cu titlul „Petiția curvelor sărace către cea mai splendidă, ilustră, luminată și eminentă Doamnă a Plăcerilor, contesa de Castlemaine", prin care aceasta era implorată să intervină pentru ele ca să le fie recunoscut „meșteșugul în care Domnia Voastră sunteți mare expertă".[14] Lady Castlemaine a tunat și a fulgerat, și imediat a fost publicat un „Amabil răspuns" către curvele sărace, întocmit, pare-se, de nimeni altcineva decât amanta regelui însăși.

Înlocuitoarea lui lady Castlemaine, franțuzoaica Louise de Kéroualle, a fost cunoscută drept o susținătoare avidă a politicii franceze, indiferent de posibilele dezavantaje pentru Anglia, și o spioană a regelui francez Ludovic al XIV-lea. Poporul englez a fost revoltat că regele lor i-a acordat cetățenia engleză și a făcut-o pe deasupra și ducesă de Portsmouth. Ei au fost extrem de revoltați în timpul războiului de banii, bijuteriile și subvențiile pe care regele le-a pus la picioarele ei. Într-o zi, Louise a găsit următoarele versuri lipite de ușa apartamentelor ei din palat:

> Între aceste ziduri mereu un pat se pregătește
> În care unsul Domnului o iapă franțuză călărește.[15]

Louise a avut ghinionul de a fi o amantă catolică într-o țară puternic protestantă, într-o epocă în care dușmănia religioasă mocnea. Mama lui Carol era catolică, fratele lui mai mic, Iacob, se convertise, și se bănuia – pe drept cuvânt – că însuși Carol era în secret catolic. Populația protestantă trăia cu teama că se vor întoarce în timp, cu nu mai mult de 120 de ani în urmă, pe vremea Mariei I Tudor, cunoscută și drept *Bloody Mary* – Sângeroasa Mary – când ereticii erau arși pe rug în piața mare.

Englezii erau înfuriați de lingușelile pe care o amantă străină catolică le strecura încetișor în urechea regelui lor șovăitor. Priveau înapoi cu melancolie perioada lui lady Castlemaine, declarând mândri că ea fusese cea mai bună curtezană dintre toate – aducând pe lume nenumărați bastarzi regali, secând cu viclenie vistieria țării și fiind pe deasupra o englezoaică adevărată.

Situația a atins punctul culminant în 1680 cu o explozie de revolte de stradă între catolici și protestanți. Zilnic se ardeau momâi îmbrăcate precum papa. Ambasadorul francez îi scria lui Ludovic al XIV-lea că noul parlament va cere exilarea Louisei de la Curte și că era foarte probabil ca aceasta să fie întemnițată în Turnul Londrei și apoi executată. Liderii protestanți au încercat să o aducă în fața instanței pe Louise pentru că era o curvă de duzină, dar, spre norocul ei, judecătorul a refuzat să judece acest caz.

Dacă englezii muritori de rând au fost șocați de aleasa lui Carol, Louise de Kéroualle, curtenii au fost și mai șocați de Nell Gwynn, care provenea din pătura de jos. Contele de Arlington, unul dintre miniștrii regelui, i-a spus ambasadorului francez că „a fost bine pentru supușii onești ai regelui că Majestatea Sa a fost fermecat de Mademoiselle Kéroualle, care a fost o adevărată lady, care nu s-a dedat la intrigi. A fost mai bine să avem de-a face cu ea decât cu fete prostuțe și actrițe indecente și ușuratice, împotriva cărora nu se poate face nimic."[16]

Multe nobile care le acceptaseră pe celelalte amante ale lui Carol cu brațele deschise au refuzat fără ezitare să o primească în rândurile lor pe Nell din cauza originilor ei. Ducesa de Richmond i-a spus regelui că „nu suporta să converseze cu Nell", la care monarhul i-a răspuns că „o femeie cu care el se culcă este pentru toți, chiar și pentru prima-doamnă a țării, o companie pe măsură".[17]

Oamenii de rând, pe de altă parte, simțeau că, dacă regele lor trebuia să aibă o amantă, aceasta ar fi trebuit să fie mai degrabă o englezoaică protestantă, ca Nell, decât o franțuzoaică aristocrată susținătoarea a papei, ca Louise de Kéroualle. Mulți din clasele de mijloc și de jos o admirau pe Nell pentru că se ridicase din mocirlă și, grație talentului ei, a muncii asidue și a umorului, se transformare într-o lady.

Când a început teama isterică de catolicii susținători ai papei, la sfârșitul anilor 1670 și începutul anilor 1680, Nell conducea clar în topul opiniei publice. Era considerată „o femeie de încredere a Commonwealth-ului", o protestantă care „nu urmărește niciodată propriile-i interese, contribuind astfel la distrugerea poporului".[18] Louise de Kéroualle, pe de altă parte, era în mod cert un spion al inamicului istoric al poporului, Franța, și al papei. Îndesându-și în teșcherele banii din taxele plătite de popor, ea a devenit cunoscută drept „una dintre vacile urâte și slabe ale Faraonului", care „aproape a devorat o nație întreagă".[19]

Într-o zi, trăsura lui Nell a fost încercuită de o gloată care a crezut că este vorba de trăsura Louisei de Kéroualle, amenințând să o răstoarne. Nell a scos capul pe geam și a strigat: „Rogu-vă, oameni buni, fiți simțiți, eu sunt o târfă protestantă".[20] Drept răspuns, gloata a început să râdă, a binecuvântat-o și a lăsat-o să-și continue drumul.

„Ucideți-mă, de cutezați!"

În 1848, Lola Montez era atât de nepopulară în Bavaria încât a provocat o revoluție. La sfârșitul lui 1846, dansatoarea vizitase orașul München cu intenția de a rămâne o săptămână sau două și de a câștiga ceva bănuți cu spectacolele ei. Dar l-a fermecat pe bătrânul rege Ludovic, care a convins-o să rămână ca prietenă specială a lui. Cetățenii orașului nu erau orbi la vizitele frecvente pe care conducătorul lor le făcea în hotelul în care ședea dansatoarea. Și-au scos binoclurile și au cercetat-o îndeaproape în loja specială de la operă, pe care îl convinsese pe Ludovic să i-o ofere.

Ca întotdeauna, populația nu era prea preocupată de moralitatea sexuală a monarhului lor, ci de influențele politice exercitate asupra lui de o sursă din afară. Această femeie nu era de origine germană, așa cum fuseseră celelalte amante ale lui Ludovic. Mai rău de atât, Lola nu avea deloc vreo naționalitate clară, pretinzându-se spaniolă pentru a-și ascunde adevărata identitate. Născută în Irlanda, crescută în India, căsătorită în Anglia și divorțată acolo pentru adulter, Lola vorbea puțină spaniolă, cu accent irlandezo-britanic. Cine era această femeie? Dacă lucra într-adevăr pentru un guvern străin, care era acesta?

Mai rău decât naționalitatea ei incertă și agenda politică era temperamentul irascibil insolit al Lolei. Capricioasă, înfocată, greu de controlat, obișnuia adesea să pălmuiască sau să lovească cu pumnii proprietarii de prăvălii și oamenii de pe stradă dacă avea impresia că o insultau. Într-o zi, pe când se plimba pe străzile Münchenului, câinele ei negru uriaș l-a mușcat de picior pe un curier. Apucând un băț ca să se apere, bietul om a fost lovit puternic și repetat de amanta regelui. Mulțimea s-a strâns în jurul lor și a alungat-o pe Lola, care s-a adăpostit într-un magazin de argintărie. La căderea întunericului, când 400 de oameni erau încă în fața magazinului, strigând la ea să iasă, Lola a reușit să se salveze fugind pe o scară din dos.

Locurile de lângă loja Lolei erau de obicei goale, căci nimeni nu dorea să fie văzut în apropierea ei. În timpul spectacolelor, când Ludovic își abandona soția, copiii și invitații de la palat ca să o viziteze pe ea, Lola rămânea pe scaun în timp ce regele se ridica, o încălcare șocantă a protocolului.

Oamenii o îmbrânceau pe stradă și îi strigau cuvinte jignitoare. Băieții aruncau cu bălegar de cal după ea. Departe de a fi o domniță la ananghie, aceste incidente în care era implicată Lola au atras curând un grup de studenți care au început să se comporte ca niște gărzi de corp personale. Admiratorii ei au format o fraternitate a lor, *Alemannia*, semnul distinctiv fiind o șapcă roșie.

Folosindu-se de banii lui Ludovic, Lola organiza la conacul ei petreceri dezlănțuite cu mult alcool pentru membrii fraternității – unii le numeau chiar orgii. În timpul unei astfel de petreceri, studenții au purtat-o pe Lola pe umeri, prin toată casa, în urale și fără pantaloni, până când au lovit-o cu capul de un candelabru și aceasta a leșinat. Aroganța câtorva zeci de membrii ai Frăției *Alemannia* i-a revoltat pe alți 2 000 de studenți, care au început să fluiere și să huiduie de câte ori vedeau trecând câte o șapcă roșie. Când băieții din frăția care o susținea pe Lola apăreau la prelegeri, ceilalți studenți se ridicau și plecau. Au fost situații când în toată sala imensă de curs nu mai rămâneau decât doi sau trei membri ai *Alemannia*.

Deranjat de rapoartele constante despre astfel de evenimente, Ludovic a decis să închidă universitatea pentru un semestru. S-a iscat o revoltă, studenții și oamenii de rând fugărindu-i pe cei din fraternitatea *Alemannia* și încăierându-se cu ei pe străzi. Lola, auzind asta, s-a aruncat în mijlocul conflictului cu neînfricarea-i caracteristică. Dar a fost curând recunoscută și luată la fugă, atacată cu bălegar și doborâtă la pământ. A reușit să ajungă într-o biserică, de unde a fost dată afară numaidecât de preot. În final, câțiva jandarmi au încercuit-o și au ajutat-o să ajungă la palatul regal.

Sute de protestatari au luat cu asalt sediul general al poliției, au smuls pietre din pavaj și au spart toate geamurile clădirii. A doua zi, protestele au continuat. Pentru a dezamorsa bomba cu ceas care începuse să ticăie, comandantul municipal a anunțat mulțimea că Lola Montez va părăsi orașul într-o oră. Încântată, gloata a dat fuga la casa ei pentru a fi prezenți la plecarea târfei regale. Dar declarația fusese falsă. Lola a ieșit din casă cu o pușcă și i-a îndemnat să o ucidă. Când a fost atacată cu o ploaie de pietre în replică, ea a urlat: „Iată-mă-s! Ucideți-mă, de cutezați!“[21]

Îngrijorați că, din cauza nesăbuinței ei, Lola chiar ar fi putut fi ucisă, vizitiul ei și un locotenent i-au înhămat caii la o trăsură și au băgat-o cu forța înăuntru. Vizitiul a sărit pe capra trăsurii și a dat bice cailor, trecând prin mulțimea agitată. Așa a părăsit Lola orașul München împotriva voinței ei.

După câteva zile, Lola, deghizată în bărbat, cu o barbă falsă, s-a furișat înapoi în oraș și a reușit să îl viziteze pe Ludovic, pentru a-și asigura viitorul financiar. Ea și Ludovic au aranjat să se întâlnească în Elveția în câteva săptămâni, după ce lucrurile se vor fi calmat. Dar zvonul că Lola îl vizitase pe rege s-a răspândit degrabă prin oraș, iar mulțimea furioasă, tot auzind zvonuri că aceasta se ascundea într-o clădire sau alta, înconjura clădirile respective, amenințând să le demoleze.

În toiul acestor frământări, Ludovic a abdicat, sperând să poată părăsi Bavaria și să se ducă la Lola a lui. Dar cetățenii Bavariei, furioși că el urma să plece cu fondurile statului și bijuteriile Coroanei pentru a i le duce amantei lui, au devenit extrem de agitați. Fiul lui, noul rege, l-a implorat pe Ludovic să rămână în Bavaria, căci de nu, avea să piardă și el tronul. În ciuda câtorva încercări în următorii doi ani de a se întâlni, planurile lui Ludovic și ale Lolei au fost de fiecare dată dejucate. Și treptat, pe măsură ce afla mai multe despre stilul de viață al Lolei, Ludovic a început să o urască, ajungând să privească înapoi cu nostalgie la visul lui de iubire orbitor, naiv.

Revoluțiile din 1848 fuseseră ultima zvâcnire a Revoluției franceze. La sfârșitul secolului al XIX-lea, Europa occidentală se statornicise într-o formă mai elegantă de civilizație, în care societatea nu mai putea fi tulburată de lucruri atât de mărunte precum amanta unui rege. Când Eduard al VII-lea a devenit regele Marii Britanii, în 1901, i s-a spus *King Edward the Caresser* – Regele Playboy Eduard – un calambur cu trimitere la sfântul său strămoș, *King Edward the Confessor* – Eduard Confesorul. Englezii au râs în hohote când au auzit o poveste spusă pentru prima dată de un ofițer de marină de pe iahtul regal care, trecând pe lângă hubloul cabinei lui Eduard, l-a auzit pe acesta strigând: „Nu-mi mai spune sire și mai pune-ți o pernă sub șale“.[22]

Capitolul 9

Fructele păcatului – Bastarzii regali

Mulți bastarzi pe lume adus-am
Și multe ușuratice înnobilat-am.
Vistieria am secat,
Iar eu sunt astăzi mai sărac ca niciodat´.

Pamflet din 1680 despre
Carol al II-lea
al Regatului Unit

Un pântec rotunjit era cea mai de preț dovadă a afecțiunii regelui, mai prețioasă chiar decât o tiară cu diamante. Un copil îl lega pe rege de amanta lui mult timp după ce aceasta pica în dizgrație ori se pensiona, asigurându-i, de obicei, venituri generoase pentru toată viața. Nu este de mirare că majoritatea curților imperiale europene viermuiau de bastarzi regali.

În accepțiunea generală, bastarzii erau mai inteligenți și mai frumoși decât copiii legitimi. Se credea că sexul dintre un bărbat și amanta lui era cu adevărat un act de iubire, sau măcar de dorință reală. Iar în momentul conceperii, pasiunea, dragostea și dorința se contopeau pentru a da naștere unui copil mai impresionant decât cei rezultați în urma copulației forțate. Ludovic al XIV-lea, supărat că cinci din cei șase copii legitimi ai săi muriseră de mici în vreme ce majoritatea bastarzilor lui prosperaseră, a fost informat de medicii de la Curte că le dăduse seva de calitatea cea mai bună amantelor, lăsând pentru regină doar depunerile de pe fundul paharului. Adevărul era că sexul conjugal obligatoriu dintre veri producea adesea o altă generație genetic inferioară, cu sănătate precară, inteligență redusă și trăsăturile cele mai neplăcute ale părinților lor.

Într-o zi din anii 1670, regina Maria-Tereza, soția regelui Ludovic al XIV-lea și mama unui prinț la fel de șters și de lipsit de farmec precum ea, a fost foarte iritată când i-a auzit pe curteni povestind încântați despre fiii adorabili și precoce ai regelui cu Madame de Montespan. „Toată lumea se extaziază când vine vorba de copiii aceia, în vreme despre domnul Delfin nici măcar nu se aduce vorba vreodată“, a concluzionat ea.[1]

Pe lângă inteligența superioară și înfățișarea plăcută, bastarzii regali erau mai puțin aroganți decât frații lor vitregi legitimi care pășeau țațoși la Curte, aproape pocnind de mândria sângelui lor regal pur. Bastarzii nu aveau altă poziție oficială în afară de ceea ce alegea tatăl lor să le ofere, ei fiindu-i în schimb loiali până la moarte pentru generozitatea demonstrată. În 1189, când Henric al II-lea al Angliei era pe patul de moarte, dintre toți copiii lui, singurul care i-a stat la căpătâi a fost fiul bastard Geoffrey Plantaganet. Fiii legitimi supraviețuitori al lui Henric, John și Richard, se aliaseră cu regele Franței împotriva tatălui lor. „Tu și numai tu te-ai dovedit a-mi fiu adevărat și loial“, a murmurat Henric. „Ceilalți fii ai mei sunt adevărații bastarzi.“[2]

Dragostea regilor pentru fiii lor bastarzi

Regele își iubea adesea bastarzii mult mai mult decât pe prințesele și prinții concepuți cu forța în patul conjugal. Nimic nu l-a distrus pe Henric al IV-lea al Franței mai mult decât să vadă cum moștenitorul lui, Delfinul, era bucățică ruptă din mama lui, deloc iubita regină Maria de Medici. Conform spuselor unui nobil, curând după nașterea bastardului lui Henric cu Henriette d'Entragues, regele a spus că acest copil era „mai frumos decât cel al reginei, care seamănă cu Medici, fiind oacheș și gras. Când aceste vorbe au ajuns la urechile reginei, se spune că aceasta ar fi vărsat lacrimi amare."[3]

Când fiul lui bastard a crescut, Henric a arătat spre el, zicând: „Priviți cât de bun este acest flăcău și cât de mult îmi seamănă. Acest copil nu este atât de îndărătnic precum Delfinul."[4]

Medicul de la Curtea lui Henric, dr. Hérouard, scria: „Regina nu poate pricepe... cum de poate regele... să ofere mai multă tandrețe bastarzilor decât copiilor legitimi... (și se teme că) toată lumea va crede că îi iubește mai mult decât pe copiii reginei".[5]

În 1606, când caleașca familiei regale traversa un râu și a fost răsturnată de o viitură, Henric l-a prins pe César, bastardul său de 12 ani cu Gabrielle d'Éstrees, și s-a grăbit să îl ducă la loc sigur, lăsând restul familiei pradă pericolului de înec. Ne-o putem imagina pe durdulia regină Maria scuipând apă, cufundându-se cu veșmintele ei grele de catifea în apele noroioase învolburate, văzându-și soțul întorcându-i spatele și lăsând-o acolo pentru a-și duce bastardul în siguranță pe mal. Regina a fost pescuită de un curtean, care a târât-o de păr până pe mal. Ea l-a recompensat pe curtean cu un cufăr cu bijuterii, o pensie anuală și poziția de căpitan în Garda Reginei. Dar nu l-a iertat niciodată pe soț.

Spre marea mâhnire a Mariei, Henric al IV-lea a insistat să își crească cei opt bastarzi concepuți cu diferite amante în creșa regală, alături de cei șase copii legitimi ai lui. La început, Henriette d'Entragues, care obținuse de la rege promisiunea scrisă de căsătorie și se considera adevărata lui soție, a refuzat să își lase copilul să stea la creșă. „Eu nu voi permite fiului meu să stea în compania tuturor acelor bastarzi!" a spus ea furioasă.[6] În cele din urmă, Henric a insistat, sperând că, fiind cu toții împreună, copiii vor ajunge să se iubească și nu să devină rivali înverșunați. Regele își vizita frecvent cele 14 progenituri, dar cu greu reușea să îi strunească. Făcuse o listă, pe care o avea mereu în buzunar, în care îi descria pe copii, menționându-le numele și vârstele.

Mulți bastarzi regali, foarte iubiți de rege, își detestau mamele care trăiau practic o viață de rușine. Fiul lui Ludovic al XIV-lea cu Madame de Montespan, ducele de Maine, a dezvoltat paralizie infantilă la vârsta de trei ani, rămânând șchiop, o tragedie de proporții inimaginabile în acel univers numit Versailles dominat de grație desăvârșită și groaznică batjocură. Ducele și-a învinuit mama pentru năpasta lui, neiertând-o niciodată pentru răceala cu care l-a tratat drept consecință. În 1691, ducele a fost atât de încântat când a auzit că regele a exilat-o, în sfârșit, pe mama lui de la Curte, încât a insistat să îi ducă personal vestea acesteia. La o oră după plecarea ei bruscă, i-a și trimis toate lucrurile la Paris. Apoi a poruncit ca mobilierul să fie aruncat pe fereastră în curte, ca nu cumva să vină personal după el. Imediat după aceea, ducele s-a mutat numaidecât în frumoasele ei apartamente.

În mod similar, fiul lui Carol al II-lea cu Louise de Kéroualle, ducesă de Portsmouth, a fost apropiat de tatăl lui, dar și-a detestat mama. În 1685, când regele a murit, Louise l-a dus pe Carol, în vârstă de 14 ani, în Franța, unde l-a obligat pe acest protestant convins să treacă la catolicism. La 19 ani, Carol a fugit în Anglia – s-a zvonit că ar fi luat și bijuteriile mamei – a retrecut la religia protestantă, s-a însurat cu o nobilă englezoaică și și-a preluat locul din Camera Lorzilor – spre marea mâhnire a mamei sale, care era cât se poate de franțuzoaică și cât se poate de catolică.

Cel mai trist caz a fost acela al actriței Dorothea Jordan. Cei 10 copii ai ei cu viitorul rege William al IV-lea au lăsat-o să moară singură în exil și sărăcie, în vreme ce ei mergeau la toate petrecerile la care erau invitați alături de tatăl lor. Mama lor devenise un motiv de jenă; dar înalta societate îi accepta pe ei cu brațele deschise când erau în compania tatălui lor, regele. Toți cei opt copii din zece care s-au căsătorit au făcut-o cu membri ai unor familii nobile, ducând vieți de lux și uitând de mama lor care zăcea moartă într-o groapă comună din Franța.

BASTARZI LEGITIMI

Regii își recunoșteau, de obicei, progeniturile prin decret regal. Această legitimizare era o recunoaștere oficială a paternității, copiii rămânând bastarzi, dar bastarzi cu cele mai bune șanse pentru viitor. În 1360, Petru I al Portugaliei a dorit să-și recunoască urmașii cu amanta Inez de Castro, cu care se însurase după nașterea lor. Papa a declarat că acei copii puteau fi legitimi doar dacă mama lor era încoronată regină – iar Inez murise cu cinci ani în urmă. Fără a se lăsa descurajat, Petru a poruncit exhumarea ei și înveșmântarea scheletului în veșminte regale. A pus scheletul astfel gătit pe un tron din catedrală și l-a încoronat într-o ceremonie elaborată, la care toți nobilii au fost obligați să participe. După acest eveniment, nimeni nu a mai protestat când regele a dorit recunoașterea copiilor lui.

În secolul al XVI-lea, Europa devenise oarecum mai civilizată. Când Henric al IV-lea al Franței a dorit să oficializeze recunoașterea copilului născut în 1594 din relația cu Gabrielle d'Estrées, nu a trebuit decât să semneze niște documente prin care îl recunoștea pe César ca fiind fiul său. „Noi îi acordăm aceste scrisori“, a scris Henric, „întrucât stigmatul nașterii nelegitime a fiului nostru îl exclude de la toate posibilitățile de a accede la această Coroană... Situația lui ar fi una foarte precară fără această legitimare, prin care are dreptul la toate darurile și beneficiile ce îi pot fi acordate atât de noi, cât și de alții."[7]

Pe lângă faptul că regii își recunoșteau copiii, ei le ofereau și titluri nobile, creând un șir de mici conți și contese, duci și ducese. Chiar dacă bastarzii regali nu erau considerați parteneri de căsătorie potriviți pentru membrii familiilor regale străine, ei erau foarte căutați pentru căsătorii de către familiile nobile de aceeași naționalitate – amestecându-și astfel sângele cu sângele sacru al regelui. Prin căsătoriile frecvente ale ducilor și duceselor bastarzi în vechi familii nobile, majoritatea nobilimii europene de azi este direct legată de copiii regali concepuți de regi în alte paturi decât cele conjugale.

Vorbind despre Carol al II-lea, curteanul George Villiers remarca: „Regele ar trebui să fie tatăl poporului lui, iar Carol a fost cu certitudine tatăl unei bune părți a acestuia".[8] Carol a recunoscut 14 bastarzi – nouă fii și cinci fiice. A înființat șase ducate și un principat pentru fiii bastarzi, iar pe patru dintre fiice le-a făcut contese. Atât de mulți dintre fiii lui ilegitimi au primit numele Carol, încât el, asemenea lui Henric al IV-lea, predecesorul lui, abia dacă reușea să le țină socoteala. Carol s-a preocupat personal ca bastarzii lui să se căsătorească cu moștenitoare și moștenitori avuți, aranjând căsătoriile încă de copii – de multe ori înainte de vârsta de cinci ani – ca să fie sigur că averile deosebit de tentante nu le scapă printre degete.

Rivalitatea acerbă dintre amantele regale se extindea adesea la onorurile pe care regele le acorda copiilor lor. În 1674, Louise de Kéroualle a fost încântată când a aflat că fiul ei de doi ani, Carol, a fost numit duce de Richmond de Carol al II-lea. Dar bucuria ei a fost numaidecât umbrită de vestea că regele îl numise și pe Henric, fiul de 11 ani cu lady Castlemaine, duce de Grafton. Atunci a cerut ca fiul ei să aibă întâietate. Întâietatea oficială era acordată ducelui al cărui certificat de numire era semnat mai întâi. Ambele femei au tăbărât pe bietul Carol, care a sugerat neconvingător ca ambele certificate să fie semnate în exact același timp, dar nici una nu a vrut să audă de așa ceva.

Ambele certificate au fost întocmite cu aceeași dată, dar aveau nevoie de semnătura lordului trezorier, contele Danby, pentru a fi valabile. Danby avea în plan să plece la Bath a doua zi, iar lady Castlemaine i-a poruncit trimisului ei să meargă și să îl aștepte foarte devreme în zori, înainte să plece. Dar Louise auzise că Danby își schimbase planurile și că avea să plece cu o seară înainte. Trimisul ei i-a dat certificatul lui Danby exact când acesta urca în trăsură, forțându-l să intre înapoi în casă ca să semneze. A doua zi dimineața, când trimisul lui lady Castlemaine a sosit, a aflat că fiul Louisei urma să aibă pe vecie întâietate față de fiul lui lady Castlemaine. Este amuzant dacă ne imaginăm furia peste măsură a amantei înfrânte la aflarea veștii.

Nefiind nobilă, fiii lui Nell Gwynn nu au avut parte de aceeași generozitate. Nell și-a informat cu tristețe cei doi fii că „erau prinți după tatăl lor pentru măreție, dar aveau o târfă ca mamă, pentru umilință".[9] Într-o zi din 1676, când Carol a venit în vizită, Nell, frustrată de anii în care tot așteptase ca regele să îi onoreze fiii, a strigat la fiul ei de șase ani: „Vino-ncoa, bastard mic ce ești!" Când Carol a dojenit-o, ea a răspuns: „Nu am un apelativ mai bun pentru el". Râzând, Carol a spus: „În cazul ăsta, ar trebui să îi dau eu unul", și curând după aceea l-a numit pe băiat conte de Burford.[10] După alți opt ani în care Nell și-a folosit influența, a lingușit și a implorat, Carol l-a numit pe fiul ei supraviețuitor duce de St. Albans. Chipeșul băiat de 13 ani a primit apartamente splendide la Whitehall Palace și o alocație lunară de 1 500 de lire. S-a aranjat pentru el o căsătorie avantajoasă cu o tânără moștenitoare. Ducele de St. Albans și-a servit mai târziu țara ca ambasador în Franța.

ÎMPINS LA RĂZBOI, VÂNDUT PENTRU CĂSĂTORIE

Dacă bastarzii regali din secolul al XVII-lea se puteau baza în general pe un ducat, cei din vremurile dure și tulburi ale Evului Mediu aveau șanse destul de mari să ajungă pe tron. William Cuceritorul, bravul fiu din flori al lui Robert Magnificul, duce de Normandia, și-a scos sabia din teacă și a învins trupele engleze în 1066; un mileniu mai târziu, descendenta sa mult mai rafinată, Elisabeta a II-a, poartă cu măreție coroana. În Norvegia secolelor al XII-lea și al XIII-lea, bastarzii primeau tronul când tații lor mureau fără fii legitimi. În secolul al XIV-lea, bastarzii regali au stabilit întregi dinastii în Portugalia și Castilia. Este ironic faptul că Renașterea, când amantele regale au avut atâta putere, a suprimat posibilitățile fiilor acestora. Lumea medievală, clădită prin forța buzduganului și a securii, se poate lăuda cu puține legi pentru căsătorie, divorț și legitimitate prin comparație cu societatea civilizată și rafinată a secolelor de după.

Nu ar trebui să surprindă faptul că unii bastarzi regali din timpul Renașterii și ai Barocului priveau înapoi cu melancolie la secolele de dinainte, când bastarzii curajoși puteau câștiga un regat al lor. James, duce de Monmouth, fiul favorit al lui Carol al II-lea, a complotat să pună mâna pe tronul

Angliei. Tatăl lui nu avea copii legitimi, iar fratele lui Carol și moștenitorul său, Iacob, era detestat pentru că era catolic. După moartea lui Carol, în 1685, popularul duce a adunat trupe și a pornit război împotriva lui Iacob al II-lea. Dar trupele lui au suferit o înfrângere zdrobitoare. Monmouth însuși a fost capturat în timp ce dormea într-o tranșee și a fost decapitat la porunca unchiului său.

Mulți bastarzi, dându-și seama ce nesăbuit era să lupte pentru tron, și-au găsit onoarea și gloria luptând alături de tații lor regali și de frații lor vitregi. Ioan de Austria (1547–1578), fiul nelegitim al Împăratului Sfântului Imperiu Roman de Națiune Germană Carol al V-lea și al Barbarei Blomberg, a devenit amiral, curățând mările de pirați și învingându-i pe turci în Bătălia de la Lepanto pentru fratele lui vitreg Filip al II-lea.

Maurice, conte de Saxa (1696–1750), fiul bastard al lui August al II-lea cel Puternic al Saxoniei și al Aurorei von Königsmarck, a devenit un mare general și teoretician militar. James Fitzjames, mareșalul duce de Berwick (1670–1734), fiul lui Iacob al II-lea al Angliei și al amantei acestuia, Arabella Churchill, a luptat mai întâi pentru tatăl lui exilat și apoi pentru vărul lui, Ludovic al XIV-lea, ca general victorios. În timpul Războiului de Succesiune Austriacă (16 decembrie 1740–18 octombrie 1748), când contele avea 64 de ani, o ghiulea l-a decapitat la asediul orașului Philippsburg, pe când se afla în plină glorie.

Dacă fiii nelegitimi al regilor repurtau adesea victorii și se încununau de glorie pe câmpurile de luptă, fiicele erau folosite ca pioni în căsătorii pentru a împăca familii nobile nesupuse, dar puternice. Ludovic al XIV-lea și-a măritat două dintre fiicele lui nelegitime în clanul Condé, o puternică familie cu o bogată istorie a trădărilor ce începuse în urmă cu mai multe generații. Louise-Françoise, Mademoiselle de Nantes, fiică a regelui cu Madame de Montespan, avea doar 12 ani când s-a măritat cu un Condé, un liliputan de 17 ani cu un cap enorm. Dată fiind vârsta fragedă a copilei, consumarea căsătoriei ar fi trebuit să aștepte încă doi sau trei ani. Dar Madame de Montespan, care pusese gheara pe o partidă atât de strălucită și se temea ca această alianță să nu se destrame înainte de consumare, și-a forțat fiica să își piardă virginitatea chiar în noaptea nunții.

Familia mirelui a fost la fel de încântată de o asemenea legătură apropiată cu regele, deși a insistat să se mai aștepte cu sexul. Madame de Caylus scria: „Nunta a avut loc la Versailles, în mărețele apartamente ale regelui... cu grădinile iluminate grandios și cu toată acea splendoare de care era capabil regele. Grand Condé (bunicul mirelui) și fiul său nu au precupețit nici un efort pentru a arăta lumii întregi cât de încântați erau de încununarea acestei logodne pentru care făcuseră tot ce le stătuse în putință."[11]

Cel mai ciudat bastard dintre toți

Cel mai ciudat caz consemnat al unui bastard regal a fost cel al lui Don Antonio de Medici, fiul – și totuși nu fiul – arhiducelui Francesco de Medici al Florenței și al amantei lui, Bianca Cappello. În 1576, Bianca era amantă regală de zece ani, dar nu adusese încă nici un copil pe lume. Arhiducesa Johanna îi născuse soțului ei câteva fete nefolositoare, iar Francesco i-a promis amantei că, dacă îi va dărui un fiu, o va lua de soție și o va face arhiducesă de îndată ce deloc iubita lui soție, cu sănătatea ei veșnic șubredă, își va fi dat ultima suflare. Acest mult-dorit fiu, legitimat prin căsătorie, ar fi putut foarte bine moșteni tronul.

Nefiind genul care să se lase înfrântă, Bianca a luat măsuri drastice pentru a-i oferi lui Francesco acest fiu. A trimis un complice să aleagă trei femei gravide nemăritate și nevoiașe, fiind sigură că una dintre ele va avea un fiu, și le-a găzduit pe cheltuiala ei în trei locuri diferite din oraș. Bianca l-a anunțat apoi mândră pe Francesco plin de încântare că rămăsese în sfârșit grea. A început să își îndese lucruri pe sub rochie și nu îl lăsa în ruptul capului pe iubitul ei să o atingă, de teamă să nu-i tulbure sarcina.

Două dintre femei au născut fete, spre marea dezamăgire a Biancăi. Au fost plătite și lăsate să plece. A treia femeie, Lucia, aleasă pentru sănătatea și frumusețea ei, a dat naștere unui băiat. Imediat ce a aflat, Bianca s-a prefăcut că a început travaliul, urlând din rărunchi din cauza pretinselor dureri. Francesco, aflând vestea, a dat fuga să o aline, aducându-l cu el pe medicul de la Curte. Bebelușul, care fusese separat de mama lui fără prea multe scrupule și adus acasă la Bianca într-un coș de piață, a rămas ascuns până când a putut fi strecurat în siguranță în patul ei cu draperiile lăsate.

Travaliul a durat multe ore, până când Francesco a cedat și s-a întors la palat. Doctorul lui, însă, a rămas să asiste la naștere. Când doctorul, căruia nu i se permisese să o atingă sau să o examineze pe Bianca în timpul prefăcătoriei ei inimaginabile, a văzut-o pe bătrâna servitoare a Biancăi, Santi, traversând grădina cu un coș în mână, a înțeles ce se petrecea. S-a supus cu tact când Bianca i-a cerut un pahar dintr-un vin anume. Când a revenit, i s-a prezentat copilul nou-născut al Biancăi.

Și mama reală? Lucia, rămasă fără copil și sângerând încă, a fost obligată să pornească într-o lungă călătorie călare spre Bologna împreună cu Gazzi, doctorul cocoșat al Biancăi, care avusese grijă de ea în timpul așa-zisei sarcini. Gazzi a obținut pentru Lucia un post de doică la o familie bogată sub un nume fals și i-a spus toată povestea. Fiul ei, pe care Bianca și Francesco l-au botezat Antonio, avea să ducă o viață minunată. Dar Lucia s-a temut că Medici nu vor ezita să o reducă la tăcere pentru a proteja secretul nașterii lui Antonio. Timp de 12 ani, ea a umblat prin Italia sub nume false, păzindu-se mereu să nu moară de pumnalul vreunui Medici.

Curând după nașterea lui Antonio, arhiducesa Johanna i-a dăruit, în sfârșit, soțului ei un fiu și moștenitor, importanța lui Antonio slăbind, cel puțin temporar. Între timp, Santi, complicea Biancăi în nașterea înscenată, a început să o șantajeze pe

Bianca. Pe când se afla într-o călătorie cu alți servitori, Santi a fost atacată și înjunghiată de niște bandiți misterioși, care nu le-au făcut nici un rău celorlalți din grup. Gazzi a murit și el – asasinat, probabil, la comanda Biancăi – dar nu înainte să se confeseze unui preot, căruia i-a dezvăluit toată tărășenia.

Arhiducesa Johanna a murit în 1578, și nici nu a apucat să se răcească bine, că Francesco s-a și însurat cu Bianca. Zvonurile despre bizara naștere a lui Antonio au început să circule exact când toată Europa se minuna de căsătoria arhiducelui cu amanta sa și de încoronarea acesteia. Francesco, Bianca și Antonio au devenit ținta unor glume sarcastice în toată Europa.

Când băiatul a împlinit doi ani, Bianca știa că la urechile lui Francesco ajunseseră povești despre nașterea lui Antonio. Cum exista un fiu legitim, nu prea mai avea noimă să mai ascundă minciuna despre Antonio. Așa că i-a prezentat soțului ei adevărul ca pe un renghi pe care i-l jucase pentru a-l face fericit. Francesco, mulțumit de fiul lui legitim, i-a acceptat explicația. Cu toate acestea, a continuat să îl crească pe Antonio ca pe propriul fiu. Probabil că ajunsese să îl iubească pe băiat, în plus, nu își dorea să ajungă de râsul Europei admițând că amanta lui îi vârâse pe gât bastardul altcuiva ca fiind propriul fiu.

În 1582, când unicul fiu legitim al lui Francesco a murit la vârsta de patru ani, Bianca a insistat ca Antonio să fie recunoscut ca moștenitor al tronului. Francesco a cerut permisiunea regelui Filip al II-lea al Spaniei, care deținea o mare putere asupra statelor italiene. A fost o solicitare șocantă, mai ales că multă lume cunoștea povestea inedită a copilului. Cu mare diplomație, Filip a găsit o soluție genială: neputând moșteni tronul Toscanei, băiatul a fost ridicat la rangul de prinț de Capestrano din Regatul Napoli.

Fără a mai aștepta răspunsul lui Filip, Francesco l-a legitimat pe Antonio printr-o manevră total ilegală, l-a prezentat celor 200 de membri Consiliului Coroanei ca fiind fiul său și a poruncit să i se adreseze toți cu apelativul Înălțimea Sa.

Apoi l-a urcat pe copil într-o trăsură escortată de Garda Germană, un privilegiu rezervat doar prinților. Cetățenii Toscanei au fost revoltați. Membrii legitimi ai familiei de Medici deveniseră deja destul de greu de îndurat, dar să le fie vârât pe gât ca prinț un bastard de rând – fără pic de sânge Medici în vine – asta îi ațâța la revoltă.

Fratele lui Francesco, Ferdinando, moștenitorul legitim al tronului, se temea că Francesco l-ar fi putut convinge pe regele Filip să îl recunoască pe Antonio și să îl susțină cu trupe militare. Era motivul pentru care nu o scăpa din ochi pe Bianca, pe care o detesta cu toată ființa lui.

Francesco și Bianca au murit la câteva ore unul după celălalt în 1578, din câte se pare de malarie. Ferdinando, noul arhiduce, i-a retras imediat lui Antonio – acum în vârstă de 12 ani – toate titlurile și proprietățile și a refuzat să îl recunoască drept nepot. Dar a doua zi, după ce arătase cine deținea adevărata putere și aflând despre adevărata identitate a băiatului, Ferdinando i-a înapoiat acestuia toate minunatele proprietăți. A promis să îl protejeze și să îl onoreze atâta vreme cât avea să rămână un supus credincios. Ferdinando s-a dovedit a fi un protector iubitor al băiatului, aranjându-i personal o educație aleasă.

Auzind de morțile Biancăi și a lui Francesco, mama lui Antonio, Lucia, a revenit în Florența și, la îndemnul arhiducelui Ferdinando, s-a reunit cu fiul ei, Antonio, și, căutând să evite apariția unei noi generații de falși moștenitori care să revendice tronul Medici, l-a forțat pe Antonio să devină Cavaler de Malta, un ordin ai cărui membri nu au voie să se căsătorească. Antonio a trăit în bogăție și glorie și a murit în 1626, astfel încheindu-se povestea bastardului regal care aproape a moștenit tronul – fără să se fi vărsat vreo picătură de sânge regal.

CAPITOLUL 10

MOARTEA REGELUI

Sunt cel din urmă ce-a rămas la masă,
Când lumânările s-au stins
Iar florile pălit-au.

EDWARD ROBERT BULWER,
PRIM CONTE DE LYTTON

Doamna cu coasa învăluită în negru a vizitat frecvent palatele regale în secolele trecute. Cei mai sus-puși oameni din ținut erau adesea răpuși la apogeul tinereții și al puterii. Un membru al Curții ori al familiei regale putea dansa într-o seară și muri seara următoare.

Până și regii trebuie să moară. În mod inevitabil, ziua în care moartea cea costelivă și cu ochi goi începea să sfâșie cu degetele-i ca niște gheare sufletul monarhului, răbdătoare, până când el își dădea duhul, cuprins de panică și spaimă. Acum nu mai era timp pentru dulci amintiri despre tandre îmbrățișări la lumina lumânărilor, nopți amețitoare când vinul bun curgea râuri ori buze proaspete, sâni catifelați și coapse rotunde de femei. Nu acum, când regele se pregătea să traverseze singur râul Styx. Pentru prima oară în viața lui, el avea să fie *cu adevărat* singur, fără vreun alai de curteni lingușitori sau miniștri mărunți care să arunce petale de trandafiri în calea lui. Fără coroană, redus la statura unui cerșetor dezgustător, neprețuind mai mult decât orice alt suflet ce-și părăsește corpul efemer de carne putrezindă.

Privind moartea în ochi după o domnie de 70 de ani, Ludovic al XIV-lea a spus: „Facem ce poftim cât suntem în viață, dar când murim, avem mai puțină putere decât cel mai josnic individ".[1]

Protecția regelui pentru amanta sa înceta odată cu bătăile inimii lui; uneori, într-o izbucnire disperată de pocăință, chiar și mai devreme. Amantei i se interzicea adesea intrarea în camera în care zăcea monarhul de către rudele furioase, exceptând, desigur, cazul în care regele avea vreo boală contagioasă, cum ar fi variolă, când se aștepta de la ea să îl îngrijească. Chiar dacă reușea să ajungă la căpătâiul regelui pentru a-și lua rămas bun, era expediată înainte să apară preotul pentru ultima împărtășanie. Pentru monarhul muribund, amanta era dovada vie a păcatelor lui și i-ar fi întinat din nou sufletul abia purificat doar dacă ar fi privit-o.

Nimeni nu era mai de plâns decât curtezana unui rege pe patul de moarte. Poziția ei atent construită – și menținută doar la insistențele regelui – se prăbușea brusc, aruncând-o mult sub nivelul muritorilor de rând. Rareori i se acorda dreptul celor mai amărâți cetățeni de a vedea trupul neînsuflețit al iubitului sau de a participa la ceremoniile de înmormântare ale acestuia.

Răzbunarea familiei regale pentru insultele percepute era adesea rapidă și nemiloasă. Dacă fostele amante, eliberate de mult din această funcție de monarhul decedat, erau uitate, permițându-li-se o elegantă viață retrasă la țară, ultima amantă a regelui îndura toate resentimentele familiei regale, ale curtenilor și ale oamenilor de rând. În 1350, când Alfonso al XI-lea al Castiliei a murit de ciumă neagră, amanta lui, Leonor de Guzman, a fost întemnițată de îndelung ignorata soție a lui Alfonso, regina Maria, și asasinată în celula ei la porunca expresă a reginei.

Secolul următor a fost doar cu puțin mai civilizat. După moartea lui Eduard al IV-lea al Angliei în 1483, Curtea și opinia publică au fost atât de violent de ostile ultimei lui amante, Jane Shore, încât aceasta a fost obligată să mărșăluiască prin Londra purtând giulgiul alb și boneta unei pocăite și ducând în mâini o lumânare. Deși există dovezi că ea a mai trăit 40 de ani după aceea, s-a născut legenda că ar fi murit prin lapidare, pe o grămadă de bălegar. Această presupusă moarte a lui Jane Shore a fost dorită din tot sufletul multor altor amante de după ea.

Noul rege, de obicei fiul fostului monarh, abia aștepta să o pedepsească pe femeia care o făcuse pe mama lui, regina, să sufere. Fiul și moștenitorul lui Carol al II-lea, Ludovic, era adesea înnebunit de furie la vederea insultelor amantei tatălui lui, Agnes Sorel, la adresa suferindei lui mame. Într-o zi din 1444, Ludovic, dând nas în nas cu Agnes, a strigat: „Pe Iisus, Domnul nostru, femeia asta este cauza tuturor nenorocirilor noastre!“ apoi a lovit-o în nas.[2] Poate că Agnes a fost norocoasă că a murit înaintea amantului ei, căci nu s-ar fi putut imagina o existență pașnică a ei sub domnia lui Ludovic al XI-lea.

În 1760, când regele George al II-lea al Angliei era pe moarte, iubita lui amantă nici nu s-a apropiat de patul lui de suferință. Lady Yarmouth, care știa că viitorul rege George al III-lea nu o admira câtuși de puțin, și-a îndesat pe ascuns 10 000 de lire într-un seif, pe care l-a luat cu ea în țara natală, la Hanovra, unde George nu putea ajunge la ea.

Când auzeau de o boală gravă a unui monarh, prietenii îi abandonau amanta în valuri, într-un efort de a intra în grațiile viitorului rege. Madame de Pompadour a trăit asta pe pielea ei în 1757, când un nebun l-a înjunghiat pe Ludovic al XV-lea la Versailles, când urca în caleașca sa. Deși superficială, rana a sângerat și Ludovic a crezut că îl paște moartea. Madame de Pompadour, ale cărei încăperi erau mereu pline de curteni fandosiți, a găsit deodată mai puțini oaspeți, dintre aceia cu fețele radiind de bucurie. „Au venit să o vadă cum făcea față situației", scria doamna ei de companie.[3] Inamicul ei, marchizul d'Argenson nu și-a putut ascunde satisfacția când a raportat: „Pretinde a nu-și simți dezonoarea, dar oamenii o părăsesc încetul cu încetul."[4]

Plângând părăsită, amanta regală și-a făcut bagajele, pregătindu-se să fugă în paradisul ei sigur din Paris pentru eventualitatea în care regele ar fi murit. Dar, după câteva zile, Ludovic și-a revenit, a luat un baston și a strigat amenințător la fiul său: „Ai face bine să nu vii aici!" Apoi a coborât șchiopătând treptele scării secrete ce ducea în apartamentele ocupate de Madame de Pompadour.[5] Poziția ei era din nou sigură, iar curtenii slugarnici au început să aștepte din nou în anticamera ei pentru o audiență.

Moartea era un fel de prietenă a îndelung trădatei regine, căci îi reda soțul, care acum, pentru prima oară după mult timp de la luna de miere, îi aparținea doar ei. Ea știa acum unde era el, iar el nu mai putea evada pentru a-și vizita amantele. Cele câteva zile dintre moartea și înmormântarea unui rege erau adesea sacre pentru neglijata lui soție, și ultimul lucru pe care aceasta îl dorea era ca amanta lui să spurce sfințenia momentului.

La scurt timp după moartea lui Eduard al VII-lea în 1910, văduva lui, regina Alexandra, l-a invitat pe prietenul ei, lordul Esher, să privească pentru ultima oară trupul regelui înainte de înmormântare. Acesta a fost uluit de chipul ei vesel, zâmbitor, până când și-a dat seama că aceasta era prima oară în aproape 50 de ani de căsătorie când Alexandra își avea soțul numai și numai pentru ea, fără vreo competiție prin preajmă. „La urma urmei", a spus ea, plecată deasupra trupului neînsuflețit, „el tot pe mine m-a iubit cel mai mult întotdeauna."[6]

„ORICÂT RĂU MI S-AR PUTEA DORI, E MULT MAI DULCE DECÂT MAREA MEA PIERDERE."

În 1559, Diane de Poitiers, cea mai puternică femeie din Franța, a pierdut totul într-o clipă când, într-un turnir, o lance de lemn a pătruns prin viziera căștii amantului ei, Henric al II-lea, străpungându-i ochiul. Atât Diane, cât și regina Caterina erau în tribune, încurajându-l pe rege, când s-a petrecut accidentul. Când trupul leșinat al lui Henric a fost luat de pe teren, cu sângele șiroind prin viziera zdrobită din cauza așchiilor ce i se înfipseseră adânc în creier, neiubita lui regină a devenit monarh cu numele și *de facto* în numele fiului ei tânăr.

Diane a încercat să își facă loc prin mulțime ca să îl vadă pe Henric, dar nu a putut. Acesta a fost dus cu o lectică la palat, unde ei nu i s-a permis accesul. Neconsolată, Diane s-a întors la ea acasă, la Paris, încercând cu disperare să afle vești despre starea regelui. Dar nu a primit nici una. Nu a putut afla că iubitul ei pe moarte i-a strigat neîncetat numele, dar regina Caterina a refuzat să trimită după ea. În sfârșit, Soarta i-l dăduse pe deplin pe soțul infidel soției neglijate, iar aceasta nu avea de gând să îl împartă cu detestata Diane.

Regele a îndurat câteva zile de agonie în timp ce chirurgii au cules așchiile din cavitatea ochiului. Regina a poruncit cu inimă rece decapitarea a patru criminali condamnați pentru ca ticvele lor să fie folosite într-un efort zadarnic de salvare a soțului ei.

La zece zile după accident, regina a trimis un mesager la Diane ca să-i ceară să înapoieze Bijuteriile Coroanei pe care i le dăduse Henric. Cu siguranță că Diane regreta acum că se lăsase pictată goală, purtând doar bijuteriile, și că acel tablou fusese agățat în palat, ca să fie admirat de regină. Calmă, Diane a întrebat murmurând: „Regele a murit?“ Mesagerul i-a răspuns că nu mai era mult și murea. Atunci Diane i-a spus: „Atâta vreme cât mai există o boare de viață în trupul lui, aș dori ca inamicii mei să știe că nu mi-e teamă de ei. Căci nu există încă cineva care să îmi dea porunci. Curajul nu m-a părăsit încă. Dar când el va muri, nici eu nu voi a mai trăi, și oricât rău mi s-ar putea dori, e mult mai dulce decât marea mea pierdere.“[7]

Două zile mai târziu, regele a murit și un alt mesager a fost trimis la Diane pentru a recupera Bijuteriile Coroanei și cheile cabinetelor și pupitrelor regelui. Diane a înapoiat o cutie ce conținea bijuteriile și cheile, cât și un inventar al conținutului și o scrisoare personală adresată reginei, prin care își cerea scuze.

Dianei nu i s-a permis să participe la funeraliile regelui, dar a privit procesiunea trecând pe sub fereastra casei ei din Paris. Apoi s-a așezat și a așteptat să fie arestată. Dar gărzile nu au venit niciodată. Diane nu comisese vreun act de trădare și condusese înțelept Franța timp de 25 de ani. Poate că mai important de atât a fost faptul că își căsătorise cele două fiice în familii ce erau aliați puternici ai reginei. Caterina a obținut satisfacție din preluarea castelului de poveste Chenonceaux, pe care Henric i-l dăruise Dianei, și poruncind să se dea jos inițialele „HD“ ce fuseseră puse la porunca lui Henric prin numeroasele lui castele. Acestea fie au fost arse, fie au fost date unui sculptor în lemn ca să fie transformate în „HC".

Diane s-a retras la castelul din Anet, pe care îl moștenise de la defunctul ei soț. Poate că temându-se de mânia divină din cauza relației ei amoroase cu regele, a dispus ridicarea unui spital și a unui cămin pentru mamele nemăritate, orfani și văduve. A lăsat bani câtorva mănăstiri pentru slujbe întru mântuirea sufletului ei. În 1566, la șapte ani după moartea lui Henric, Diane a murit liniștită după o boală scurtă, la vârsta de 65 de ani, la fel de frumoasă. Un curtean a scris: „Este trist că pământul trebuie să ascundă acel frumos trup".[8]

„N-o lăsați pe biata Nelly să moară de foame."

Spre deosebire de majoritatea regilor care lăsau în urma lor o singură amantă la moarte, Carol al II-lea a lăsat în urmă un harem în 1685. Cele două amante principale ale sale au avut o soartă foarte diferită.

La vârsta de 55 de ani, regele a suferit un accident vascular cerebral, probabil din cauza sifilisului, și se pregătea să moară. Amanta lui, Louise de Kéroualle, i-a fost alături și i-a organizat o ultimă slujbă grandioasă. Ea era printre puținii care știau că regele era în secret catolic, chiar dacă, din motive politice, nu se convertise niciodată oficial. Mai știa și că el își dorea să primească ultima împărtășanie și să fie pregătit pentru moarte după obiceiurile Bisericii Catolice. El refuzase împărtășania protestantă pe patul de moarte, nimeni neștiind de ce – cu excepția Louisei și a fratelui regelui, Iacob. Dar Iacob era pierdut în negura gândurilor în care se pierde probabil oricine urmează să devină curând rege.

Louise s-a simțit împiedicată de decență să viziteze încăperea regelui, unde veghea vigilentă nefericita regină. S-a dus în schimb la ambasadorul francez, cerând să aibă o întrevedere cu Iacob și să găsească un preot. După spusele ambasadorului, ea ar fi zis următoarele: „Mergeți și spuneți-i că v-am implorat să se gândească bine ce se poate face pentru salvarea sufletului regelui, fratele domniei sale".[9] Iacob, amintindu-și de îndatoririle sale, l-a vizitat pe Carol numaidecât și l-a întrebat dacă ar fi dorit să îi aducă un preot, la care regele a răspuns: „Pentru numele lui Dumnezeu, frate, fă-o odată, și nu mai irosi vremea!"[10]

La scurt timp după aceea, a urcat pe scara secretă, adică pe aceeași cale pe care amantele urcaseră pe furiș pentru a-l vizita pe rege, un preot care s-a ocupat de ultima împărtășanie. După aceea, Carol a spus despre Louise: „Am iubit-o mereu și mor iubind-o".[11]

Auzind vestea morții lui Carol, o Louise panicată și-a găsit adăpost în casa ambasadorului francez. Știind că nu fusese niciodată populară, pentru că se implicase în politică, și că era urâtă ca susținătoare a grupării politice Whig și a papei și ca spioană, Louise s-a temut de noua guvernare și de popor. A încercat să pornească numaidecât spre Franța. Regele Iacob, temându-se de mânia puternicului ei protector Ludovic al XIV-lea, i-a oferit siguranță și i-a acordat o pensie de 3 000 de lire pe an. Dar a cerut de asemenea ca ea să rămână în Anglia pentru a-și achita datoriile către creditori și ca să returneze anumite Bijuterii ale Coroanei aflate în posesia ei.

Louise și-a netezit penele ciufulite și s-a întors la Curte, solicitând să primească alocațiile acordate de Carol – 19 000 de lire pe an pentru că îi era amantă și 25 000 de lire pe an din veniturile din Irlanda. Iacob i-a permis să păstreze cele 19 000 de lire, dar a păstrat pentru el cele 25 000. Șase luni după moartea lui Carol, a pornit pe mare spre Franța cu o adevărată armadă burdușită cu averea ei – 200 000 de franci de aur, cufere de stejar pline cu bijuterii și argintărie, mobile, sofale, lectici, opere de artă.

Obișnuită să trăiască extravagant și să joace nebunește jocuri de noroc, Louise s-a despărțit curând de bogățiile ei. Presată de creditori, a făcut naveta între Londra și Versailles, cerând zgomotos venituri din ambele țări pentru serviciile aduse și, de regulă, chiar obținându-le. Dar moartea lui Carol o forțase să se retragă din luminile rampei; într-o fracțiune de secundă se transformase din divă în biet spectator șovăitor. Spre marea ei mâhnire, timp de aproape 50 de ani a trăit ca un artefact interesant dintr-o domnie trecută, încă atrăgătoare, dar incontestabil irelevantă. Boala venerică pe care o luase de la rege păruse să fi dispărut după o primă criză virulentă. Louise a murit în 1734, la vârsta de 85 de ani.

Spre deosebire de Louise de Kéroualle, alocațiile lui Nell Gwynn au fost astfel stabilite încât să se anuleze odată cu moartea lui Carol. Ea nu avea moșii și nici alte venituri regulate. Când Carol se afla pe patul de moarte, trebuie să-și fi dorit să o fi răsplătit mai bine pe Nell pentru cei 17 ani de servicii loiale. „N-o lăsați pe biata Nelly să moară de foame", și-a implorat Carol fratele, Iacob, cu puțin timp înainte să își dea ultima suflare.[12]

Nell a avut probleme financiare imediat după moartea lui Carol. Creditorii ei – diverși proprietari de magazine la care deschisese conturi considerabile – nu-i dădeau pace, cerându-și banii. Inițial, regele Iacob nici nu a vrut să audă de rugămințile ei disperate de ajutor. Deși Nell avea numeroase proprietăți valoroase, acestea erau pe numele fiului ei, așadar, nu avea voie să le vândă.

În final, Nell a ipotecat câteva dintre proprietăți și și-a amanetat din bijuterii și argintărie pentru a obține numerar cu care să îi plătească pe creditori. Ea a sperat că Iacob va respecta ultima dorință a fratelui lui. Și a avut dreptate – trei luni după moartea lui Carol, James i-a trimis lui Nell bani pentru nevoile stringente și i-a promis ajutor suplimentar. La sfârșitul anului, el achitase numeroase facturi și îi dăduse în plus 2 300 de lire în numerar. Cel mai important, însă, este că, în ianuarie 1686, Iacob a stabilit pentru Nell o pensie anuală de 1 500 de lire – doar o parte din ce primise ea de la Carol, dar destul cât să ducă o viață confortabilă.

În cei doi ani de după moartea lui Carol, Nell s-a bucurat de traiul ei la Londra, vizitându-și prietenii, organizând dineuri sau mergând la teatru. De-a lungul anilor, a fost adesea bolnavă, dar s-a însănătoșit grabnic de fiecare dată. Se presupune că luase și ea, ca și Louise, o boală venerică de la Carol, dar la Nell aceasta i-a îngroșat cu timpul arterele și i-a crescut tensiunea.

În martie 1687, Nell a suferit un atac vascular cerebral. Părea că se recuperează lent, dar două luni mai târziu a suferit încă unul, de data asta mai grav. Paralizată fiind, a fost nevoită să rămână întinsă în imensul ei pat de argint, cel în care monarhul Carol o vizitase de atâtea ori. În el și-a trăit ultimele clipe, la vârsta de 37 de ani.

„... ARE MAI MULTĂ NEVOIE DE MILĂ DECÂT ORICINE."

Nu Madame de Pompadour ci succesoarea ei, Madame du Barry, a fost cea care a avut ghinionul să fie *maîtresse-en-titre* când Ludovic al XV-lea a murit. La 64 de ani, regele care avusese dintotdeauna o fascinație morbidă pentru leșuri, se molipsise de variolă după ce examinase coșciugul unei fete ce tocmai urma a fi îngropată. Fața lui, acoperită de pustule, a căpătat culoarea bronzului iar el a suferit cumplit.

După ce Madame du Barry și-a îngrijit amantul regal pe timpul bolii, punându-și propria sănătate în pericol, când regele mai avea puțin și murea, a fost izgonită din camera duhnind a sudoare și putreziciune pentru ca el să poată primi iertarea pentru păcatele pământești. Când regele, trezit dintr-un delir provocat de febră, a chemat-o și i s-a spus că plecase, el a întrebat: „Cum, deja?" Apoi a început să plângă.[13] Înainte ca preotul să îi administreze Sfintele Sacramente, el l-a forțat pe monarhul muribund să semneze o scrisoare prin care să poruncească închiderea amantei în mănăstirea în ruină de la Pont aux Dames. Necredinciosul amant, tremurând dinaintea porților Iadului, a semnat mârșavul document.

La îndemnul soției sale, noul rege, tânărul Ludovic al XVI-lea, i-a exilat de la Curte pe toți cei cu numele du

Barry, multe rude care profitaseră de bogăția amantei schimbându-și urgent numele. Dar mama Mariei Antoaneta, împărăteasa Maria Tereza a Austriei, și-a dojenit fiica pentru că s-a răzbunat pe o *„nefericită făptură*, care a pierdut totul și care are mai multă nevoie de milă decât oricine".[14]

Când trupul duhnind al lui Ludovic, îmbălsămat cu ierburi aromatice și depus într-un sicriu de plumb, era dus spre locul de odihnă veșnică, fosta favorită mergea cu inima ca de plumb către temnița ei. Câțiva prieteni loiali de la Curte au aranjat să aibă o servitoare și câteva piese simple de mobilier – un pat, câteva scaune, un mic covoraș și un paravan care să o ferească de curent. Înarmată cu aceste mici accesorii de confort, Madame du Barry a fost închisă într-o odăiță dintr-o mănăstire rece, veche de o mie de ani.

Deși măicuțele au fost scandalizate la început să aibă în mijlocul lor o femeie notorie precum Madame du Barry – unele se temeau că numai privind-o sufletele lor ar fi fost întinate – ele au ajuns treptat să îi admire firea plăcută. Educația ei mănăstirească a ajutat-o să se adapteze bine locului. Ajuta cu plăcere la muncile din mănăstire, nu întârzia niciodată la rugăciuni, astfel ajungând să le aibă la degetul mic pe pudicele călugărițe în doar câteva săptămâni. Un an mai târziu, când a fost eliberată, acestea au plâns când caleașca ce-o ducea pe Madame du Barry a dispărut în zare.

Inițial, i s-a interzis să se apropie la mai mult de 50 de kilometri de Paris și Versailles. Dar interdicția a fost ridicată curând, iar ea s-a întors în micul castel Louveciennes, de lângă Versailles, pe care i-l dăruise amantul ei regal. A devenit patroana satelor învecinate, îngrijindu-se de săraci și bolnavi, ceea ce nu a împiedicat-o însă să organizeze și unele dintre cele mai extravagante petreceri.

Dar lui Jeanne du Barry nu i-a fost scris să trăiască până la sfârșit în lux. Țăranii francezi ce suferiseră de foame în timp ce ea se distrase cu regele nu uitaseră asta. În 1789, lumea ei a început a se nărui. Bastilia a căzut, Ludovic al XVI-lea și Maria Antoaneta au fost ghilotinați, iar iubitul Madamei du Barry, ducele de Brissac, a fost linșat pe străzile Parisului, capul fiindu-i înfipt într-o suliță. Dulce, naivă și prostuță, Madame du Barry trăia într-o lume ireală la Louveciennes. A comandat statuete pentru grădină, rochii pentru ea, mobilă nouă. Când bijuteriile i-au fost furate și au apărut la Londra, ea a obținut de la guvernul Revoluției documentele necesare pentru a călători în Anglia pentru a le identifica. Într-o vreme în care mii de oameni încercau să fugă din Franța prin orice mijloace pentru a scăpa ce ghilotină, Madame du Barry **s-a întors în Franța** și la castelul ei, pentru a se relaxa în băi înmiresmate și a se întâlni cu croitorul personal.

Dar, la scurt timp după ce s-a întors, Madame du Barry a fost arestată, găsită vinovată de acuzații false de trădare și spionaj și condamnată la moarte prin ghilotinare. Ea a făcut o înțelegere cu călăii ei – să le spună unde erau ascunse toate bunurile ei de valoare de la Louveciennes în schimbul cruțării vieții. Timp de trei ore, aceștia au notat conștiincioși declarațiile despre bijuterii îngropate în grădină, argint ascuns în iaz, tablouri tăinuite în vechea moară.

Apoi au trimis pe cineva să îi taie părul și să îi lege mâinile. Iubita regelui a leșinat și a fost urcată într-un faeton alături de alți prizonieri. Gemând și suspinând, a fost târâtă cu forța pe treptele ghilotinei, strigând: „O să mă răniți! Vă rog nu-mi faceți rău!“[15]

Când capul cu părul ciuntit a căzut în coș, mulțimea a izbucnit în urale: *Vive la revolution!* Cea mai frumoasă femeie a Europei, ultima mare *maîtresse-en-titre*, a fost înmormântată într-o groapă comună, fără piatră funerară, alături de alte victime ale Revoluției franceze.

„Luați-o pe femeia asta din fața ochilor mei!"

În 1796, în timp ce făcea turul Italiei, Wilhelmina Encke Rietz, contesă de Lichtenau, a fost informată că amantul ei de 26 de ani, regele Frederic Wilhelm al II-lea al Prusiei, era grav bolnav. Un înalt oficial i-a scris că „numai prezența contesei de Lichtenau ar reuși, poate, să îl salveze pe rege, care este nerăbdător să o vadă".[16] Aceasta a pornit numaidecât spre Berlin.

Ajunsă acasă la Charlottenburg, Wilhelmina l-a găsit pe rege puternic afectat de boala gravă. Văzându-și iubita amantă, însă, el a început imediat să se simtă mai bine. Ea l-a îngrijit credincioasă pe Frederic Wilhelm, aranjând să fie jucate scenete în camera în care zăcea, instruindu-i pe bucătari să îi pregătească mâncărurile preferate. Regele distrus de durere era iritat dacă nu o avea pe contesă lângă el. Majoritatea curtenilor erau de părere că ea îi prelungea viața.

Dar, după un an și jumătate de recuperare treptată, starea lui s-a înrăutățit și a devenit clar pentru toți că era pe moarte. Prietenii Wilhelminei i-au recomandat să părăsească țara cu bijuteriile în valoare de 50 000 de livre. Dar Wilhelmina a rămas literalmente credincioasă până la moarte. Dorea să fie acolo, la căpătâiul iubitului ei, în momentul morții acestuia. Abia după aceea s-ar fi putut preocupa de ea însăși.

Picioarele lui Frederic Wilhelm s-au umflat îngrozitor. Scenetele și muzica nu mai erau un divertisment potrivit pentru un om pe moarte. Wilhelmina a început să cheme curteni a căror conversație îl amuza pe rege. Îi citea din cărți pe care ea le găsea interesante. Pe măsură ce agonia regelui se prelungea, Wilhelmina a început să aibă convulsii. Doctorii ce îl îngrijeau pe rege i-au recomandat să se ducă acasă și să se odihnească, promițându-i să o anunțe dacă starea regelui se ameliora sau se înrăutățea. Sleită, Wilhelmina s-a supus. Când s-a apropiat de prințul moștenitor, fiul de 27 de ani al lui Frederic Wilhelm, acesta a strigat: „Luați-o pe femeia asta din fața ochilor mei!“[17] Era un indiciu asupra lucrurilor ce aveau să urmeze.

Prințul moștenitor a poruncit să i se trimită vorbă Wilhelminei că tatăl lui era bine, ca să o împiedice să revină. Și astfel, regele Frederic Wilhelm al II-lea a trebuit să treacă în tenebrele lumii de dincolo fără să țină mâna ei mângâietoare într-a lui.

Sfâșiată de durere, Wilhelmina a aflat curând că o așteptau și alte lovituri ale destinului. Prietenii au dispărut peste noapte. Nimeni nu a venit să o consoleze. Propriii servitori au început să o jignească. Iar noul rege a trimis oameni să îi scotocească prin casă după documente de stat și să îi ceară cheile de la masa de lucru și de la dulapuri. Documentele atât de căutate s-au dovedit a fi poezii romantice, cântece și scrisori de dragoste.

Cu toate acestea, trei zile după moartea regelui, ea a fost pusă sub arest la domiciliu. Mama ei suferindă și credincioasa ei servitoare au fost izgonite. Copiii ei înspăimântați s-au aruncat în brațele mamei lor, de unde au fost smulși cu brutalitate. Timp de șase săptămâni, soldații au păzit-o pe Wilhelmina cât timp a rămas singură în casa cu obloanele trase, jelindu-și iubitul pierdut. În final, comisia ce-i investiga crimele i-a permis o plimbare zilnică de două ore. Când a ajuns în apropierea palatului iubitului ei, a izbucnit în lacrimi.

Wilhelmina a fost acuzată de multe nelegiuiri, inclusiv că ar fi sustras inele de pe degetele regelui muribund și un diamant mare cunoscut sub numele Solitaire. În replică, Wilhelmina a descris dulapul din dormitorul regelui unde puteau fi găsite diamantul și alte bijuterii. Ea scosese inelele la cererea regelui, astfel ca el să se poată spăla pe mâini. După aceea, când a vrut să i le pună la loc pe degete, a observat cât de umflate erau acestea. Nedorind să îl alarmeze, a pus inelele în acel dulap.

Wilhelmina a rămas în arest la domiciliu trei luni din ziua morții lui Frederic Wilhelm. În cele din urmă, un mesager a vizitat-o într-o seară ca să-i aducă decizia lui Frederic Wilhelm al III-lea. I se permitea să păstreze orice mobilă și bijuterie dăruite de rege și o mică pensie de 4 000 de taleri pe an. Dar trebuia să schimbe luxoasele case de la Charlottenburg și Berlin cu o închisoare fortificată din Silezia. Fără să verse o lacrimă, și-a făcut bagajele și a plecat imediat.

Dar Wilhelmina avea niște prieteni influenți dispuși să îi ia apărarea în fața valului de idignare regală. Aceștia i-au reamintit noului rege de repercusiunile urâte pe care le avusese asupra lui Ludovic al XVI-lea felul în care acesta o tratase pe Madame du Barry. Un politician italian de la Curtea din Berlin, pe nume Filistri, l-a atenționat deseori pe noul rege cu privire la dezonorarea memoriei tatălui lui. A început de asemenea să discute cu regina mamă – soția neglijată a defunctului rege – cu tânăra regină, cu prinții și miniștrii pentru a-i convinge să o elibereze pe Wilhelmina din fortăreață. După doar două luni în temniță, ea a fost eliberată. Câțiva ani mai târziu, Napoleon a venit în vizită la Berlin. S-a interesat personal de soarta Wilhelminei, iar, când a aflat că trăia în sărăcie, a reușit să îl convingă pe Friedric Wilhelm al III-lea să îi înapoieze o parte din avere.

Dar amanta dezmeticită nu s-a pensionat cuminte; a avut o serie de amanți. La vârsta de 50 de ani s-a măritat cu un tânăr artist care a părăsit-o după doar doi ani. S-a mutat la Viena și apoi la Paris, murind în 1822, uitată de toată lumea, la vârsta de 68 de ani.

„Nu am fost niciodată o Pompadour, cu atât mai puțin o Maintenon."

Dată fiind vârsta pe care o avea și durata relației ei cu împăratul Franz Iosif al Austro-Ungariei, Katharina Schratt a fost tratată cu mult respect la moartea amantului ei. În 1889, ea îi stătuse alături împăratului pentru a-l consola după tragica moarte a unicului fiu – în castelul de vânătoare Mayerling, Rudolf, prințul moștenitor de numai 17 ani, își împușcase mai întâi iubita, contesa Maria von Vetsera, după care se sinucisese cu un glonte. Katharina Schratt îi fusese singura consolare când iubita lui soție, împărăteasa Elizabeta, fusese asasinată în 1897. Și i-a rămas alături timp de 33 de ani în care imperiul său greu de stăpânit s-a năruit.

În 1916, când împăratul a decedat la vârsta de 86 de ani, amanta sa avea 66. Aceasta nu mai era actrița atrăgătoare pe care împăratul o văzuse pentru prima oară la teatrul imperial; Katharina devenise corpolentă, căpătând un aer de matroană. În timpul Primului Război Mondial, sufletista Katharina a inaugurat un spital pentru soldații răniți, supraveghind personal pregătirea mâncării hrănitoare care devenise tot mai greu de găsit.

În timpul vizitelor ei la împăratul rămas văduv, cei doi erau văzuți plimbându-se agale prin grădină. Uneori, ea îi citea documente imperiale, căci pe el îl cam lăsase vederea. Ea îi aducea alinare bărbatului slăbit care dusese pe umerii lui firavi un ditamai imperiu timp de aproape 70 de ani și care era copleșit acum de povara Primului Război.

De îndată ce împăratul a murit, Katharina a fost chemată la palat. Ea a cules doi trandafiri albi din seră și a luat o trăsură pentru distanța scurtă pe care o avea de parcurs. Fosta ei inamică, fiica împăratului, arhiducesa Valerie, a venit la ea în fugă, plângând, mulțumindu-i pentru că își închinase viața îngrijirii tatălui ei. Katharina a intrat în încăperea unde zăcea trupul neînsuflețit al împăratului, l-a văzut pe Franz Joseph întins în patul lui îngust, cu trup sfrijit și fără vreun licăr de viață, și a pus cei doi trandafiri în mâinile lui împreunate.

Cu proprietățile și bijuteriile pe care le primise ca amantă imperială, Katharina și-a susținut familia, dar și pe alți sărmani în groaznica perioadă dintre războaie. Cunoscută pentru generozitatea ei, Katharina a adoptat numeroși câini abandonați de stăpânii care nu-i mai puteau hrăni.

În anii 1930, jurnaliștii au hărțuit-o pentru a le da o declarație despre relația ei cu împăratul. Editurile au implorat-o să își scrie memoriile. Katharina le răspundea de fiecare dată: „Eu sunt actriță, nu scriitoare, și nu am nimic de spus, pentru că nu am fost niciodată o Pompadour, cu atât mai puțin o Maintenon".[18]

Într-o zi, pe când avea 86 de ani, Katharina – care trăise în amurgul strălucitor al Imperiului Habsburgic, în vremuri cu calești trase de cai, valsuri elegante și foșnet de superbe rochii de bal – a privit pe fereastră și a văzut coloana lui Hitler într-o procesiune triumfătoare prin Viena, trecând exact prin fața casei ei. În cele din urmă, la 56 de ani după ce devenise amantă imperială, Katharina făcea o declarație politică. A închis toate obloanele.

„Ce se va alege de mine?"

În 1910, regele Eduard al VII-lea al Regatului Unit murea la vârsta de 68 de ani, trupul său puternic ca al unui taur fiind răpus, în cele din urmă, de o viață plină de abuzuri. Auzind vestea, amanta lui, Alice Keppel, a început să scotocească prin toate hârtiile ei pentru a găsi o scrisoare pe care el i-o scrisese cu opt ani în urmă, după ce își revenise dintr-o criză gravă de apendicită – perioadă în care calea ei către camera bolnavului fusese ferm baricadată de regina Alexandra. În această scrisoare, regele cerea ca Alice să aibă permisiunea să îl viziteze din nou dacă el va suferi de o boală gravă.

Și astfel, nedorită, dar având permisiunea, Alice s-a strecurat în camera bolnavului, s-a așezat alături de monarhul muribund și i-a mângâiat mâna. Alexandra s-a dus la fereastră, întorcând delicatul spate regal acestei scene emoționante dintre soțul ei și amanta acestuia. Eduard i-a șoptit răgușit soției lui: „Trebuie să o săruți. Trebuie să o săruți pe Alice."[19] Ne putem imagina repulsia pe care trebuie să o fi avut când regina și-a întins buzele marmoreene. De fapt, o asemenea repulsie, încât mai târziu a negat că sărutul ar fi avut loc.

Când Eduard a intrat în comă, Alexandra l-a luat deoparte pe sir Francis Laking, prietenul regelui, și i-a spus: „Luați-o pe femeia aceea de acolo". Alice a devenit isterică și a refuzat să plece de lângă iubitul ei. Când era târâtă afară din cameră, a început să strige: „Nu am făcut nici un rău. Între noi nu a fost nimic greșit. Ce se va alege de mine?“[20]

Cu ușa bine ferecată, în prezența trupului soțului ei, Alexandra, a dezvăluit, în cele din urmă, față de sir Francis sentimentele pe care le tăinuise aproape cinci decenii. „Nu aș fi sărutat-o, dacă el nu mi-ar fi cerut-o“, s-a lamentat ea. „Dar aș fi făcut orice mi-ar fi cerut el. Acum doisprezece ani, când am fost atât de supărată din cauza lui lady Warwick, iar regele a protestat, m-aș fi putut despărți de el, dacă aș fi vrut. Atunci i-am spus, o dată pentru totdeauna, că putea avea câte femei dorea, că eu nu am să suflu o vorbă; și de atunci am făcut tot ce a dorit el să fac în legătură cu ele. El a fost viața mea, iar acum, că a murit, nu mai contează nimic.“[21]

După ce s-a adunat, Alice s-a întors acasă și le-a spus tuturor prietenilor ei că regina Alexandra nu doar că o sărutase, dar o și asigurase că familia regală va avea grijă de ea, o declarație negată de toți ceilalți care fuseseră de față. Alice s-a dus la înmormântarea lui Eduard îmbrăcată toată în negru ca o văduvă, acoperită de un voal negru până în pământ și cu pene de struț negre mari, dar a intrat în capelă printr-o ușă laterală. După perioada de doliu, Alice a decis că dispariția ei ar putea fi apreciată de noul rege. Ea și-a luat soțul și copiii și, cu câștigurile de pe urma păcatului ei, au plecat cu toții într-o călătorie de doi ani prin India și China. Când s-au întors în Anglia, familia a organizat niște petreceri extravagante.

În 1936, Alice, în vârstă de 67 de ani, lua prânzul la Ritz, în Londra, când s-a dat anunțul că regele Eduard al VIII-lea abdica pentru a se căsători cu amanta sa, Wallis Warfield Simpson. Alice a tresărit. „Lucrurile se făceau mult mai bine pe vremea *mea*“, a spus ea cu voce tare.[22]

CAPITOLUL 11

SFÂRȘITUL UNEI CARIERE STRĂLUCITE – ȘI VIAȚA DE DUPĂ

Ale îmbătrânirii degete neiertătoare
șterg urmele frumuseții trecătoare.

LORD BYRON

Pășind tiptil pe coridoare aurite, moartea se strecura uneori pe lângă apartamentele regelui și pătrundea în altele, unde îi făcea o vizită amantei. Trupul amantei regale moarte nici nu avea timp să se răcească și era aruncat într-un mormânt, după care curtenii o și uitau, preocupați de înlocuirea ei cu o alta.

Dar soarta majorității amantelor nu a fost întotdeauna o moarte tragică în tinerețe sau o pedeapsă dramatică după moartea iubiților lor regali. Multe dintre ele au avut o soartă mult mai banală – au trăit până la bătrânețe, învățând să urască oglinzile, fiind, în cele din urmă, înlocuite cu chipuri mai tinere și mai drăgălașe. În secolele trecute, neiertătorul Timp își lăsa mai repede amprenta-i devastatoare asupra frumuseții feminine. Frumoasa blondă a lui Ludovic al XIV-lea, Louise de La Vallière, și-a ascuns frumusețea pălindă între zidurile unei mănăstiri la „venerabila" vârstă de 29 de ani. Samuel Pepys o descria pe una din amantele lui Carol al II-lea, o „vârstnică" de 23 de ani, ca pe o femeie ce începea „să se treacă".[1]

Într-o zi, când lady Castlemaine a dat nas în nas cu inamicul ei, ducele de Ormonde, la Curte, și-a exprimat cu voce tare dorința ca acesta să fie desfigurat, infirm și să moară în chinuri în ștreang. Ducele a privit-o calm pe femeia de 29 de ani și i-a replicat: „Eu nu mă grăbesc să fiu martorul sfârșitului dumneavoastră, doamnă, căci tot ce îmi doresc este să trăiesc atât cât vă văd bătrână".[2]

Ce se întâmpla cu amantele respinse când îmbătrâneau? Multe continuau să aibă vieți active departe de Curte, căsătorindu-se, având copii, vizitându-și prietenii, bucurându-se de banii câștigați prin păcat în frumoase case de țară, pline de mobile elegante.

În anii de pe urmă ai vieții, fostele amante regale găseau în religie antidotul păcatelor lor din tinerețe. Și în vreme ce majoritatea, deja obosite, își lăsau frumusețea pradă omnipotentului inamic Timpul, câteva se luptau brave până la sfârșit.

Moartea ia o amantă

Nu este surprinzător faptul că Moartea lua multe amante regale la apogeul tinereții și al frumuseții lor. Tristul lor sfârșit era adesea prevestit cu multe luni înainte prin fericita veste a unei mult-dorite sarcini, o legătură tangibilă și eternă cu regele.

Moartea trebuie să fi râs cu poftă când a venit să o ia pe Gabrielle d'Estrées, căci și-a programat vizita cu o ironie desăvârșită – cu doar câteva ore înainte ca amanta să se mărite cu iubitul ei, Henric al IV-lea, și să devină regina Franței, eliberând astfel calea fiului ei, César, către tron. În martie 1599, Gabrielle era însărcinată în luna a cincea. Trecuse prin celelalte trei sarcini anterioare bucurându-se de o sănătate de fier. Dar aceasta de acum era mult diferită. Gabrielle era morocănoasă, irascibilă, abătută. Se plângea adesea că nu se simte bine, se temea de un dezastru iminent. Avea multe nopți în care nu reușea să adoarmă, iar când dormea, avea coșmaruri oribile.

Cu trei zile înainte de nuntă, care urma să aibă loc în Duminica Paștelui, Gabrielle a pornit spre Paris cu o ambarcațiune, pentru a pregăti ceremonia, în vreme ce Henric a rămas la Palatul Fontainebleau. Când Henric și-a luat rămas bun de la ea pe malul râului, Gabrielle a izbucnit în lacrimi și s-a prins strâns de el. Regele a crezut că iubita lui suferea de nervi; dar poate că într-un ungher ascuns al sufletului ea știa că era ultima oară când îl vedea pe Henric, îi simțea căldura și fermitatea trupului lui lipit de al ei.

Ajunsă la Paris, Gabrielle a mâncat acasă la prietenul ei, bacherul Zamet, unde la cină au fost servite și lămâi. Simțindu-se rău, Gabrielle și-a anulat prezența la câteva evenimente de gală. A doua zi după-amiaza, au început durerile facerii cu patru luni prea devreme. Durerile erau mai puternice decât fuseseră vreodată. Gabrielle se contorsiona în timp ce medicii scoteau copilul mort din pântec, bucată cu bucată. Deși erau de față doi chirurgi, trei farmaciști și un preot, Gabrielle a murit în Sâmbăta Paștelui, cu o zi înainte să fi apucat să devină regina Franței.

Momentul morții Gabriellei a fost atât de ciudat încât, cum era de așteptat, a început să circule prin toată Franța zvonul că fusese otrăvită. Suspecții erau Vaticanul sau Casa de Medici, care se opuseseră cu vehemență căsătoriei lui Henric cu Gabrielle, sperând că el se va căsători, în schimb, cu ducesa Maria de Medici. Doctorii – derutați, în ciuda autopsiei – au conchis că femeia fusese ucisă de o lămâie „stricată".[3] Doctorii moderni, citind rapoartele despre simptomele și suferințele Gabriellei, sunt de părere că aceasta a murit din cauza unei sarcini septice. Oricare ar fi fost cauza morții Gabriellei, mulți catolici au văzut în asta mâna Domnului, care a vrut să salveze în ultimul minut țara de rușinea urcării pe tron a unei târfe ca regină.

Când Henric a auzit de îmbolnăvirea bruscă a Gabriellei, a alergat numaidecât să o vadă, dar a fost oprit pe drum de vestea morții ei. Distrus, a îmbrăcat numaidecât straie negre de doliu în locul celor tradiționale albe sau violet, lucru pe care monarhii francezi nu-l mai făcuseră vreodată până atunci. Dragostea lui fusese profundă; inițial, durerea lui a fost extremă. De-a lungul unei îndelungate vieți de flirt, Henric îi fusese credincios unei singure femei, iar acea femeie fusese Gabrielle.

Amanta regală care avusese o asemenea onoare în viață a fost straniu umilită în moarte. Servitorii din casă au furat inele valoroase de pe degetele ei după ce a murit. Aflând vestea morții ei, tatăl Gabriellei și-a înhămat caii la căruță și a încărcat toată mobila prețioasă pe care ea o comandase pentru apartamentele regale. Grimasele puternice ale Gabriellei din timpul agoniei îi făcuseră gura să se strâmbe la spate în timpul morții și să rămână astfel ca împietrită; nici doctorul și nici ceilalți prezenți nu i-au putut-o aduce la poziția inițială. Trupul ei deformat, făr pic de urmă din frumusețea de odinioară, nu putea fi lăsat vederii. Sicriul a fost închis și bătut în cuie și împins sub pat, în casa ei din Paris, în timp ce persoanele îndoliate treceau prin fața unei păpuși de ceară cu chipul ei, lăsând alături, conform obiceiului, diverse mâncăruri. Henric – împiedicat să organizeze funeraliile la Notre Dame, deoarece Gabrielle nu făcuse parte din familia regală – a fost forțat să aleagă o biserică mai mică.

După funeralii, păpușa de ceară a Gabriellei a fost depusă într-o mică încăpere din apartamentele private ale regelui de la Luvru, fiind îmbrăcată cu o altă rochie în fiecare zi. Henric scria: „Rădăcina dragostei mele a murit; ea nu va mai da lăstari vreodată".[4] El a vizitat păpușa de ceară mulți ani, chiar și după ce a cedat dorințelor papei și s-a însurat cu Maria de Medici, luându-și – poate în semn de protest – o tânără amantă nubilă. În ciuda tristeții reale a regelui generată de pierderea Gabriellei, rădăcina dragostei lui a continuat să dea lăstari până în ziua morții.

Superba Mademoiselle de Fontanges a murit și ea din cauza unei sarcini. În 1680, ea a dat naștere copilului lui Ludovic al XIV-lea, copil care a murit la scurt timp după naștere. Deși ea a supraviețuit nașterii, sângerarea nu s-a oprit. După câteva săptămâni, femeia palidă și slăbită a părăsit Versailles pentru a se recupera la o mănăstire. Regele nu era foarte răbdător când venea vorba de boală, iar amanta lui a sperat că îi va cuceri inima încă o dată dacă se va întoarce radiind de sănătate și de frumusețe.

Madame de Sévigné descria contrastul emoționant dintre marea avuție pe care o avea Mademoiselle de Fontanges și boala fatală a acesteia: „Mademoiselle de Fontanges a plecat la Chelles", scria ea. „A avut patru trăsuri, trase de șase cai fiecare, caleașca ei fiind trasă de opt cai. Au însoțit-o toate surorile, dar cu toatele atât de triste, că ți se făcea milă privindu-le – frumusețea aceea extraordinară fără pic de sânge în obraji, albă ca ceara, schimbată, copleșită de tristețe, păsându-i de cei 40 000 de ecu pensie anuală la fel de puțin ca de taburetul pe care îl are și dorindu-și nimic altceva decât sănătate și inima regelui pe care l-a pierdut."[5]

Fosta favorită a sângerat încet până la moarte, pierzând în fiecare zi încă puțină vlagă, încă puțină culoare, până când, un an mai târziu, Mademoiselle de Fontanges a murit, la vârsta de 22 de ani. Există o poveste care spune că Ludovic a vizitat-o în ultimele ore de viață și a stat la căpătâiul ei, plângând. „Văzând lacrimi în ochii regelui meu", se povestește că ar fi zis ea, „pot muri fericită."[6] Dar la Versailles nu a crezut nimeni această poveste. În realitate, regele o uitase deja.

În 1743, amanta lui Ludovic al XV-lea, Madame de Ventimille, i-a născut un fiu sănătos, iar câteva zile mai târziu a murit din cauza convulsiilor. Trupul deloc popularei „târfe a regelui" a fost depus într-o casă din orașul Versailles și păzit de gărzi. Când aceștia și-au părăsit postul și s-au dus la cârciumă, o gloată furioasă au pătruns în casă și i-au pângărit trupul neînsuflețit.

Următoarea amantă a lui Ludovic, Madame de Châteauroux, a murit și ea de tânără. Cu câteva săptămâni înainte să își dea sufletul brusc, regele aproape murise din cauza febrei în timp ce se afla într-o campanie militară și acceptase solicitările preoților săi de a o izgoni pe Madame de Châteauroux, retrăgându-i toate titlurile și privilegiile. Regele s-a însănătoșit, iar amanta lui aștepta ca pe ace ca el să o cheme înapoi. În cele din urmă, acest lucru s-a întâmplat. Bucuroasă peste măsură, amanta și-a făcut bagajele pentru a se întoarce în elegantele ei apartamente de la palat și pentru a-și relua viața de unde o lăsase. A urzit nerăbdătoare planuri numai bune pentru pedepsirea celor care se bucuraseră fără rușine de decăderea ei.

Dar, înainte să se suie în trăsură, a fost lovită de o migrenă cumplită și a trebuit să se întoarcă în pat. Nerăbdătoare să își facă revenirea triumfătoare, a așteptat să îi treacă durerea de cap. Dar s-a instalat febra. A început să aibă convulsii care au făcut-o să urle de vibrau zidurile casei. Ambițiile ei înflăcărate, care aprinseseră întreaga Curte, s-au transformat într-o scânteioară, iar apoi în cenușă rece.

Regele a fost devastat. Marchizul d'Argenson scria: „Bietul nostru stăpân are o privire care te face să tremuri pentru viața ta".[7]

Ludovic a pierdut două amante în doi ani. Și avea să o piardă și pe următoarea și pe cea mai iubită. Timp de 19 ani, Madame de Pompadour domnise peste rege și națiune. Dar, în 1763, sănătatea ei a început să se deterioreze rapid. I-a mărturisit îndelungii ani de suferință vechii ei prietene, Madame de la Ferté-Imbault. „Nicicând nu am auzit un discurs mai frumos despre răzbunarea ambiției", scria prietena ei. „Părea atât de nefericită, de mândră, atât de violent de zdruncinată și atât de sufocată de propria-i enormă putere încât, după o oră de discuții, am avut sentimentul că moartea era singurul refugiu care îi mai rămăsese."[8]

La vârsta de 41 de ani, suferind probabil de tuberculoză și de insuficiență cardiacă congestivă, Madame de Pompadour urca scările cu atâta greutate că a fost nevoit să se instaleze un scaun mecanic pe scările de la Versailles. La începutul anului 1764, era limpede pentru toți că amanta regală era o femeie pe moarte. În februarie al aceluiași an, a suferit o hemoragie pulmonară, urmată de frisoane și febră. Regele a vizitat-o în fiecare zi. În aprilie, primăvara rece și umedă, în palatul în care trăgea cumplit, i-a agravat boala. În ultimele zile, și-a dat cu ruj în obrajii palizi, și-a pus o rochie de brocart peste lenjerie de corp albă din tafta și și-a coafat părul. Când regele a vizitat-o, ea, știind că el ura boala, a refuzat să vorbească despre boala ei, pretinzând că, de fapt, se simțea mai bine. Pe moarte fiind, a ascultat plicticoasele lui povești, intervenind cu remarci inteligente la momentul oportun.

Pe 13 aprilie, regele, după ce stătuse de vorbă cu doctorii Madamei de Pompadour, i-a adus acesteia vestea că mai avea de trăit doar câteva zile, poate chiar ore. Ea l-a întrebat dacă ar fi dorit să vină un preot să o vadă, iar el a dat afirmativ din cap. Ea nu-și dorea neapărat să facă asta pentru că știa că dacă ar fi venit un preot, Ludovic ar fi trebuit să plece, dată fiind natura păcătoasă a relației lor de odinioară, și avea să nu-l mai vadă vreodată. Amantele catolice erau osândite să moară fără prezența iubiților lor.

Ca și cum moartea banală a unui muritor de rând ar fi poluat atmosfera ambroziacă a zeilor, la Versailles nu era permisă moartea cuiva care nu făcea parte din familia regală. Dar Ludovic a insistat ca Madame de Pompadour să rămână acolo nestingherită, în tot confortul posibil.

Știindu-se pe moarte, ea și-a scris testamentul, lăsând multe bunuri prietenilor și servitorilor credincioși. În acea ultimă noapte, a dormit stând în fund într-un scaun, pentru că plămânii ei deteriorați puteau inhala puțin aer doar în acea poziție. A doua zi după-amiaza, Delfinul scria: „Moare cu un curaj rar ambelor sexe. De fiecare dată când trage aer crede că este ultima ei suflare. Este unul dintre cele mai triste și mai crude sfârșituri pe care și le poate cineva imagina... Regele nu a văzut-o de ieri."[9]

Înainte de sfârșit, Madame de Pompadour și-a murdărit așternuturile. Când cameristele au vrut să o mute ca să le schimbe, ea a spus: „Știu că sunteți foarte îndemânatice, dar eu sunt atât de slăbită că m-ați face să sufăr fără să vreți, și nu merită pentru cât timp mi-a mai rămas".[10]

Când preotul venit s-a ridicat să plece, ea i-a zâmbit frumos pentru ultima oară și i-a spus: „O clipă doar, domnule abate, și plecăm împreună".[11] Plămânii ei – niciodată foarte puternici, acum complet afectați – au expirat cu greu ultima suflare. Apoi a urmat o tăcere cumplită.

Când regele a fost informat că amanta lui murise, s-a închis în apartamentele sale cu câțiva dintre cei mai buni prieteni. Între timp, ducesa de Praslin, privind pe fereastră, a văzut trupul neînsuflețit al unei femei, „acoperit numai cu un cearșaf strâns atât de tare că se puteau distinge foarte bine formele capului, sânilor, stomacului și picioarelor".[12] La doar câteva momente după moarte, trupul Madamei de Pompadour a și fost îndepărtat din palat.

În ziua funeraliilor, un vânt rece sufla în jurul Palatului Versailles. Când cortegiul trist a trecut prin fața palatului, regele – căruia eticheta îi interzicea participarea la ceremonie – a ieșit pe balcon în ploaie, fără pălărie sau mantou, cu lacrimi grele rostogolindu-i-se pe obraji. „Sunt singurul tribut pe care i-l pot oferi", i-a spus servitorului lui.[13]

Când prietenul ei Voltaire a auzit că a murit, a scris: „Sunt profund afectat de moartea Madamei de Pompadour; plâng gândindu-mă la asta. Este atât de absurd că un scârța-scârța pe hârtie bătrân ca mine este încă în viață, în timp ce o frumoasă femeie a trebuit să moară la doar 40 de ani, în toiul celei mai strălucitoare cariere din lume. Poate că dacă ar fi avut parte de odihna de care mă bucur eu ar mai fi fost acum în viață."[14]

La câteva zile după funeralii, regina declara: „În sfârșit, nu se mai vorbește pe aici despre ea. Este ca și cum nici nu ar fi existat vreodată. Ce să-i faci, așa e lumea; este foarte greu să o iubești."[15]

AFACEREA VIEȚII

Nu toate amantele regale au avut sfârșituri tragice. Majoritatea dintre ele au îmbătrânit, au părăsit Curtea regală și și-au continuat viața cotidiană cu buzunarele doldora de banii câștigați prin păcat.

La începutul domniei lui George I al Angliei, trei vechi amante regale ale regilor defuncți au dat nas în nas la Curtea britanică. Ducesele de Portsmouth, Dorchester și Orkney, amante ale lui Carol al II-lea, Iacob al II-lea și William al III-lea, respectiv, au dat peste cap toate statisticile și au trăit sănătoase până la adânci bătrâneți. Ca un trio de gâște bătrâne și urâte legănându-se pe mal, venerabilele doamne s-au privit, apoi, deodată, ducesa de Orkney a cârâit: „Cine a fi crezut că ne vom întâlni toate cele trei curve bătrâne exact aici?"[16]

După exilarea iubitului ei, Iacob al II-lea, Catherine Sedley, ducesă de Dorchester, a primit o pensie de la William al III-lea. Ea avea să spună după aceea că „ambii regi s-au purtat frumos cu ea, însă ambele regine au fost foarte rele".[17] Iacob îi acordase o pensie mare constând din terenuri întinse, însă, după exilul lui, Camera Comunelor a amenințat-o cu pierderea lor. Isteața Catherine s-a dus în fața Camerei pentru a-și susține cauza și a câștigat.

Când Catherine a împlinit 40 de ani, un baronet scoțian, sir David Colyear, a făcut din ea o femeie cinstită. Sir David era ofițer în armata lui William al III-lea și era foarte respectat, atât de mult încât mulți s-au mirat de mireasa aleasă. În ciuda vârstei, Catherine i-a oferit soțului ei doi fii sănătoși. Umorul ei dintr-o bucată este cel mai bine evidențiat de sfatul pe care l-a dat fiilor ei cu Colyear: „Dacă îi spune cineva vreunuia dintre voi că e fiu de târfă, să nu vă supărați, căci așa este", i-a sfătuit ea. „Dar dacă vă numesc bastarzi, luptați-vă până la moarte; pentru că sunteți fiii unui bărbat onest."[18]

Elizabeth Villiers, ducesa de Orkney, nu s-a fălit niciodată cu poziția ei de la Curte ca amantă a lui William al III-lea. Dar, în 1694, când regina Maria a murit de variolă la vârsta de 32 de ani, i-a lăsat lui William o scrisoare în care îl mustra pe un ton amenințător pentru relația lui cu Elizabeth. Admonestările de dincolo de moarte sunt cele mai tulburătoare. Și astfel, William, după ce o înzestrase pe Elizabeth cu 90 000 de acri de teren în Irlanda și cu o dotă anuală de 5 000 de lire, a concediat-o.

Când Elizabeth a fost dată la o parte, se apropia de 40 de ani și nu fusese niciodată măritată. În ciuda vârstei înaintate și a lipsei unui fizic atrăgător – era descrisă ca fiind șasie „ca un dragon" – și-a găsit curând un soț respectabil, George Hamilton, fiul mai mic al ducelui de Hamilton.[19] Regele William l-a făcut numaidecât conte de Orkney, soția lui devenind automat contesă. Fiind mereu o persoană care spunea lucrurilor pe nume, Elizabeth i-a spus soțului ei imediat după ce l-a cunoscut că fusese „în relații foarte apropiate cu o anumită persoană, dar că nu dorea să audă vreun reproș sau vreo insinuare pe această temă".[20]

Căsnicia a fost nu doar fericită, ci și rodnică. Elizabeth, care nu avusese niciodată copii în timpul relației cu William, i-a dăruit soțului ei trei copii după vârsta de 40 de ani. A mai trăit încă 30 de ani după moartea amantului ei regal. La încoronarea lui George al II-lea în 1727, un martor a descris-o astfel: „A apărut îndărătul unui amestec de grăsime și riduri și a doi sâni de dimensiuni considerabile, dar foarte ofiliți, precedați de un burdihan imens, la toate acestea adăugându-se inimitabila rostogolire a ochilor în cap și părul ei cenușiu, care, ca prin minune, stătea ridicat drept, cu greu putându-și cineva imagina un spectacol mai savuros de atât".[21]

O altă amantă a lui Iacob al II-lea, Arabella Churchill cea cu chip urât și trup splendid, s-a măritat cu colonelul Charles Godfrey după încheierea legăturii cu Iacob. După ce îi născuse lui Iacob două fiice și doi fii, i-a dăruit soțului ei două fiice. Au trăit fericiți împreună 40 de ani.

Amanta respinsă a lui Napoleon, Maria Walewska, și-a găsit și ea fericirea în căsătorie, deși pentru scurt timp. După căderea lui Napoleon în 1815, ea s-a devotat fiului lor, Alexandru, și recâștigării proprietății lăsate acestuia de împărat. După moartea primului ei soț, de care divorțase, Mariei a început a-i face curte chipeșul general d'Ornano, care se îndrăgostise nebunește de ea. Ea a cedat până la urmă, căsătorindu-se cu el în 1816. Nouă luni mai târziu, a născut un băiat. Dar sarcina îi afectase serios rinichii plăpânzi. Și-a petrecut ultimele săptămâni dictându-și memoriile – descriindu-se mai degrabă ca fiind o poloneză patrioată decât o amantă lascivă. A murit în decembrie 1817, la vârsta de 31 de ani.

În exilul său de pe insula Sf. Elena, nimeni nu a avut curajul să îi spună lui Napoleon de moartea ei. A crezut că ea încetase să îi mai scrie pentru că era fericită în căsnicie. Când a murit și el, trei ani mai târziu, purta încă inelul pe care ea i-l dăruise și care conținea o șuviță din părul ei blond și inscripția „Când vei înceta să mă iubești, nu uita că eu te iubesc încă".[22]

Când s-a despărțit de lady Castlemaine după o relație de 12 ani, Carol al II-lea a spus: „Tot ce îți cer spre binele tău este să trăiești astfel în viitor încât să faci cât mai puțin zgomot cu putință, iar mie nu-mi va păsa pe cine iubești".[23] Dar indiferent pe cine a iubit, ea a făcut foarte mult zgomot. După nenumărate relații amoroase imorale, la vârsta de 65 de ani a scăpat, în sfârșit de soțul ei suferind de multă vreme. În doar câteva săptămâni, văduva veselă s-a măritat cu chipeșul Robert Fielding, de 54 de ani, care mai fusese însurat de două ori cu femei foarte bogate și avusese norocul ca ambele să moară.

Fielding își căuta o a treia moștenire când s-a întâmplat să găsească două văduve foarte bogate – Anne Deleau, valorând 60 000 de lire pe an, și lady Castlemaine, al cărei venit impresionant era binecunoscut în tot regatul. Fielding a decis că nu trebuia să se limiteze la una singură – intenționând să se însoare cu ambele și să le ia averile.

Dar, în loc să se însoare cu văduva Deleau, Fielding s-a însurat cu o impostoare pe nume Mary Wadsworth, o prietenă a coafezei văduvei, care a pretins a fi bogata Anne Deleau, moștenitoarea văduvei, pe care Fielding nu o văzuse niciodată. La a treia întâlnire, cuplul a fost căsătorit de un preot și căsătoria s-a consumat. „Moștenitoarea", însă, a spus că trebuia să locuiască un timp acasă la ea, până îi va fi dat tatălui vestea căsătoriei. L-a vizitat pe Fielding de mai multe ori, făcând sex cu el de fiecare dată și primind daruri generoase.

Între timp, Fielding s-a însurat și cu lady Castlemaine – deși căsătoria nu era valabilă, din cauza bigamiei lui Fielding, lucru, desigur, necunoscut ei. Fielding a descoperit curând că soția lui legală nu era deloc bogata doamnă Deleau, ci o șarlatancă fără nici o lețcaie. Le-a bătut măr și pe ea și pe coafeza complice. Între timp, a început numaidecât să își însușească veniturile pe care lady Castlemaine le primea de la Carol al II-lea. A început să îi vândă valoroasele mobile, iar când ea a protestat, a încuiat-o într-o cameră, refuzând să o hrănească. Când lady Castlemaine le-a spus fiilor ei, Fielding a spart sertarele secreterului ei și a furat 400 de lire, apoi a bătut-o rău, până când ea a reușit să deschidă o fereastră și să urle ca din gură de șarpe „Crimă!" Fielding a ieșit apoi în stradă și a început să tragă cu o espingolă. Fiii lui lady Castlemaine au obținut mandat de arestare pentru Fielding, care a fost dus la închisoarea Newgate și condamnat pentru bigamie. Dar Fielding trebuie să o fi fermecat cumva și pe regina Ana, pentru că aceasta l-a iertat. După doi ani, căsătoria lui lady Castlemaine a fost declarată nulă.

Experiența cu Fielding a pus, în sfârșit, capăt îndelungatei vieți pline de cacofonii zgomotoase a lui lady Castlemaine. La scurt timp după aceea, a părăsit Londra și s-a dus să locuiască în casa nepotului ei. În 1709, la vârsta de 69 de ani, a făcut hidropizie, trupul ei cândva incomparabil de frumos umflându-se și devenind o masă dezgustătoare de carne. Trei luni mai târziu a murit.

Consolarea religiei

„Când femeile încetează a mai fi frumoase, fac eforturi să fie bune“, a spus Benjamin Franklin, și ar fi putut foarte bine să fi vorbit despre amantele regale. Multe au trăit epifania religioasă – rareori când încă dețineau titlul de *maîtresse-en-titre*, cel mai adesea după ce picau în dizgrație și se retrăgeau la țară. Majoritatea femeilor păcătuiau fără grijă, atâta vreme cât erau în plină tinerețe și vitalitate, și se pocăiau în grabă, când mâna vârstei sau a bolii cădea grea peste ele. Multe femei sperau să câștige bile albe pentru Rai după o viață dusă în păcat, „oferindu-i zațul frumuseții lor lui Iisus Hristos“, după cum bine spunea sir Horace Walpole.[24]

În 1678, când amanta lui Carol al II-lea, Louise de Kéroualle, a simțit că este pe moarte, ea „i-a ținut o predică regelui, cu crucifixul în mâini, pentru a-l face să renunțe la femei“.[25] Dar pietatea ei a durat exact cât i-a durat și boala. La doar câteva zile după implorările ei de pe patul de boală către rege, auzind că acesta mergea la teatru cu rivala ei, Hortense Mancini, Louise s-a fardat și s-a târât până în loja regelui, unde, cu ghearele scoase, și-a revendicat statutul. În următorii 40 de ani nu l-a mai regăsit pe Dumnezeu.

Nu trebuie să presupunem că amantele regale și-au neglijat îndatoririle bisericești cât timp au fost în funcție, sau că religia nu s-a îngrijit de ele pe timpul păcătoasei lor existențe. Majoritatea participau zilnic la slujbele religioase și multe erau implicate în proiecte caritabile pentru săraci. În anii 1670, Primi Visconti le descria pe două dintre amantele lui Ludovic al XIV-lea la biserică, „ținând în mâini mătănii sau o carte de rugăciune, cu ochii ridicați spre ceruri, extatice precum niște sfinte!“[26]

Una dintre aceste sfinte extatice, Louise de La Vallière, a lăsat strălucirea Curții de la Versailles pentru sanctitatea unei mănăstiri la vârsta de 29 de ani. Louise, care ani de zile jucase rolul cameristei urmașei ei, Madame de Montespan, ajutând-o la îmbrăcat, i-a spus lui Ludovic că „după ce și-a dedicat tinerețea lui, restul vieții îi era îndeajuns de lung pentru a-l dedica proprie-i mântuiri“.[27]

Înainte ca Louise să plece de la Curte, Madame de Maintenon, ea însăși extrem de pioasă, a întrebat-o dacă se gândise la disconfortul trupesc ce o aștepta într-o mănăstire a Ordinului carmelit – cea mai strictă de la acel moment: veșmintele care înțepau și zgâriau, posturile lungi, munca istovitoare, zăduful și frigul. Maicilor le era interzis să vorbească și erau obligate să doarmă pe paturi tari ce aveau formă de coșciuge. „Când voi suferi la mănăstire“, a răspuns Louise, „va trebui doar să îmi amintesc ce am fost nevoită să îndur aici, și toată durerea îmi va părea mult mai ușoară.“[28] A făcut un gest către Madame de Montespan, aflată în celălalt capăt al camerei, care chicotea și îi șoptea ceva regelui la ureche.

În ziua în care Louise și-a luat rămas bun de la prietenii de la Curte, s-a aruncat la picioarele reginei Maria-Tereza, implorând iertare. „Crimele mele au fost publice“, a explicat penitenta, „căința mea trebuie să fie și ea publică.“[29] Regina, care o detestase mulți ani, și-ar fi dorit, poate, ca respectuoasa Louise să-și poată păstra fosta poziție și să o elimine pe obraznica Montespan. Dar Louise, lăsându-și cei doi copii care mai trăiau să fie crescuți la Versailles, s-a urcat în caleașca ei ducală și a pornit spre mănăstire, lăsând lumea în urma ei.

„A băut cupa umilinței până la fund“, a scris Madame de Sévigné.[30] În timpul ceremoniei prin care devenea novice, frumosul păr blond cenușiu al Louisei a fost tuns foarte scurt, deși Madame de Sévigné nota încântată că „cele două frumoase bucle de pe frunte i-au fost iertate!“[31] Poate că cel mai jenant moment pentru vanitatea ce-i mai rămăsese Louisei a fost pierderea pantofilor cu toc special făcuți pentru ea, unul mai înalt decât celălalt pentru a compensa pentru piciorul mai scurt pe care îl avea. Purtând sandalele plate obligatorii în mănăstire, Louise era obligată să șchiopăteze vizibil.

Un an mai târziu, la mănăstire s-au strâns o mulțime de curteni ca să privească spectacolul unic al amantei regale depunându-și ultimele jurăminte înainte să devină călugăriță, acceptând astfel vălul negru de la nimeni altcineva decât de la regină însăși, care a sărutat-o și a binecuvântat-o după aceea. A fost dificil să se obțină o invitație la ceremonie, mulțimea împingându-se și înghiontindu-se pentru a vedea spectacolul. Un martor ocular scria: „Ea nu a arătat nicicând mai frumoasă sau mai mulțumită. Pare a fi fericită, fie și numai pentru că nu mai trebuie să lege corsetul Madamei de Montespan...“[32]

Regele, măgulit de anii în care Louise îi aruncase priviri de reproș, suferind în tăcere în vreme ce el se fălea cu succesoarea ei, dorise să o păstreze la Curte, ca să îi amintească mereu cât de irezistibil era. A fost supărat la culme că ea îl preferase pe Dumnezeu regelui. Ani de zile, curtenii, dornici să vadă ceva atât de inedit precum o amantă regală devenită călugăriță, au vizitat-o pe Louise la mănăstire. După ce spunea o rugăciune care să o protejeze de ispită, ea, care renunțase la lume, era obligată să se vadă cu reprezentanți ai regelui în camera de primire a mănăstirii. Dar regele nu a venit și nu s-a mai văzut cu ea vreodată.

Poate că pioasa regină și-a dorit uneori să o urmeze pe Louise în sanctitatea pașnică a unei mănăstiri, să îi lase în urmă pe răutăcioasa Montespan și pe curtenii calomnioși. Dar reginele, spre deosebire de amante, părăseau Curtea doar în sicriu. Ani de zile, Maria-Tereza s-a bucurat de scurte sejururi petrecute la mănăstirea carmelită pentru consolare spirituală și odihnă. Într-o zi, după ce Louise devenise călugăriță, regina a privit pe geamul chilioarei ei de la mănăstire și a văzut o călugăriță în haine aspre, traversând cu mers nesigur curtea, cărând un balot enorm de rufe murdare. Aceea era, așadar, amanta soțului ei, pe care ea o tratase cu cruzime, orbită de gelozie. Rămasă fără perle, mătăsuri și iubirea regelui, dulcea și plina de speranță fată ajunsese astfel. Regina a început să plângă.

Lumea se schimba repede la Versailles. Actori și actrițe care s-au bucurat de cele mai strălucitoare roluri erau uitați aproape în clipa imediat următoare părăsirii scenei; o liotă de noi personaje se înghesuiau în culise ca să le ia locul în luminile rampei. Louise de La Vallière nu se potrivise niciodată cu adevărat în rolul splendid pe care îl primise. Avea mult mai mult caracter și mai multă conștiință decât în scenariu. Peisajul din jurul ei era mult prea încărcat, costumele prea împopoțonate, muzica prea tare, intrigile prea banale. Retragerea ei la mănăstire a fost cel mai fierbinte subiect de la Curte câteva zile, după care a fost dat uitării. „La urma urmei", spunea plictisită *Mademoiselle*, verișoara regelui, „nu e ea prima păcătoasă călugăriță."[33]

Madame de Montespan, deși fericită de încarcerarea fostei rivale într-o mănăstire, avea și ea pioșenia ei. Era cunoscut faptul că ținea postul Paștelui și că își cântărea pâinea. Când un oaspete s-a arătat surprins de acest lucru, amanta lui Ludovic al XIV-lea i-a spus: „Pentru că sunt vinovată de un păcat, trebuie oare să le comit pe toate?"[34]

Ducele de Saint-Simon scria: „În ciuda vieții ei păcătoase, ea nu și-a pierdut credința niciodată; obișnuia adesea să îl lase brusc pe rege pentru a se duce să se roage în camera ei, și nimic nu a putut-o determina să își întrerupă o zi de abstinență sau să își neglijeze cerințele postului Paștelui. A donat cu generozitate, i-a respectat pe credincioși și nu a spus niciodată ceva care să fi fost îndoielnic ori necuviincios. Dar", a mai adăugat el acid, „a fost poruncitoare, trufașă și foarte sarcastică, având defectele unei femei care a urcat în poziția pe care o are grație propriei frumuseți."[35]

În 1691, la 51 de ani, Madame de Montespan a primit poruncă de la rege să plece de la Curte, dar nu s-a retras liniștită la pensie. Urlând furioasă și luând cu asalt palatul, a obținut o ultimă audiență la Ludovic. Madame de Noyer scria: „... a intrat singură ca o furtună, reproșându-i ingratitudinea față de sacrificiile pe care ea le făcuse pentru el. Regele a îndurat această izbucnire isterică pentru că venea de la o femeie și pentru că era ultimul lucru pe care mai trebuia să îl suporte de la ea..."[36]

Madame de Montespan era o femeie extrem de bogată, deținând castele, moșii și case în Paris. Dar inima pulsândă a societății franceze era alături de rege, de obicei ca favorită a lui la Palatul Versailles. Duse erau acum pentru ea serbările pline de culoare, nevoia de bijuterii și rochii de satin, puterea și onoarea, supușenia lumii întregi.

Deși i s-a refuzat participarea la nunțile de la Versailles ale copiilor ei, i s-a permis să îi viziteze pe aceștia periodic la Curte. Madame de Caylus scria că „bântuia ca un suflet rătăcit, osândită să revină iar și iar pe scena unei vieți apuse pentru a plăti pentru vechile-i păcate".[37] În timpul acestor câtorva vizite la Versailles, nu a mai existat nici urmă din aroganța ei trufașă și temperamentul năvalnic de altădată. Nesigură pe ea, sperând să fie acceptată, invitată, fosta amantă imperială dictatorială străbătea ca o nălucă sălile de marmură, trecând neobservată prin locurile unde decenii la rândul ea fusese stăpână. În timpul scurtelor vizite la Curte, l-a zărit uneori și pe rege, deși de fiecare dată într-o companie numeroasă.

Madame de Montespan a cumpărat un castel în Pădurea Fontainebleau, unde regele mergea periodic la vânătoare. Când auzea trompetele regale sunând, ieșea din casă ca să apuce să îl vadă galopând în depărtare. Neliniștita exilată și-a mai cumpărat un castel, Oiron, în ținului ei natal, Poitou, pe care l-a transformat într-un altar închinat regelui, fiecare încăpere fiind decorată cu portrete și statui care îl înfățișau. Ludovic copil, Ludovic tânăr călare, Ludovic pe tron. Numai în camera ei de culcare erau patru astfel de portrete.

Madame de Montespan a aranjat chiar și o cameră specială exclusiv pentru rege, ca și cum l-ar fi așteptat pe monarh să vină în vizită. În cameră fusese adus un impresionant pat cu baldachin împodobit cu o coroană și cu draperii din catifea neagră brodată cu fir de aur, amplasate în spatele tradiționalei balustrade joase aurite. Într-adevăr, la Curte se specula, mai ales după ce soțul Madamei de Montespan murise în 1710, că Ludovic urma să o recheme, posibil chiar să se însoare cu ea. Unii au sperat chiar că Madame de Maintenon va elibera calea prin moarte și că după aceea, cu Madame de Montespan înapoi la Curte, ar fi putut cu toții să reînceapă distracțiile. Dar Ludovic nu a vizitat niciodată camera pregătită pentru el la Oiron. Iar Madame de Maintenon avea să trăiască încă trei ani după moartea regelui.

Treptat, Madame de Montespan a acceptat faptul că nu avea să mai fie vreodată invitată să locuiască la Curte. Ultimii ani ai vieții au adus o transformare religioasă – poate cu atât mai mult cu cât trebuia să plătească pentru că apelase la farmece și magie neagră pentru a-l cuceri pe rege. A construit un spital în care 100 de bătrâni, bărbați și femei, aveau să fie îngrijiți pe cheltuiala ei. Deși fusese mereu generoasă cu săracii, acum cosea zilnic haine pentru ei cu propriile mâini și le-a dat mare parte din bunuri. Femeia care, la

Versailles fiind, se îngrășase mâncând mâncăruri delicioase, postea acum mai mereu. În plus, obișnuia adesea să renunțe la mici plăceri cotidiene – ca, de exemplu, un joc de cărți cu musafirii – pentru a se ruga în capela sa.

Într-un gest care amintea de decizia din urmă cu 30 de ani a Louisei de La Vallières, Madame de Montespan a început să se autopedepsească purtând cămăși și dormind pe lenjerie de pat din pânză aspră. Ducele de Saint-Simon scria: „Purta mereu în talie, la încheieturile mâinilor și la glezne chingi de fier cu țepi, care îi provocau frecvent pe piele răni urâte."[38]

În mod ironic, Madame de Montespan a început să o viziteze frecvent pe Louise de La Vallière la mănăstire. Amanta regală care se pocăise de timpuriu și se ascunsese de bunăvoie de măreția Curții de la Versailles era cu adevărat fericită. Cealaltă amantă regală însă a găsit căința abia după ce a fost forțată să renunțe cu greu la poziția ei de putere. Îmbătrânind și nemaifiind iubită, singurul loc unde se mai putea duce era altarul. Dorea să afle de la Louise cum reușise ea să accepte piederea tuturor onorurilor pământești și să le înlocuiască pe toate, cu inima deschisă, cu dragostea pentru Dumnezeu. Iertând trădarea crudă din trecut, Louise și-a inițiat bucuroasă fosta prietenă în tainele Grației Divine. Dar, spre deosebire de Louise, a cărei pocăință și fapte bune au fost făcute în spatele zidurilor unei mănăstiri, Madame de Montespan a făcut paradă cu evlavia ei la fel de ostentativ precum își afișase cândva păcatele.

Dacă epifania religioasă a Madamei de Montespan a mai atenuat din desfrâul, aviditatea și voracitatea ei, mândria i-a rămas mai vădită ca oricând. Ducele de Saint-Simon relata că, după ce se retrăsese, ea rămăsese la fel de arogantă precum fusese pe când domnea peste Versailles, pretinzând toate privilegiile regale de care avusese parte în zilele de glorie. Primea vizitatori șezând într-un fotoliu în vreme ce ei erau obligați să rămână în picioare. Câțiva membri ai familiei regale primeau scaune, dar chiar și așa ea nu se ridica pentru a-i întâmpina ori pentru a-i conduce la ușă. Mulți dintre ei se prezentau fostei amante pentru a privi chipul care îl încântase pe rege și marcase o eră.

Îngrozită să nu moară singură, Madame de Montespan angaja femei care să îi citească și cu care să joace cărți în camera ei înainte de culcare. Ținea draperiile patului trase și numeroase lumânări aprinse prin cameră. Poate simțea moartea pășind tiptil prin castel, căutând-o.

Când moartea a găsit-o, ea o aștepta. Nu se mai temea. Pe patul de moarte, după spusele ducelui de Saint-Simon, „și-a chemat toți slujitorii din casă, până la cei mai umili, și și-a mărturisit păcatele despre care știa toată lumea, cerându-și iertare pentru îndelungata-i și scandaloasa-i viață trăită în public. Teroarea morții care o obsedase atâta vreme se spulberase brusc... A mulțumit Domnului că i-a îngăduit să moară departe de copiii ei, roadele adulterului..."[39]

Trupul Madamei de Montespan – cel care îl încântase pe rege și o ajutase să ajungă la putere și să dobândească atâtea avuții, cel care era zilnic masat cu uleiuri prețioase – avea acum parte de insulte macabre. Autopsia a fost făcută de un chirurg învățăcel. Doar cei mai umili servitori au rostit rugăciuni la căpătâiul ei, restul făcându-se nevăzuți. Trupul ei a fost abandonat în fața ușii casei, preoții certându-se care să îl preia. Biserica parohială a câștigat; sicriul a fost depus acolo și pare-se uitat vreme de două luni. În cele din urmă, o procesiune funerară „remarcabilă prin parcimonia sa rușinoasă" a pornit spre Poitiers, unde rămășițele ei pământești au fost depuse în cripta familiei, sub o piatră neagră de marmură.[40]

Între timp, conform obiceiului, măruntaiele ei au fost depuse într-o urnă pentru a fi îngropate separat. A fost angajat un curier care să ia urna și să o ducă la o mănăstire, însă acesta, simțind ceva puțind, s-a uitat în vasul prost sigilat. Bărbatul a fost atât de speriat de ce a văzut că a runcat conținutul într-un canal, de unde niște porci s-au înghesuit să-l înfulece numaidecât. Când această întâmplare a fost povestită la Versailles în hohotele de râs ale tuturor, o nobilă prezentă a spus: „Măruntaiele ei? Oare? A avut așa ceva?"[41]

Fiul nelegitim al Madamei de Montespan, ducele de Maine „nu și-a putut ascunde bucuria" la auzul veștii morții mamei sale. Singurul ei copil legitim, ducele d'Antin, a exclamat bucuros: „Iată-mă, în sfârșit, mă dezgheț!" – aluzie, probabil, la plăcerea de a sta în lumina Regelui Soare fără ca mama lui să facă umbră.[42]

În mod surprinzător, Madame de Maintenon, care avusese o relație destul de rece cu Madame de Montespan în ultimii ani ai acesteia, a fost atât de necăjită când a aflat de moartea ei, încât s-a încuiat în toaletă. La fel de surprinzătoare a fost indiferența extremă a regelui față de moartea celei ce-i fusese amantă atâția ani și care îi dăruise șapte copii. Soția unuia dintre nepoți, pe care o iubea foarte tare, și-a făcut curaj și l-a întrebat de ce nu era în doliu, iar el a răspuns rece „că atunci când s-a despărțit de Madame de Montespan nu s-a așteptat să o mai vadă vreodată, iar în ceea ce îl privea, ea fusese moartă pentru el din acea zi".[43]

Cea mai surprinzătoare pocăită a fost impetuoasa Lola Montez – Lola ce egoistă și vicleană, care i-a frânt inima regelui Ludovic al Bavariei și din cauza căreia acesta și-a pierdut regatul. După exilarea ei din Bavaria din 1848 și după abdicarea lui, Ludovic s-a rugat ca ea să își dea seama într-o zi de greșelile făcute și să se căiască sincer.

Nu a fost dezamăgit, chiar dacă Lolei i-a luat câțiva ani să ajungă acolo. Lola avea talentul unic de a se reinventa. După exilul din Bavaria, s-a mutat în Statele Unite, unde mulțimea se înghesuia să vadă o fostă amantă regală dansând. După ce a împinit 30 de ani, iar cerințele fizice ale dansului au devenit tot mai dificile, ea a început o carieră actoricească. A jucat într-o piesă de teatru de succes despre ea însăși, numită *Lola*

Montez în Bavaria, în care era portretizată ca susținătoare virtuoasă a libertății constituționale, consilier politic al regelui și – ironia supremă – prietenă la cataramă cu soția regelui, regina Tereza, care o detestase din tot sufletul.

Veșnic romantică, Lola s-a măritat de două ori, nici una dintre căsătorii nefiind legală deoarece primul ei soț trăia încă. În 1853, Lola s-a stabilit în California, în orașul minier Grass Valley, fiind parcă croită pentru Vestul Sălbatic. A crescut un urs în curtea din spatele casei, a investit într-o mină și era deseori văzută vizitând puțurile miniere cu câte un trabuc în colțul gurii. În timpul celor doi ani cât a locuit în Grass Valley, a existat un singur incident, când l-a biciuit pe un jurnalist într-o cârciumă pentru că scrisese ceva urât despre ea într-un ziar. Altfel, Lola era recunoscută pentru activitățile ei caritabile și, surprinzător, pentru studiul Bibliei.

În 1857, la vârsta de 37 de ani, Lola a început să țină prelegeri în multe orașe americane. Cea mai populară prelegere a ei se numea „Femei frumoase", în care descria atributele celor mai celebre frumuseți din Europa. Pe multe dintre ele nici nu le cunoscuse vreodată, dar pretindea că îi erau bune prietene. Lola își amuza publicul american cu prelegeri despre obiceiurile și caracterul europenilor, apoi mergea în Europa și ținea prelegeri despre obiceiurile și caracterul americanilor. În multe orașe, era condamnată în presă pentru imoralitatea sa, ceea ce îi aducea un public și mai numeros. Prelegerile i-au adus Lolei onorarii substanțiale și i-au spălat, în același timp, reputația. Publicul ei era surprins de evlavia rigidă a acestei femei cândva ușuratice.

În iunie 1860, Lola a suferit un atac de paralizie. S-a crezut că va muri, iar presa europeană chiar a scris despre moartea unei faimoase dansatoare. Cu hotărârea-i caracteristică, Lola s-a luptat aprig pentru a-și redobândi sănătatea. Îngrijită de vechi prieteni, în decembrie a putut merge și vorbi din nou. Dar, după o călătorie într-o trăsură deschisă, a făcut pneumonie și a murit pe 17 ianuarie 1861, la vârsta de 40 de ani. A fost înmormântată în Cimitirul Greenwood din Brooklyn, New York. Titlu de primă pagină al ziarelor europene a fost: „Lola Montez a murit – Cu adevărat, de data asta".[44]

În ciuda succesului prelegerilor ei, Lola a lăsat moștenire doar 1 247 de dolari pentru că dăduse deja de pomană o mare parte din câștiguri. În testamentul ei, Lola a lăsat 300 de dolari Societății Magdalen – o organizație de ajutorare a fostelor prostituate.

După moartea Lolei, un prieten i-a scris la München lui Ludovic – acum în vârstă de 74 de ani – că Lola „mi-a vorbit adesea despre Majestatea Voastră și despre prietenia și bunăvoința dumneavoastră, pe care le-a apreciat profund – dorind să vă transmit că și-a schimbat viața și prietenii... A dorit să vă aduc la cunoștință că a păstrat pururea un respect sincer pentru amabilitatea domniei voastre. A murit într-o sinceră pocăință, sperând în iertarea și acceptarea Mântuitorului nostru, prin marea Sa bunăvoință."[45]

Fostul rege a răspuns: „Am citit cu mare satisfacție despre pocăința L. M. pentru viața ei de odinioară... Este o mare consolare să aflu că a murit ca o creștină..."[46]

În anii cei din urmă, Ludovic a surzit progresiv, izolându-se de societate. A trăit să vadă murind mulți dintre copiii săi, inclusiv pe moștenitorul Maximilian al II-lea. A văzut înfrângerea Bavariei de către Prusia, în 1866. Și-a văzut nepotul tulburat mental, Ludovic al II-lea al Bavariei, generând la rândul lui tulburări politice.

Bătrân fiind, Ludovic a început să scrie poezii, printre care și una despre povestea lui de iubire cu Lola Montez, în care își exprima tristețea la gândul că această femeie se născuse doar pentru a-i aduce lui nefericirea.

Tu m-ai făcut să-mi pierd Coroana
Dar furios pe tine nu-s din ăst motiv
Căci te-ai născut nenorocirea mea să fii,
Lumină orbitoare, arzătoare!

Fii fericită! Strig-al meu suflet după tine,
Acoperind distanța tot mai mare dintre noi;
Găsește, în sfârșit, calea salvării,
Căci viciu-aduce doar rușine și ruină.

Prietenul cel mai de preț ce l-ai avut vreodat´,
L-ai alungat ca o perfidă,
Iar ușa fericirii ți s-a închis în nas,
Căci ți-ai urmat doar năzuințele lascive.

Noi separați rămânem pe vecie,
Și nu ne vom mai întâlni cândva,
Lasă-mi a inimii atât de greu găsita pace,
Fără de care viața o povară grea ar fi.[47]

Pierderea frumuseții

Mâinile crude ale timpului sunt adesea mult mai blânde cu femeile aruncate în lumea asta urâte ca noaptea decât cu cele ce au alunecat fără efort din pântecul mamelor lor supranatural de frumoase. Contrastul dintre gloria tinereții și ravagiile bătrâneții este mai mic.

Cumnata lui Ludovic al XIV-lea, voinica prințesă germană Liselotte von der Pfalz, spunea mereu în glumă că, de vreme ce nu fusese niciodată frumoasă, nici măcar în floarea tinereții, nu avea după ce să plângă odată cu trecerea anilor. Încântată să vadă cum vârsta îi reduce pe toți la un numitor comun, Liselotte scria: „Văd că cei cu care obișnuiam să mă întâlnesc când erau foarte frumoși sunt acum la fel de urâți ca mine. Pe Madame de La Vallière nu ar mai recunoaște-o nimeni pe lume, iar Madame de Montespan are o piele care arată ca o hârtie cu care s-au jucat copiii ca să vadă cine poate să o împăturească mai mult, pentru că are toată fața acoperită cu o mulțime de riduri fine, lucru absolut uimitor. Părul ei superb este alb ca neaua, iar chipul îi este roșu, așa că frumusețea a cam părăsit-o."[48]

Amanta lui Carol al II-lea, neasemuita Hortense Mancini, cu ochii ei negri scânteietori și cu buclele acelea negre ca abanosul, a fost o altă amantă a cărei frumusețe a pălit repede.

După moartea regelui, Hortense a început să bea foarte mult, alcoolul făcând ravagii asupra înfățișării și sănătății ei. Pentru că începuse să nu se mai simtă bine, s-a retras într-o casă de țară, sperând că aerul de acolo îi va ameliora sănătatea. Nu s-a întâmplat așa. A murit în 1699, la 53 de ani. Reușind să își evite cu succes soțul bolnav mintal timp de 33 de ani, Hortense a ajuns din nou în mâinile lui după moarte.

Ducele de Mazarin fusese dintotdeauna bolnav de gelozie pe înclinațiile lui Hortense către alți bărbați, atât de bolnav încât a rupt cu mâna lui părțile intime ale tuturor pieselor din colecția personală de statui romane antice reprezentând bărbați. Nebunia lui nu avea limite. Într-o zi, le-a spus servitorilor uluiți că era o lalea; și-a înfipt picioarele în pământ și le-a poruncit să îl ude, iar aceștia s-au supus. Acest bărbat a fost cel care a cumpărat trupul neînsuflețit al soției lui de la creditorii acesteia. L-a dus în Franța și l-a purtat într-o căruță din loc în loc. Ducele cel gelos știa acum, în sfârșit, unde era soața lui, având control total asupra ei pentru prima oară de cât ea reușise să fugă din mănăstirea în care fusese închisă de el în urmă cu 33 de ani. În cele din urmă, i-a depus trupul într-un mormânt, fericit că nu avea să îi mai fie vreodată necredincioasă.

Adorabila Harriet Howard, amanta lui Napoleon al III-lea, a îmbătrânit șocant după încheierea relației cu împăratul, în 1853. Harriet își îndeplinise partea ei de înțelegere la despărțire, plecând în Anglia și căsătorindu-se, dar s-a întors pe neașteptate după 11 ani. Se schimbase enorm în tot acest timp. La 41 de ani, trupul ei, cândva desăvârșit, devenise atât de obez că ușa caleștii a trebuit lărgită pentru a putea intra prin ea. În eleganta ei caleașcă, cea cu ușa modificată, a parcurs drumul până la Bois de Bologne și Champs Elysees, ca și când ar fi fost din nou amanta împăratului. Într-o seară, a mers la operă și nu a făcut decât să îl fixeze cu privirea pe împărat prin binoclul spre marele disconfort atât al împăratului, cât și al împărătesei.

Apariția neașteptată a lui Harriet a provocat un val de cleveteli aprinse. Mulți au considerat revenirea ei de prost gust, o încercare de a-l umili pe împărat. Alții s-au întrebat de ce această frumusețe de odinioară s-ar fi arătat grasă și urâțită în loc să le lase oamenilor amintirea ei așa cum fusese cândva. Dar realitatea era că Harriet știa că va muri curând de cancer și nu mai dorea decât câteva ultime momente în care să retrăiască acele zile glorioase de dinainte să se cufunde în beznă pe vecie. A murit la scurt timp după vizita la Paris. În testament, Harriet a lăsat o sumă considerabilă de bani care trebuia folosită pentru a se găsi în Anglia o casă pentru fetele ce fuseseră seduse și luate din sânul familiilor lor.

O altă amantă a lui Napoleon al III-lea nu a făcut față ravagiilor timpului și bolii cu la fel de mult stoicism precum Harriet Howard. Virginie di Castiglione s-a îmbolnăvit atunci când frumusețea a părăsit-o – în principal pentru că toată viața ei nu se preocupase de nimic altceva în afară de propria-i frumusețe. Nu avea hobby-uri, nu avea prieteni și nu era credincioasă. La vârsta de 20 de ani, când tinerețea și frumusețea ei erau de o intensitate insolentă, nesocotitul ei soț prezisese faptul că cea mai bună prietenă a ei, oglinda, avea să-i devină într-o bună zi dușmanul cel mai înverșunat.

Cu averea ei de proporții dobândită în urma relațiilor de amor cu bărbați bogați și puternici după ce fusese respinsă de împărat, Virginie și-a cumpărat un apartament în Paris în eleganta Place Vendôme. Și-a continuat uneltirile politice, întâlnindu-se cu diplomați, scriind scrisori urgente oamenilor de stat și acordându-și mult prea mult credit pentru influența internațională decât avea de fapt.

Dar predicția soțului ei s-a adeverit cu o precizie fatală. Inamicul cel mai înverșunat al lui Viginie nu a fost împăratul austriac Franz Iosif, cum a crezut ea, ci neiertătorul Timp însuși. Când fiul pe care îl născuse la vârsta de 16 ani a devenit un adolescent deșirat, Virginie s-a temut că el va fi dovada vie a vârstei ei avansate, așa că l-a obligat să se îmbrace ca un rândaș și să călărească alături de servitorii ei în urma caleștii.

După căderea Imperiului francez în 1870, Virginie a încercat în van să influențeze noul guvern, care a arătat un dezinteres total față de ea și de presupusa ei înțelepciune politică. La scurt timp după aceea, Virginie și-a rupt un dinte, Apoi, și-a scăpat un fier de coafat greu peste picior și și-a rupt un deget, care a trebuit amputat. Frumusețea ei perfectă de odinioară era acum vizibil afectată. Virginie a început să urască întreaga lume.

De-a lungul anilor, Virginie a devenit din ce în ce mai excentrică. Când a împlinit 40 de ani, și-a vopsit pereții și tavanele cu negru, a închis obloanele și a întors toate oglinzile cu fața la perete. Fără un alai de admiratori, a încetat să mai aibă grijă de ea. Primea în vizită doar câțiva vechi prieteni – toți bărbați, căci le detesta pe femei – care erau obligați să bea ceai pe întuneric împreună cu ea. Uneori scotea de la naftalină rochii de bal de mătase ferfeniță și catifea prăfuită din vremurile bune ale tinereții, reminiscențe ale rolului vital pe care îl jucare în politica europeană. „Eu am creat Italia!" obișnuia ea să strige. „Eu l-am salvat pe papă!"[49]

Pe măsură ce excentricitățile s-au înmulțit, frumusețea ei a continuat să se deterioreze. Părul ei castaniu bogat a albit. Sânii ei magnifici erau căzuți, dacă nu erau susținuți de un corset. Trăia mai ales în compania câinilor ei, petrecând ore lungi zi de zi scriind scrisori incoerente puținilor ei prieteni. „Cu cât am mai mult de-a face cu oamenii", se lamenta ea într-o astfel de scrisoare, „cu atât mai dragi îmi sunt câinii mei."[50] Își plimba câinii numai după miezul nopții, când nu era nimeni prin preajmă care s-o fi recunoscut. O fantomă nocturnă, legănându-se învăluită în veșminte cernite și voaluri groase negre, această fostă amantă regală trebuie să-i fi împietrit de spaimă pe vizitatorii nocturni ai Palatului Vendôme.

Pe măsură ce nebunia punea stăpânire pe ea, Virginie a început să nu le mai permită servitorilor să intre pentru a face curat și să stea singură în camerele întunecate, pline de șobolani și gunoaie, contemplându-și frumusețea pierdută și zilele pline de splendoare demult apuse. Virginie avea 62 de ani când servitorii au intrat cu forța în camera ei, după șapte zile de încercări, și au i-au găsit trupul în descompunere năpădit de șopolani.

Testamentul ei stipula ca doi dintre câinii morți, care fuseseră împăiați, să fie gătiți cu gulere cu nestemate și să fie puși de veghe la căpătâiul ei. Înainte ca sicriul să fie închis, cei doi câini trebuiau puși înăuntru, ca suporturi pentru picioarele ei. A vrut să intre în eternitate în rochia pe care o purtase când se culcase pentru prima oară cu împăratul, o rochie gri din batist cu bordură de dantelă fină, la care asortase faimosul ei colier cu nouă șiruri de perle albe și negre și două brățări.

Dar dorințele lui Virginie nu au fost îndeplinite. Bijuteriile i-au fost vândute pentru plata datoriilor la o licitație cu participare masivă, fiind adjudecate pentru 2 milioane de franci. Nimeni nu știe ce s-a întâmplat cu câinii ei împăiați. Doar un vizitator curios a participat la funeralii.

Spre deosebire de Virginie, amanta lui Eduard al VII-lea, Daisy Warwick, nu a fost deranjată de pierderea frumuseții, dar a fost șocată să afle că predecesoarea, Lillie Langtry, continua lupta fără sorți de izbândă împotriva timpului. Trebuie să fi fost o întâlnire interesantă cea dintre aceste două amante îmbătrânite al regelui defunct – Lillie trecută de 60 de ani, Daisy având încă doar 55. „Orice s-ar întâmpla, eu nu intenționez să îmbătrânesc!“ a protestat Lillie. „De ce să nu poată frumusețea înfrânge timpul?“[51]

„Am uitat ce am răspuns“, relata Daisy, „căci eram ocupată să analizez ceea ce tocmai auzisem. I-am aruncat o privire și era cert că urmele timpului, deși perceptibile pentru ochiul pătrunzător al uneia care o cunoscuse la zenitul frumuseții, erau mascate cu o măiestrie desăvârșită, în timp ce trupul ei rămăsese frumos. Dar mi-am dat seama că viața acestei femei era tragică, pentru că frumusețea ei fusese cândva renumită în lumea întreagă, iar ea nu avusese deloc timp să găsească fericirea la amurgul vieții. Acum, că acest amurg se apropia, ea nu putea decât să se păcălească susținând că nu era amurg încă, ci plină zi, când, de fapt, ziua se sfârșise deja."[52]

Ultimii ani ai vieții au găsit-o pe Lillie singură, pierzându-și vremea prin grădină, jucându-se cu cățelușii ei. Tânărul nobil cu care se căsătorise o ignora, dar își vâra banii ei în buzunar, iar toți regii cândva viguroși și toate reginele cândva falnice își dormeau somnul de veci sub lespezi de marmură. Cu puțin timp înainte să moară, în 1929, la 72 de ani, un editorialist scria: „A semănat mereu cu o frunză ce refuză să cadă din pom toamna, care rămâne atârnată acolo, refuzând să moară ori să piară sub suflarea rece a iernii, pentru că ea a aparținut cândva verii de neuitat. Ea nu a putut pleca. Și a luptat ca să nu plece."[53]

Daisy Warwick, pe de altă parte, și-a pus mănușile de box în cui. Dusă era silueta de silfidă care îl fermecase pe prințul de Wales în anii 1880. În 1930, ea era deja prea grasă ca să se poată ridica singură din fotoliu. Avea o adevărată menajerie de păsări, măgăruși, maimuțe, pisici și cățeі și obișnuia să meargă cu pași nesiguri prin grădină, cu un boa de pene târându-se în urma ei, ca să-și hrănească animalele. Un vizitator a fost șocat să o vadă pe faimoasa amantă regală într-o astfel de stare. Dar lady Warwick a spus cu sinceritate: „Sunt o femeie foarte fericită".[54]

Capitolul 12

Monarhi, metrese și căsătorii

Pentru nimic în lume nu voi a fi regină.
Shakespeare

Prima căsătorie consemnată de istoria occidentală dintre un monarh și amanta lui este cea dintre regele David și Batșeba. Dar aceasta nu a avut un final fericit, povestea sărăciei și a rușinii lor fiind profetică: asupra căsătoriei unui rege cu amanta lui se abăteau adesea nori negri, ori perechea era lovită crunt de soartă.

Lumea secolelor trecute nu era rotundă, ci piramidală, și cu cât te poziționai mai sus, cu atât erai mai strâns legat de religie și de etichetă. Aflat în vârful piramidei, regele era atât de constrâns că avea foarte puțin spațiu de manevră. Dacă un monarh încerca să spargă convențiile, era curând devorat de un val internațional de dispreț.

Mai rău decât taxele crescute, mai rău decât un război fără noimă, mult mai rău decât toate acestea era căsătoria dintre un monarh și amanta lui. Mireasa și mirele nu erau singurii care îngenuncheau înaintea altarului. Prestigiul întregii nații era în genunchi, totalmente înfrânt. Cetățenii se trezeau curpinși se presimțiri rele, dacă nu de-a dreptul de panică. Cum monarhul era întruchiparea unui popor și a unei nații, disprețul său față de vechile reguli și tradiții îi întina pe toți.

Multe amante devenite neveste regale își dădeau seama curând că vigilența neîncetată necesară pentru menținerea vechii poziții nu putea fi dată deoparte la altar. Amanta/soție era provocată constant să-și valideze poziția, chiar așa cum o făcuse cât timp fusese amantă. Era, de obicei, mai detestată decât fusese ca amantă, pentru că încălcase în mod clar granițele sociale impuse. Adulmecând un animal rănit, curtenii răutăcioși o încercuiau în speranța că va muri curând, iar ei îi vor sorbi cu nesaț sângele.

În 1354, prințul Petru I al Portugaliei s-a însurat cu Inez de Castro, cea care îi devenise amantă cu 14 ani în urmă, când soția lui, prințesa Constanța, murise. Tatăl lui Petru, regele Alfonso al IV-lea, a fost foarte nemulțumit de această căsătorie, temându-se că cei patru copii nelegitimi ai lui Petru cu Inez le-ar fi putut lua coroana copiilor făcuți cu Constanța. Regele a trimis asasini să o înjunghie pe Inez în timp ce iubitul ei era plecat la vânătoare. Aceștia au atacat-o pe când ea stătea lângă o fântână din grădină și au sfâșiat-o.

Amantele regale care se măritau cu monarhii lor și erau încoronate se confruntau invariabil cu un dezgust subtil. Atâția oameni au protestat împotriva căsătoriei din 1533 a lui Henric al VIII-lea cu Anne Boleyn și a încoronării ei, încât regele a propus o lege prin care era considerată trădare orice consemnare ori acțiune împotriva căsătoriei, toți bărbații adulți fiind obligați să jure că vor susține această lege. Anne, care era gravidă la nuntă, nu a născut mult-doritul moștenitor, ci o biată fată. După încă două avorturi, în 1536 a fost acuzată de adulter și condamnată la execuție prin decapitare. Curtenii și supușii englezi nu au fost triști văzând-o moartă.

În 1568, instabilul Eric al XIV-lea al Suediei s-a însurat cu amanta lui, Karin Mansdotter, pe care a încoronat-o regină. Fratele vitreg al lui Eric, Johan, a considerat acest act dovada clară a nebuniei regelui. L-a încarcerat pe Eric, iar în 1577 l-a otrăvit, însușindu-și coroana. Regina Karin a fost exilată pe o moșie de la țară.

În 1577, arhiducele Francesco de Medici al Toscanei s-a însurat cu cea care îi era amantă de 12 ani, Bianca Cappello, și a avut curajul să o încoroneze în catedrală. Auzind vestea, ducele de Mantova, care ceruse de curând mâna fiicei lui Francesco, Eleonora, și-a retras oferta. El a scris furios: „Caracterul noii mari ducese, sub a cărei oblăduire trăiește prințesa la Florența, a dat naștere unei aversiuni atât de puternice, încât nu poate fi trecut cu vederea".[1]

Disprețuită de poporul toscan și de familia soțului ei, Bianca știa că viața fără protecția lui Francesco nu ar fi avut sens. După s-au îmbolnăvit amândoi de febră în 1587, arhiducele a murit primul. „Acum trebuie să mor și eu cu domnul meu", a spus ea sfârșită, apoi, ca și cum ar fi fost voința ei, și-a dat ultima suflare.[2] Fratele lui Francesco, Ferdinando, noul arhiduce, o detestase pe Bianca. Neavând cum să se răzbune cât ea fusese în viață, i-a dezonorat moartea atât cât i-au permis limitele decenței. Ferdinando a poruncit ca numele ei să fie șters de pe toate portretele și monumentele. Blazonul ei a fost îndepărtat de pe toate clădirile publice și înlocuit cu cel al Ioanei de Austria. Când a fost întrebat dacă Bianca ar fi trebuit să poarte cununa ducală în sicriu, Ferdinando a răspuns că o purtase deja prea mult timp. În vreme ce Francesco a avut parte de funeralii de stat elaborate, Bianca a fost pusă într-un sicriu simplu și aruncată în miez de noapte într-o groapă fără piatră funerară.

O nație, de oriunde ar fi fost ea, înghițea ceva mai ușor o amantă care se mulțumea să rămână soție morganatică – neîncoronată. Cel puțin supușii regelui nu trebuiau să îngenuncheze în fața unei femei pe care o considerau în esență o prostituată.

Văduvul Cristian al IV-lea al Danemarcei era atât de înnebunit după amanta lui de 17 ani, Kirsten Munk, încât s-a căsătorit cu ea în 1612. A fost destul de înțelept încât să nu o încoroneze, acordându-i doar titlul de contesă. Răsfățata Kirsten a născut 12 copii în 16 ani, pe care i-a bătut cu brutalitate, i-a înfometat și i-a obligat să poarte zdrențe. Ea nu l-a iubit niciodată pe monarh, care a idolatrizat-o, și a avut o relație amoroasă cu un chipeș conte german mai tânăr, care servea în cavalerie. În timpul funeraliilor fiicei sale cu regele, în vârstă de numai un an, Kirsten s-a scuzat și a fugit să facă sex cu contele într-un colțișor ascuns din grădină.

Regele părea să rămână mereu fără cămăși curate pentru că soția lui le dădea iubitului ei. Kirsten dansa când soțul ei era bolnav. A încercat chiar să îl otrăvească, dându-i să mănânce ceva ce s-a dovedit a fi fost medicamentul ei contra acneei. Într-o seară, când regele a găsit două cameriste dormind în fața ușii încuiate a camerei ei, a pus un pietrar să dăltuiască data pe o piatră din curte și nu a mai atins-o de atunci pe Kirsten niciodată. A refuzat chiar să recunoască fiica pe care ea a adus-o pe lume 10 luni mai târziu. Turbulenta lor căsnicie s-a sfârșit în 1628, când a fost exilată pe moșia ei, de unde a continuat să creeze tot felul de probleme.

În 1880, când trupul soției lui zăcea rece în mormânt, țarul Alexandru al II-lea al Rusiei s-a însurat cu cea care îi era amantă de 15 ani, Katia Dolguruki, în ciuda rugăminților insistente ale prietenilor și familiei de a aștepta măcar un an, cât impunea obiceiul pentru doliu. După ce supraviețuise celor șase tentative de asasinat, țarul a vrut să facă o femeie cinstită din amanta lui, o brunetă drăguță, dar prostuță, și să își recunoască cei trei copii cu ea înainte de a fi ucis. Cumplit de jenată, familia imperială a pretins că nu avusese loc căsătoria morganatică, chiar dacă se înmulțeau zvonurile că țarul intenționa să o încoroneze pe Katia ca împărăteasă.

Când țarul a fost totuși ucis de o bombă la opt luni după căsătorie, un curtean a observat că martiriul țarului îl împiedicase poate să comită o prostie și mai mare încoronând-o pe Katia pe cheltuiala poporului. Neștiind ce să facă acum cu văduva incomodă, societatea rusă a răsuflat ușurată la unison când aceasta s-a autoexilat în Franța.

În 1900, regele Alexandru al II-lea al Serbiei (1876–1903) a anunțat că se va însura cu cea care îi era amantă de câțiva ani, temperamentala, bondoaca Draga Mașin, pe care voia să o încoroneze regină în catedrala din Belgrad. Întreaga nație a fost îngrozită de mireasa aleasă de Alexandru – o biată femeie de rând, cu un trecut moral dubios și considerată prea bătrână pentru a mai putea face copii. În plus, Serbia lovită de sărăcie își revenea după un secol de violențe sângeroase, având nevoie disperată de statutul pe care i l-ar fi putut aduce o alianță cu o familie regală din Europa.

Timp de trei ani, urâtul cuplu regal a reușit să evite tentativele de asasinat, ieșind rareori din palat pentru că știau că Moartea pândea chiar la porțile acestuia. În 1903, Moartea s-a plictisit să tot aștepte și a luat cu asalt palatul. O bandă de revoluționari au ocupat palatul și i-au tăiat în bucăți pe rege și regină, apoi au organizat o slujbă pentru celebrarea eliberării lor de tiran și de târfa pe care acesta o făcuse regină.

Găsim o lecție de morală aproape biblică în cazurile în care monarhul a intrat într-o căsnicie necugetată. Mânia divină lovea scurt și sigur. Era ca și cum Atotputernicul nu era de acord ca regele să transforme păcatul trupesc în sexul consfințit prin căsătorie. Pentru că un păcat mai mare decât cel trupesc era să ignori care îți era locul în marea schemă a lucrurilor. Când un amărât de pion devenea regină pe tabla de șah a vieții, partida era pierdută.

Lumea secolului XX nu mai avea forma unei piramide, așa cum fusese cazul atâtea secole la rând, ci era complet aplatizată, ca un aluat, de vergeaua egalității, cu excepția prinților care continuau să fie extrem de constrânși când venea vorba de căsătorie. Nu este de mirare, așadar, că cel mai mare scandal regal al secolului trecut s-a declanșat atunci când un rege a insistat să se însoare cu amanta lui.

Eduard și Wallis

Pe 11 decembrie 1936, Eduard al VIII-lea al Marii Britanii (1890–1972) a spus lumii întregi: „Consider că este imposibil să port greaua povară a responsabilității și să îmi fac datoria de rege așa cum aș dori fără ajutorul și susținerea femeii pe care o iubesc".[3]

Asemenea unei pisici triumfătoare, ce aduce acasă leșul unei vrăbiuțe ucise și îl depune la picioarele stăpânului oripilat, Eduard a depus darul suprem al abdicării în poala iubitei sale. Wallis Warfield Simpson, prototipul parvenitei, visa de mulți ani să devină regina Angliei, o poziție care ar fi recompensat-o, în sfârșit, pentru copilăria trăită în sărăcie la Baltimore. Dar acum, când toată lumea era cu privirile ațintite asupra ei, s-a văzut prinsă în capcana acceptării premiului de consolare. Ascultând la radio declarația regelui, lacrimile i se rostogoleau pe obraji, iar noi ne putem lesne imagina că nu erau deloc lacrimi de bucurie.

Cu greu s-ar putea spune că Wallis era făcută să fie regină. Era americancă, divorțase de primul soț, un superb ofițer din forțele aeriene navale, pentru că acesta devenea violent la băutură. Când l-a cunoscut pe prințul Eduard în 1931, avea o căsnicie fericită cu chipeșul Ernest Simpson, moștenitorul unei companii de transporturi navale, cu care se mutase la Londra.

După o relație amoroasă de cinci ani cu prințul, tatăl lui Eduard, George al V-lea, a murit și Eduard s-a trezit peste noapte rege. La scurt timp după aceea, Wallis a înaintat actele pentru al doilea divorț, de data aceasta pentru a deveni regina Angliei.

Wallis era complet fascinată de lumea lui Eduard. Scria despre el: „Cea mai mică dorință a lui părea a se transforma de fiecare dată pe loc în cea mai impresionantă realitate cu putință. Trenurile erau oprite, iahturile apăreau din neant, apartamentele cele mai mari din cele mai bune hoteluri își deschideau ușile larg, avioanele îl așteptau... El era formula magică ce deschidea porțile unei lumi noi, strălucitoare, care mă extazia așa cum nu o mai făcuse nimic până atunci în toată viața mea."[4]

Deși fascinația lui Wallis față de rege era lesne de înțeles, nimeni nu a putut pricepe pasiunea lui violentă pentru o femeie al cărei chip semăna cu partea metalică a unei lopeți în vreme ce trupul era coada. Avea nasul butucănos, gura mare și urâtă, mâinile mici și grăsuțe. Unii presupuneau că Wallis îl cucerise pe Eduard cu tehnici sexuale asiatice bizare pe care le învățase în China după ce se despărțise de primul ei soț, care fusese staționat acolo. Alții spuneau că cei doi erau uniți de o aversiune comună față de sex – că Eduard era impotent irecuperabil, iar Wallis cât se putea de frigidă. Teoria frigidității lui Wallis s-a spulberat în 2003, când guvernul britanic a făcut publice dosare secrete din care a reieșit că în 1935, pe când era încă măritată cu Ernest Simpson și făcea dragoste pe ascuns cu regele Eduard, Wallis avea o legătură amoroasă pasională cu Guy Trundle, un foarte atrăgător vânzător de mașini. Este interesant de speculat dacă nu cumva prințul, care îi oferea lui Wallis o viață strălucitoare, era mai puțin bun la pat.

Oricare ar fi fost relația lor sexuală, e cert că Wallis avea o puternică influență psihologică asupra prințului. Dacă alte femei se topiseră ca untul la picioarele lui, Wallis îl domina complet pe Eduard, care a devenit extrem de umil.

Și, asemenea multor altor amante regale înaintea ei, Wallis avea un șarm strălucitor și o inteligență fascinantă.

Dar de ce a insistat Eduard să se însoare cu această femeie? De ce nu a păstrat-o pur și simplu ca amantă? Poate că Eduard, îndărătnic, egoist și limitat intelectual până aproape de imbecilitate, nu s-a putut imagina pe tron fără ea așezată alături de el, liniștindu-l, spunându-i ce să facă. Sau poate că el nu a vrut niciodată să devină rege și s-a folosit de Wallis ca de o scuză comodă și romantică să se elibereze de responsabilitățile de monarh.

Nimic din Constituția britanică nu-i interzicea unui rege să se însoare cu o femeie divorțată, de rând sau din America. Una dintre legile relevante este din anul 1701, când un catolic a vrut să urce pe tron, și stipulează clar că monarhul nu are voie să fie catolic și nici să se însoare cu o catolică. În mod uimitor, legea este și astăzi în vigoare. O lege care reglementează căsătoriile regale – „The Royal Marriages Act" – a fost dată de George al III-lea în 1772, pentru că frații lui au fost împotriva voinței sale ca soțiile să fie alese nu după criteriul dinastic ci după cel al atașamentului. Această lege afirmă doar că dacă moștenitorul tronului este mai tânăr de 25 de ani, se poate căsători numai cu acordul monarhului în funcție. Nici una din cele două legi nu ar fi stat, așadar, în calea căsătoriei dintre Eduard și Wallis.

Situația în Biserica Anglicană era însă total diferită, căci aceasta interzicea unei persoane divorțate să se recăsătorească, atâta vreme cât fostul soț/fosta soție era încă în viață. Iar Wallis avea nu unul, ci doi foști soți care pocneau de sănătate. Ca rege, Eduard era și conducătorul Bisericii Angliei, și se aștepta de la el să urmeze regulile acesteia. Aproape mai rău de atât era faptul că opinia publică britanică era împotriva acestei uniuni. Dacă Eduard ar fi fost mai răbdător și mai inteligent în relațiile cu publicul, dacă ar fi știut cum să îi calmeze pe episcopii furioși și să își liniștească supușii agitați, cu siguranță că s-ar fi putut însura cu Wallis a lui.

Dar, ignorând sfaturile raționale ale prietenilor și ale consilierilor, Eduard a făcut toate mișcările dezastruoase politice și publice posibile, insistând să se căsătorească numaidecât pentru ca cei doi să poată fi încoronați împreună. Este posibil ca Wallis, în loc să îl sfătuiască pe rege să aștepte ca opoziția publică să se domolească, să fi insistat pe o căsătorie imediată. Wallis știa cât de extrem de nestatornic și de laș fusese Eduard în amorurile sale anterioase, decizând de pe o zi pe alta să se despartă de o amantă și punând pe altcineva să îi dea acesteia vestea proastă.

Pe măsură ce criza generată de cererea în căsătorie a regelui s-a adâncit, tot mai mulți oameni au început să picheteze palatul cu pancarte. „Jos târfa! Wally – Dă-ne regele înapoi! Afară cu gunoiul american!“[5] Lumea arunca în ferestrele ei cu cărămizi și pietre. Copiii cântau: „Auzi îngerii cum cântă, Wallis cu regele se mărită!“[6]

Se spune că proprietarul unui restaurant din Londra ar fi îndrăznit să spună lucrurilor pe nume: „Așa nu merge. Nu putem permite ca doi tipi să umble prin lume și să se laude că s-au culcat cu regina Angliei. Nu am dreptate?“[7]

Obiceiurile secolelor anterioare – care ar fi putut rezolva pe loc problema – nu mai erau acceptate în 1936. Familia regală nu putea porunci curtenilor să o înjunghie pe Wallis, așa cum se întâmplase cu biata Inez de Castro cu 600 de ani în urmă – deși poate că i-ar fi plăcut. Nici Eduard nu mai putea porunci spânzurarea sau arderea pe rug a tuturor celor care se opuneau căsătoriei sale – cum făcuse strămoșul lui, Henric al VIII-lea, cu 400 de ani în urmă. Așa că regele îndrăgostit a abdicat, mascându-și inepția cu legenda romantismului cavaleresc și a sacrificiului onorabil.

Eduard și Wallis s-au căsătorit în Franța, pe 3 iunie 1937, la mai puțin de o lună după încheierea celui de-al doilea divorț al doamnei. Ca parte a darului de nuntă pentru soția sa, Eduard i-a dăruit lui Wallis o diademă cu diamante, un biet substitut pentru coroana regală. Fratele lui Eduard, acum regele George al VI-lea, le-a acordat titlurile onorifice de duce și ducesă de Windsor. Dar familia regală avea să o umilească pe Wallis până la sfârșitul vieții. Ea nu a fost acceptată niciodată în familie și nu i s-a permis niciodată să fie numită Alteță Regală. Probabil că ura familiei regale față de Wallis să fi fost accentuată de faptul că avea cunoștință de tăvălelile ei cu vânzătorul de mașini. Dar ducele a insistat să nu mai pună piciorul în Marea Britanie până când soția lui avea să primească titlul și să fie acceptată în familie.

Deși căsătoria a generat o criză constituțională pentru monarhia britanică, abdicarea lui Eduard a salvat Regatul Unit de un susținător al Germaniei naziste pe tron în timpul celui de-al Doilea Război Mondial. Eduard, susținător declarat a tot ce era german și vorbind fluent limba, a fost văzut frecvent folosind salutul naziștilor pe străzile Londrei pe parcursul anilor 1930. Când Hitler a auzit de abdicare, a mormăit: „Am pierdut un prieten al cauzei mele!“[8]

În 1937, noii duci de Windsor l-au vizitat pe Führer timp de 14 zile, salutând mulțimile cu „Heil Hitler!“, lucru care a scandalizat poporul britanic și pe regele George al VI-lea. Există într-adevăr documente care indică faptul că Hitler plănuia ca după ce ar fi ocupat Marea Britanie să îi instaleze pe Eduard și pe Wallis ca rege și regină marionete, care să danseze după cum le cântau naziștii.

După ce a fost pentru scurt timp guvernator de Bahamas în timpul celui de-al Doilea Război Mondial – unde Eduard fusese plasat pentru a fi ținut cât mai departe posibil de prietenii lui naziști – ducele și ducesa au dus o viață de peregrinări fără rost. Cumpărături la Paris, prezentări de modă la New York, luna august în sudul Franței, ierni în Palm Beach. Faimosul șarm al lui Wallis s-a coagulat îndărătul unei măști pietrificate a dezamăgirii, iar ducele s-a ramolit mai rău ca oricând, cântând beat la cimpoi în miez de noapte sau vorbind doar în germană ore în șir la o petrecere la care nu-l putea înțelege nimeni. Acest cuplu stafidit părea a fi lipit pe vecie, șold de șold, fiecare cu câte o băutură într-o mână și o țigară în cealaltă. Asemenea unor portrete crăpate și scorojite ale celor ce fuseseră odinioară, s-au gălbejit din cauza fumatului și s-au uscat din cauza excesului de alcool.

Renunțând la Ernest Simpson, Wallis renunțase la un soț deosebit de inteligent și de muncitor, pe care îl înlocuise cu un bărbat greu de cap și fără vreo preocupare anume, un partener ca o piatră de moară atârnată de gât de care ar fi putut divorța numai în hohotele de râs ale întregii lumi. La o petrecere, când ducele a ieșit din salon, soția lui le-a spus tuturor invitaților: „Nu are nimeni habar cât efort depun ca să-l fac pe amărâtul ăsta să pară ocupat!“[9] La evenimentele mondene, ea obișnuia să îi amintească adesea: „Dragule, nu uita că nu mai ești rege!“[10]

În 1972, ducele a murit la Paris. Ducesa s-a senilizat curând după aceea, bând și mai mult pentru a potoli fantomele trecutului. În 1977 cântărea doar 40 de kilograme. Și totuși, a trăit până în 1986, agățându-se cu disperare de viață, chiar dacă trupul i se ofilea, iar mintea i-o luase de mult razna. Stând așa, imobilă, să fi fost ea oare bântuită de viziuni cu sceptre și coroane? Cu tronuri și mantii de hermină. De viziunea gloriei pe care ar fi putut-o avea?

Charles și Camilla

După aproape 70 de ani de la decizia lui Eduard de a se însura cu amanta lui, aceeași întrebare grea atârna deasupra capului unui controversat prinț.

Pe când era doar o fetișcană, Camilla Shand, strănepoata ultimei amante a lui Eduard al VII-lea, Alice Keppel, adora când bunica Alice îi spunea povești, râzând de fiecare dată de replica ei faimoasă: „Eu trebuia mai întâi să fac o plecăciune... și apoi să sar în pat!“[11] Camilla nu știa pe atunci că urma să îi vină și ei rândul să facă mai întâi o plecăciune și apoi să sară în pat.

L-a cunoscut pe prințul Charles în 1970, când turna cu găleata peste terenurile de golf de la Windsor. Încălțată cu niște cizme de cauciuc Wellington, Camilla, acum în vârstă de 23 de ani, s-a dus la prințul de numai 22 și s-a prezentat: „Străbunica mea a fost amanta stră-străbunicului tău“, a spus ea. „Ce zici de asta?“[12]

Camilla avea, într-adevăr, multe din calitățile care făcuseră din străbunica ei o amantă regală de succes. Deși nici una nu avea o frumusețe clasică, ambele posedau o personalitate interesantă, caracterizată prin umor sec, bunătate sufletească și inteligență, care erau mai atrăgătoare decât pomeții perfecți și buzele cărnoase. Ambele au fost extrem de loiale amanților lor regali, știind cum să îi consoleze, să îi liniștească, sprijinindu-i cu pricepere și – lucru rar în lumea sceptrelor și a coroanelor – fiind modeste. Ambele au fost descrise de contemporanii lor ca debordând de sexualitate pură, ce nu poate fi surprinsă în fotografii.

Charles a fost fascinat pe loc. Camilla era deja o femeie cu experiență, cu reputația de a fi o parteneră de sex pătimașă; prin comparație cu ea, prințul era total lipsit de experiență. Relația celor doi a durat aproape trei ani, Charles dorind cu disperare să se însoare cu ea. Dar familia regală *was not amused* („nu a fost amuzată") – deși provenea dintr-o familie britanică bună, Camilla nu era virgină. La rândul ei, Camilla nu era interesată de viața în iazul cu rechini de la Palatul Buckingham. Pe când Charles era în Marina Regală, Camilla s-a măritat cu vechea ei iubire, Andrew Parker-Bowles. Aflând vestea, prințul s-a încuiat în cabina sa, unde a rămas multe ore. Când a ieșit, avea ochii roșii de plâns.

Cei doi au rămas prieteni, însă, devenind amanți din nou în 1980, după ce căsnicia Camillei s-a deteriorat discret și elegant. Camilla, care căutase mereu o soție potrivită pentru Charles, l-a împins pe acesta în brațele Dianei, lady Spencer. Camilla era de părere că Diana era tânără și flexibilă îndeajuns pentru a se modela pe personalitatea lui Charles și pe viața de la palat. Provenea dintr-o familie nobilă și îndeplinea condiția esențială pentru o mireasă regală – un himen intact. Charles, profund îndrăgostit de Camilla, avea îndoieli serioase; i-a făcut curte Dianei fără tragere de inimă și fără fantezie. Dar el fusese educat să-și facă datoria față de țară, așa că s-a lăsat târât la altar.

Conform spuselor valetului de pe atunci al prințului, Stephen Barry, chiar înaintea anunțului logodnei cu Diana, Charles a spus: „Fac o greșeală cumplită".[13] Cu câteva zile înainte de nuntă, Barry a spus: „Ne-a spus mie și lordului Romsey că singura femeie pe care o iubise vreodată a fost Camilla. Ne-a spus: «Nu aș putea simți niciodată la fel pentru Diana ce simt pentru Camilla».“[14] Conform tradiției secolului al XVIII-lea, prietenul de familie lordul Romsey l-a asigurat pe Charles că sentimentele i se vor schimba cu timpul și va ajunge să o iubească pe Diana.

Diana, deși avea doar 19 ani, și-a dat seama numaidecât de dragostea lui Charles pentru Camilla și a început să o deteste pe aceasta. Deși Camilla a fost invitată la nuntă, Diana i-a șters numele de pe lista invitaților la micul dejun și la recepție. Cu câteva zile înainte de nuntă, Diana a găsit un cadou frumos împachetat de la Charles pentru Camilla pe biroul asistentei lui. L-a deschis și a găsit o brățară. Diana a considerat total deplasat gestul lui Charles de a-i face unei foste iubite un astfel de cadou cu câteva zile înainte de nunta sa și a fost pe punctul să anuleze nunta secolului.

Cu certitudine că Diana ar fi anulat nunta dacă ar fi știut că în noaptea de dinaintea nunții, în timp ce ea își păzea vigilentă virginitatea, prințul ei se tăvălea în așternuturile Camillei. El intenționa să îi fie credincios soției, dar a dorit o ultimă noapte de dragoste ca burlac cu amanta lui.

Charles era prins între rigiditatea tradițiilor baroce și valorile moderne. Căsătoria lui în scopuri dinastice cu o femeie pe care nu o iubea – oricât de frumoasă ar fi fost ea – era un sacrificiu la fel de mare precum cel al lui Ludovic al XIV-lea care se însurase cu infanta Maria-Tereza a Spaniei. Diana, pe de altă parte, trăia în timpul ei, sfârșitul secolului XX – nicidecum în secolul al XVII-lea – crezând întru totul că Charles se însura cu ea din dragoste. Ea nu fusese crescută la vreo curte regală, unde amantele erau o convenție acceptată, pe care nevestele regale neiubite trebuiau să o îndure cu demnitate. Mai rău de atât, ea sperase că soluția vieții pline de incertitudini fără țel și singurătate zdrobitoare era Charles.

În croaziera din timpul lunii de miere, Diana a găsit fotografii cu Camilla în agenda soțului ei și s-a înfuriat nebunește. „De ce nu ai curajul să recunoști adevărul și să spui că pe o iubești, și nu pe mine?“ a urlat ea, șocată de descoperirea făcută.[15] Suferind de bulimie, Diana s-a grăbit să ajungă la toaletă ca să vomite.

După nașterea prințului Harry, în 1984, și trei ani de fidelitate în căsnicie, Charles, obosit de crizele violente de isterie ale Dianei, s-a întors în brațele Camillei. Diana, suferind enorm la gândul că soțul ei nu o iubise niciodată, și-a găsit alinare și ea în tot felul de relații amoroase, neavând niciodată o legătură de durată. Ura viscerală față de Camilla, privită ca persoana responsabilă pentru suferințele ei, nu s-a potolit cu trecerea timpului. Poate că Diana, privindu-și în oglindă frumusețea strălucitoare, a știut că nu înfățișarea Camillei fusese cea care îl sedusese pe Charles și îl făcuse să părăsească patul conjugal; ba mai rău de atât, era vorba de ceva ce Dianei îi *lipsea* în interior și Camilla *avea*, și conștientizarea acestui fapt nu a făcut decât să pună sare pe rană.

Dar Charles avea să îndure ceva mult mai rău decât istericalele soției lui. Pe 13 ianuarie 1993, presa britanică a publicat o convorbire telefonică dintre Charles și Camilla. Conversația cu conținut sexual explicit era dovada clară a unui lucru: Camilla – care fusese iubita lui Charles cu câțiva ani înainte de căsătoria lui cu lady Diana Spencer din 1981 – era amanta lui de ceva vreme. Caseta „Camillagate“ a fost ascultată în repetate rânduri la posturile de televiziune și de radio din toată lumea. Publicul era revoltat; cota de popularitate a familiei regale a atins cele mai joase valori din toate timpurile.

Faptul că Charles își exprimase dorința de a se reîncarna în tamponul Tampax al Camillei înrăutățea poate cel mai mult situația. Presa străină l-a numit „Prințul de Tampax“, iar femeile britanice au început să își numească tampoanele „Charlie“. Umilit și ocărât, Charles s-a gândit foarte serios să renunțe la poziția de moștenitor al tronului și să părăsească țara.

Cel mai sumbru moment al prințului a venit când bătrânul tată al Camillei, maiorul Shand, a solicitat o întrevedere cu seducătorul fiicei lui, căruia i-a făcut apoi morală timp de

90 de minute. „Viața fiicei meie a fost distrusă, copiii ei sunt subiect de glume și dispreț", a urlat maiorul. „Ai adus dezonoare întregii mele familii."[16]

Era un ton cu totul diferit de cel al tatălui Madamei de Montespan când a aflat, în 1667, că fiica lui era amanta lui Ludovic al XIV-lea. „Domnul fie lăudat! O soartă fericită ne-a binecuvântat casa!"[17]

Ce se întâmplase în secolele dintre aceste două momente? Foarte multe. În primul rând, recompensele financiare ale unei amante regale sunt în prezent drastic limitate, iar ea nu are o poziție acceptată la curtea regală. Înainte de Revoluția franceză, Diana și Camilla – numită între timp ducesă – ar fi fost înghesuite în aceeași trăsură, cu Charles între ele. Camilla ar fi primit oficial ambasadori străini, în vreme ce temperamentala Diana ar fi putut fi foarte bine închisă în turn. Camilla ar fi avut cu mult mai multe bijuterii și rochii scumpe decât Diana, mult mai multe încăperi în palatul comun și ar fi avut mult mai multă putere și influență decât ea.

În al doilea rând, amanta regală modernă nu are deloc putere politică – căci nici prințul ei nu are, așa că nu are nimic de împărțit. Camillele din toată lumea nu se mai plimbă pe coridoarele palatelor în drum spre ședințele Consiliului de coroană, nu mai fac legi și nu mai numesc generali, miniștri și ambasadori. Nici nu mai au influență în literatură și arte. Poziția ei seamănă foarte mult cu cea a amantelor din secolul al XIX-lea, rămânând discrete în umbră, făcând sex pe ascuns câtă vreme nu află nimeni despre asta.

În al treilea rând, amanta regală modernă și prințul ei au un nou inamic. Urmărind mult mai îndeaproape parcursul indiscrețiilor regale decât cea mai geloasă soție, presa are ca arme de luptă teleobiective puternice și ustensile sofisticate de înregistrare, surprinzând cele mai intime momente și fălindu-se apoi cu trofeele lor de vânătoare în văzul lumii întregi. Istoria nu ne oferă nici măcar o singură înregistrare a vreunei convorbiri pe telefonul mobil dintre Ludovic al XIV-lea și Madame de Montespan, în care Majestatea Sa profund creștină să își dorească să fie un tampon intim. Nici fotografii cu Nell Gwynn făcând plajă fără sutien în grădina protejată de ziduri de lângă Palatul Whitehall. Este marea noastră pierdere, cu siguranță.

Nu este de mirare că reacțiile maiorului Shand și ale tatălui Madamei de Montespan au fost atât de diferite. Dar dacă biata Camilla îndură toate neplăcerile amantei regale moderne, ea este scutită de o grămadă de neajunsuri care le-au hăituit pe predecesoarele ei. Nu trebuie să meargă la vânătoare de urși când plouă cu găleata sau să reziste stoic unor interminabile drumuri hurducăite în trăsură, fără vreo oală de noapte la îndemână. Nu a luat nici variolă și nici sifilis de la prințul Charles, nici nu a murit dând naștere unui bastard regal. Deși, dacă ar putea alege între presa atât de băgăcioasă și ororile secolelor trecute, s-ar putea să prefere să meargă la noroc și să își dorească variola.

După dura confruntare cu maiorul Shand, Charles a părut că renunță la Camilla pentru a domoli opinia publică și a-și redobândi onoarea. Dar și-a dat seama curând că pur și simplu nu putea trăi fără ea. Camilla a revenit ca un val inevitabil, dar a dispărut din nou după tragica moarte a Dianei în 1997. Dar, la scurt timp după aceea, prințul William, fiul cel mare al lui Charles și al Dianei, a invitat-o pe Camilla la ceai. Apoi, în 1999, William și fratele lui mai mic, Harry, au invitat-o pe Camilla să vină alături de ei și de Charles într-o croazieră pe Marea Mediterană.

Recent, Charles a spus că relația lui cu ea nu este negociabilă. Cei doi participă ocazional împreună la evenimente publice, ocazie cu care este evident că ținuta ei a fost mult îmbunătățită de profesioniști. Coaforii i-au aranjat părul ciufulit precum coama unui cal, machiorii i-au împărtășit din secretele unui machiaj perfect, creatorii de modă i-au propus rochii pentru corpul ei, accesorizate cu bijuterii de bun-gust. Lucrările de remodelare au transformat-o pe Camilla dintr-o femeie fără gust într-una elegantă.

Relația dintre Charles și Camilla durează deja de 34 de ani – mai mult decât cea dintre împăratul Franz Iosif al Austriei și Katharina Schratt. Camilla, asemenea Katharinei, câștigă puncte prin răbdare. Mulți ar putea fi invidioși pe o astfel de relație, care și după atâția ani continuă să clocotească de pasiune sexuală. Poziția Camillei este mult sprijinită de acceptarea de către cei doi fii ai lui Charles, care își iubesc tatăl și vor să îl vadă fericit. Regina Elisabeta însăși o place între timp.

În 2002, Biserica Anglicană, nesimțindu-se încă foarte confortabil în mijlocul secolului XX, a fost de acord să permită persoanelor divorțate ai căror parteneri sunt încă în viață să se recăsătorească în biserică.

Un studiu din 2002 din Marea Britanie a scos la iveală că 52% dintre cetățeni nu o doreau pe Camilla regină. Dar 57% au fost de părere că ar accepta ca Charles și Camilla să fie împreună după ce el va deveni rege. În octombrie 2003, Camilla s-a mutat într-un apartament din Clarence House, reședința oficială aleasă de Charles pe motiv de renovare. Așadar, acest cuplu a dat dovadă de mai multă înțelepciune, așteptând schimbarea opiniei publice, decât au făcut-o Eduard al VIII-lea și Wallis Warfield Simpson în graba lor catastrofală către altar.

La data de 9 aprilie 2005, prințul de Wales, moștenitorul coroanei britanice, s-a căsătorit la vârsta de 57 de ani cu Camilla Parker-Bowles – devenită cu această ocazie ducesă de Cornwall – care urma să împlinească 58 de ani în iulie. Cei doi au și azi o căsnicie fericită. La nuntă au participat William și Harry, nu însă și regina Elisabeta a II-a a Marii Britanii, care le-a urat însă fericire. Accesul presei a fost interzis la ceremonia care a durat doar 20 de minute.

Noul trend în căsătoriile regale

Nu mai există vreun motiv pentru care un prinț ar trebui să se însoare cu o prințesă virgină. Vechea tradiție a menținerii sângelui regal „pur" prin căsătoria în familii din același „trib" a avut ca rezultat răspândirea bolilor psihice și a hemofiliei în rândul familiilor regale din Europa. Sângele regal nu doar că *nu* este superior celui al oamenilor de rând, dar ar putea foarte bine fi genetic *inferior* din cauza secolelor de endogamie. Dacă am privi această substanță nobilă la microscop, am putea fi șocați de câte componente *lipsesc*.

Prințesele moderne nu-i dăruiesc mirelui acorduri care ridică bariere comerciale sau care împiedică războaie. Nici nu vin cu zestre care să umple vistieria regatului. Virginitatea nu mai este nici ea un element înalt apreciat. În zilele noastre, cele mai educate și sănătoase femei trecute de douăzeci de ani și provenind din familii bune *nu* sunt virgine.

Prinții moderni, după ce au fost martori îngroziți ai dezastrului căsătoriei lui Charles cu o nobilă virgină, insistă acum să se însoare cu fete de rând care nu sunt virgine, pe care le aleg singuri, fiind gata să se lupte până la capăt pentru acest drept. În 2001, la 28 de ani, prințul moștenitor Haakon al Norvegiei s-a însurat cu iubita cu care locuia deja, Mette-Marit Tjessem

Hoiby, o blondă înaltă, cu un maxilar puternic și un trup frumos și sănătos. Mette-Marit, care avea tot 28 de ani, nu doar că era o fată de rând, dar era chiar „o fată de rând foarte comună", conform unui sondaj de opinie publică. Fusese chelneriță, culegătoare de căpșuni și nu își definitivase niciodată educația. Mai rău de atât, avea un băiețel nelegitim de patru ani, al cărui tată era închis pentru trafic și consum de droguri.

Prințul Haakon a insistat mult pentru ca această căsătorie să aibă loc, amenințând că renunță la drepturile la tronul tatălui lui, regele Harald. Mulți au comparat episodul cu criza constituțională provocată de Wallis Warfield Simpson și Eduard al VIII-lea. Trăind însă puternic ancorați în valorile moderne, majoritatea norvegienilor nu au avut nimic împotrivă; un sondaj de opinie a arătat că 70% dintre cetățeni și-o doreau pe logodnica prințului ca regină. Și astfel, lui Mette-Merit cea zburdalnică i-au fost iertate abaterile, ea a promis că nu va mai ceda niciodată tentațiilor, și astfel drumul către palat și coroană a fost liber.

Prințul Charles a fost prezent la nuntă; se spune că s-ar fi întors acasă cu o inimă mai ușoară și un pas mai sprințar.

În 2002, prințul moștenitor Willem al Olandei s-a căsătorit la 33 de ani cu argentinianca de 29 de ani Maxima Zorreguieta, în ciuda numeroaselor proteste. Problema nu era că Maxima nu era virgină, așa cum se presupune. Nici cu Maxima însăși nu era ceva în neregulă, ea având o educație aleasă și lucrând ca bancher pe Wall Street.

Dar tatăl Maximei fusese membru al fostei junte argentiniene, un regim care a torturat și ucis 30 000 de oameni. Unii politicieni au spus că Willem ar fi trebuit să renunțe la dreptul de moștenire a tronului dacă se căsătorea cu o femeie cu un astfel de tată. Total nepotrivit. Iar Willem a declarat că ar fi dispus să facă acest lucru dacă ei ar fi încercat să împiedice această căsătorie. În ciuda protestelor, Maxima a avut susținerea deplină a poporului olandez.

Cuplul s-a căsătorit în februarie 2002, dar părinților miresei li s-a cerut să rămână în Argentina.

Se pare că Charles a fost ultimul prinț care s-a jertfit pe altarul zeului Himeneu, ca exercițiu de datorie față de țară. Prinții moderni, precum Haakon și Willem, William și Harry se vor căsători cu femeile pe care le iubesc. Dar mulți dintre noi, oamenii de rând, care ne-am căsătorit cu partenerii aleși de noi suntem conștienți de o realitate dureroasă – că drumul spre altar se termină adesea pe băncile tari din lemn ale sălilor de divorț, pentru că se găsește mereu o a treia persoană care să ademenească spre așternuturile ei. Nici chiar o căsătorie din dragoste nu este o garanție pe termen lung că rutina cotidiană nu va duce la plictiseală și la adulter.

Opinia publică, generoasă cu prinții care s-au însurat cu prințese urâte din datorie și apoi și-au luat amantele dorite, nu va fi la fel de îngăduitoare cu prinții secolului XXI care se luptă ca să se însoare cu femeile pe care le iubesc și apoi își iau amante. Iar regii și prinții, chiar și cei complet inatractivi, nu duc niciodată lipsă de admiratoare. În secolele ce vor veni, femeile extatice în fața erotismului regalității vor „lua cu asalt inima unui prinț ca pe o citadelă“, după cum spunea Ludovic al XIV-lea.[18]

Concluzii

De-a lungul istoriei, locul femeilor a fost în bucătărie, în biserică și în camera copiilor. Câteva, puține, au reușit să ajungă în paturile regilor sau chiar în sala tronului. Nu vom cunoaște niciodată virtuțile și viciile multora dintre ele ascunse fiind în negura timpului. Despre unele aflăm doar foarte puțin, dat fiind analfabetismul larg răspândit în vremuri străvechi. Iar pe câteva le putem aduce în luminile rampei pentru că știm foarte multe despre ele. Pe acestea le putem observa foarte de aproape, spre bucuria și încântarea tuturor.

Mai întâi, închidem ochii și le inhalăm parfumul puternic – nufăr, floare de portocal, apă de trandafiri. Auzim foșnetul unui evantai și simțim mișcare în jurul nostru. Deschidem ochii și le vedem pe amante dinaintea ochilor noștri și ne dăm seama că nu sunt deloc așa cum ne așteptam. Unele sunt într-adevăr tinere și seducătoare, cu piele mătăsoasă, dichisite, unse cu uleiuri prețioase, oferindu-și îndrăznețe sexualitatea. Altele sunt mămoase și blânde, și mai sunt cele de-a dreptul urâte, dar cu un sex-appeal dezarmant.

Privind mai îndeaproape, vedem că lumina puternică a scenei le evidențiază numeroasele vicii. Vedem lăcomie, fără îndoială, la Alice Perrers, care smulge inelele de pe degetele înțepenite ale abia decedatului Eduard al III-lea. La lady

Castlemaine, care adună lacomă atâta bănet, argintărie, bijuterii, pământuri și venituri încât Carol al II-lea nu mai are cu ce-i plăti pe soldați și marinari. La Madame du Barry, strălucitoare ca Soarele însuși, acoperită de nestemate și plimbându-se în grădini, în vreme ce țăranii francezi mor înfometați. Vedem intrigă nemiloasă, la toxicele surori Mailly-Nesles, întrecându-se care să-i ia locul mai repede celeilalte, și la perfida Madame de Montespan, punând porții generoase de excremente de broaște și intestine de avortoni în mâncarea regelui pentru a nu-i pierde dragostea.

Vedem ambiție împăunată la Bianca Cappello, Lola Montez și Wallis Warfield Simpson, tulburând nații întregi și distrugându-și bărbații pentru a-și atinge propriile scopuri. Vedem daunele colaterale la nevestele nenorocite. Caterina de Braganza a lui Carol al II-lea, cu sânge șiroindu-i din nas și leșinând la întâlnirea cu lady Castlemaine, femeia pe care știe că soțul ei o iubește cu adevărat. Regina Maria a lui Ludovic al XV-lea, suspinând amarnic la vederea mai tinerei, mai frumoasei, mai inteligentei Madame de Pompadour, îmbujorată și triumfătoare grație îmbrățișărilor regelui. Și prințesa Diana, aplecată deasupra unei toalete, vomitând la gândul că soțul ei nu o iubește pe ea, ci pe Camilla.

Să mai existe oare speranță pentru dragoste pe câmpul de luptă al lăcomiei, al ambiției și al adulterului necruțător? Oare femeia care depune buchetul ei de crini – sau de spini? – la altar preaslăvește dragostea sau doar o viziune intangibilă a faimei, a avuției și a puterii? Să fie oare adevăratul scop al amantei regale dorința de „a-și afla gloria într-un harem care va fi parte din istorie“[1], așa cum bine spunea un curtean francez din secolul al XVIII-lea?

Dar în tot acest amestec de lumini și umbre, de bine și rău, caracteristic firii umane, se întrevăd și virtuți. O vedem pe Agnes Sorel stând în fața căminului și brodând, sfătuindu-l cu blândețe pe lașul Carol al VII-lea să îi alunge pe englezi de pe tărâmul Franței. Pe curajoasa Gabrielle d'Estrées ferindu-se de ghiulele pe câmpul de luptă pentru a fi alături de Henric al IV-lea, punând cu abilitate capăt unui război civil prin răbdare diplomatică inteligentă. Pe Madame de Pompadour, mentoră a artiștilor și scriitorilor, vânzându-și fără preget mobilierul argintat și prețioasele diamante pentru a ridica spitale și a-i plăti pe soldații lui Ludovic al XV-lea.

O vedem pe Wilhelmine Encke Rietz, gata să fie întemnițată și poate chiar executată decât să îl lase pe Frederic Wilhelm al II-lea al Prusiei să moară fără să-i fie alături. Vedem dovezi de loialitate în ciuda trădării. O vedem pe Maria Walewska, părăsită de mult de Napoleon și purtând în pântec copilul acestuia, urcând cu greu un deal abrupt pe Elba pentru a-l vizita în exil pe bărbatul uitat de soția nobilă și de curtenii lingușitori.

O vedem pe robusta Katharina Schratt, cu aerul ei de matroană, cu ochelarii aceia subțiri pe vârful nasului, șezând pe o bancă de piatră din grădină și citindu-i corespondența împăratului de 80 de ani Franz Iosif, pe care vederea l-a lăsat. Și pe Camilla Parker-Bowles oferindu-i calmă sfatul și susținerea plină de dragoste bărbatului aflat între datorie și afecțiune, sfâșiat poate mai rău decât cei care în secolul al XVIII-lea erau condamnați să fie sfârtecați de cai sălbatici.

Cei ce își duc viața purtând pe cap o coroană și noi – cei fără de coroane – ne închinăm cu toții la altarul lăcomiei, ambiției și dorințelor. Dar uneori, pe câmpul de luptă mustind de sânge sau în pădurile devastate de focuri, răsar frumoase flori, iar un copac falnic crește dintr-o crăpătură a unui zid năruit. Temându-ne să privim ceea ce preaslăvim, plecăm ochii. Totuși, dacă îi ridicăm, s-ar putea să vedem că altarul nostru nu are idoli sau că idolii pe care îi așezăm acolo s-au prăbușit, iar noi am rămas cu ceva mult mai strălucitor în locul lor. Explorând întunericul, am găsit lumina.

NOTE

INTRODUCERE

1. D'Orliac, p. 171
2. Delpech, p. 23
3. Andrews, pp. 161
4. Bray, pp. 467–468
5. von Poellnitz, pp. 251–252
6. Hume, p. 208
7. Trench, p. 182
8. Hervey, vol. I, p. 42
9. Trench, p. 172
10. de Valois, p. 183
11. Hardy, p. 42

CAPITOLUL 1. SEX CU REGELE

1. Sutherland, p. 137
2. Erickson p. 300
3. Ibid.
4. Weir, p. 397
5. Ibid., p. 403
6. Ibid., p. 405
7. Ibid., p. 406
8. Mossiker, *Sévigné*, p. 284
9. Crankshaw, p. 263
10. Ibid., p. 264
11. Williams, p. 131
12. Leslie, p. 100
13. Ibid., p. 101
14. Parissien, p. 77
15. Ibid., p. 224
16. Pevitt, p. 16
17. Forster, xviii
18. Cawthorne, p. 67
19. Kent, p. 44
20. Ibid., p. 45
21. Smythe, p. 129
22. Mitford, pp. 78–79
23. Haslip, *Madame du Barry*, p. 24
24. Ibid., p. 25
25. Ibid., p. 99
26. Hilton, p. 243
27. Tarsaidze, p. 138
28. Ibid., p. 171

29. Ibid., p. 175
30. Ibid., p. 173
31. Bierman, p. 241
32. Ibid.
33. Ibid.
34. Seymour, p. 234
35. Ibid., p. 241
36. Ibid., p. 235
37. Aronson, p. 44
38. Aronson, p. 339
39. Ziegler, p. 276
40. Hardy, p. 40
41. Somerset, p. 136
42. Andrews, p. 153
43. Wilson, p. 122
44. Cawthorne, p. 67
45. Andrews, p. 229
46. Ibid., p. 230
47. Seymour, p. 209

CAPITOLUL 2. ÎN AFARA IATACULUI – ARTA DE A OFERI PLĂCERE REGELUI

1. Ziegler, p. 151
2. Mitford, p. 27
3. Smythe, p. 155
4. Ibid., p. 147
5. Lever, p. 182
6. Ibid.
7. Smythe, p. 210
8. de Valois, p. 230
9. Haslip, *Madame du Barry*, p. 50
10. Ibid., p. 90
11. Lewis, p. 193
12. Smythe, p. 210
13. Haslip, *Emperor and Actress*, p. 186
14. Ibid., p. 43
15. Ibid., p. 186
16. Dunlop, p. 118
17. Ziegler, p. 162
18. Mossiker, *Sévigné*, p. 224
19. Cronin, p. 181
20. Andrews, p. 174
21. Ibid., p. 91
22. von Poellnitz, p. 266
23. Ibid.
24. Mossiker, *The Affair of the Poisons*, pp. 123–124
25. Ibid.
26. Cronin, p. 182
27. Bierman, p. 171
28. Ibid.
29. Ibid.
30. Ibid.
31. Ibid., p. 173
32. Ibid., p. 174
33. Trench, p. 4
34. Ibid., pp. 52–53
35. Hardy, p. 68
36. Ibid., p. 69
37. Ibid., p. 45
38. Ibid., p. 46
39. Ibid., p. 48
40. Cronin p. 295
41. Pevitt, p. 52
42. Hardy, p. 68

CAPITOLUL 3. RIVALE PENTRU DRAGOSTEA UNUI REGE – AMANTA ȘI REGINA

1. Trench, p. 127
2. Cronin, p. 183
3. D'Orliac, p. 57
4. Ibid., p. 56
5. Andrews, p. 55
6. Ibid., p. 54
7. Ibid.
8. Çoote, p. 120
9. Andrews, p. 63
10. Ibid., p. 64
11. Ibid., p. 65
12. Wilson, p. 106
13. Shellabarger, p. 57
14. Hardy, pp. 86–87
15. Hervey, vol. I, p. 42
16. Ibid., p. 43
17. Hardy, p. 80
18. Somerset, p. 217
19. Trench, p. 157
20. Somerset, p. 219
21. Trench, pp. 172–173
22. Ibid., p. 199
23. Ziegler, p. 153
24. Mossiker, *The Affair of the Poisons*, p. 33
25. Ibid., p. 63
26. Ibid., p. 77
27. Ibid.
28. Cronin, p. 181
29. Mossiker, *The Affair of the Poisons*, p. 77
30. Ibid., p. 81
31. Ibid., p. 103
32. Cronin, p. 177
33. Bernier, p. 84
34. Smythe, p. 89
35. Ibid., p. 91
36. Ibid., p. 92
37. Ibid., p. 101
38. de Valois, p. 160
39. Ibid., p. 166
40. Ibid., p. 170
41. Ibid.
42. Ibid., p. 171
43. Williams, *The Last Loves of Henri of Navarre*, p. 135
44. Haggard, p. 393
45. Mahoney, p. 361
46. Haggard, p. 392
47. Mahoney, pp. 362–363
48. Ibid., p. 367
49. Ibid., p. 368
50. Ibid., p. 371
51. Williams, *The Last Loves of Henri of Navarre*
52. Mahoney, p. 376
53. Ibid., p. 377
54. Ibid., p. 376
55. Williams, *The Last Loves of Henri of Navarre*, pp. 82–83
56. Mahoney, p. 383
57. Ibid., p. 390

CAPITOLUL 4. ÎNCORNORAT DE REGE – SOȚUL AMANTEI

1. Bierman, pp. 169–170
2. Mossiker, *The Affair of the Poisons*, p. 118, note
3. Sutherland, p. 36
4. Ibid., p. 62
5. Ibid., p. 63
6. Ibid., p. 66
7. Ibid., p. 67
8. Ibid., p. 69
9. Kent, p. 243
10. Ibid.
11. Sutherland, p. 75
12. Ibid., p. 142
13. Smythe, p. 253
14. Ibid., p. 254
15. von Poellnitz, p. 157
16. Ibid., p. 158
17. Ibid.
18. Given-Wilson, p. 128
19. Lewis, p. 125
20. Ibid., p. 414
21. Ibid., p. 416
22. Ibid., p. 416
23. Mossiker, *The Affair of the Poisons*, p. 68
24. Cronin, p. 177
25. Mossiker, *The Affair of the Poisons*, p. 71
26. Ibid., p. 118
27. Ibid., p. 93
28. Ibid., p. 315
29. Ibid., p. 316
30. Ibid.

CAPITOLUL 5. VIGILENȚĂ SUSȚINUTĂ – PREȚUL SUCCESULUI

1. Mossiker, *Sévigne*, p. 55
2. Ibid., p. 225
3. Ibid., p. 235
4. Dunlop, p. 221
5. Ziegler, p. 34
6. Shellabarger, p. 73
7. Mossiker, *The Affair of the Poisons*, p. 49
8. Ibid., p. 30
9. Cronin, p. 176
10. Ziegler, p. 124
11. Mossiker, *The Affair of the Poisons*, p. 82
12. Ibid.
13. Ziegler, p. 104
14. Mossiker, *The Affair of the Poisons*, p. 114
15. Ibid., p. 119
16. Ibid., p. 125
17. Cronin, p. 233
18. Ibid., p. 235
19. Mossiker, *The Affair of the Poisons*, p. 126
20. Ibid., p. 208
21. Ibid., p. 228
22. Ibid., pp. 233–234
23. Ibid., pp. 235–236
24. Bernier, p. 87

25. Kent, p. 194
26. Du Hausset, p. 69
27. Smythe, p. 210
28. Lever, p. 237
29. Ibid.
30. Algrant, p. 234
31. MacDonough, p. 32
32. Ibid.
33. Smythe, p. 264
34. Ibid., p. 271
35. von Poellnitz, p. 221
36. Ibid., p. 225
37. Ibid.
38. Ibid., p. 249
39. Ibid., pp. 249–250
40. Ibid., p. 251
41. Ibid., pp. 252–253
42. Wilson, p. 99
43. Ibid., p. 182
44. Ibid., p. 179
45. Kent, p. 109
46. Wilson, p. 137
47. Ibid., p. 143
48. Ibid.
49. Ibid., p. 198
50. Wilson, p. 190
51. Carlton, p. 72
52. Delpech, p. 106
53. Williams, *Rival Sultanas*, p. 213
54. Wilson, pp. 197–198
55. Hardy, p. 35
56. Williams, *Rival Sultanas*, p. 213

CAPITOLUL 6. DRAGOSTE PROFITABILĂ – PREȚUL PĂCATULUI

1. Bierman. p. 188
2. Andrews, p. 48
3. Ibid., p. 126
4. Ibid., p. 127
5. Ibid., p. 176
6. Hardy, p. 33
7. Cronin, p. 179
8. Andrews, p.181
9. Bierman, p. 127
10. Williams, *Rival Sultanas*, p. 148
11. Andrews, p. 253
12. Haslip, *Emperor and Actress*, p. 247
13. Ibid.
14. Aronson, p. 363
15. Ibid., pp. 176–177
16. Mossiker, *The Affair of the Poisons*, p. 95
17. Andrews, p. 189
18. Ibid., pp. 190–191
19. Jerrold, p. 311
20. Ibid., p. 46
21. Ibid., p. 163
22. Ibid., p. 218
23. Ibid., p. 417

CAPITOLUL 7. PUTERE POLITICĂ ÎNTRE AȘTERNUTURI

1. De Gramont, p. 112
2. Lewis, p.101
3. Ibid., p. 136

4. Ibid., p. 146
5. Ibid., pp. 219–220
6. Ibid., p. 221
7. Mossiker, *The Affair of the Poisons*, p. 99
8. Williams, *Rival Sultanas*, pp. 116–117
9. Ibid., p. 119
10. Ibid., p. 120
11. Ibid., p. 122
12. Ibid., p. 127
13. Kent, p. 103
14. Smythe, p. 176
15. Kent, p. 182
16. Algrant, p. 145
17. Rappoport, p. 128
18. Smythe, p. 320
19. Smith, p. 128
20. Ibid.
21. Ibid.
22. Ibid., p. 146
23. Ibid.
24. Somerset, p. 216
25. Hervey, vol. I, p. 40
26. Trench, p. 191
27. Ibid., p. 202
28. Hardy, p. 91
29. Trench, p. 274
30. Ibid., p. 236

Capitolul 8. CURVELE BABILONULUI: OPINIA PUBLICĂ ȘI METRESELE

1. Trench, p. 183
2. Ziegler, p. 124
3. Mossiker, *The Affair of the Poisons*, p. 312
4. Algrant, p. 46
5. Bernier, p. 133
6. Mitford, p. 231
7. Algrant, p. 290
8. Haslip, *Madame du Barry*, p. 79
9. Ibid., p. 92
10. Ibid., p. 127
11. Coote, p. 119
12. Andrews, p. 136
13. Ibid., p. 128
14. Hardy, p. 22
15. Ibid., p. 34
16. Wilson, p. 120
17. Ibid.
18. Ibid., p. 239
19. Ibid.
20. Carlton, p. 2
21. Seymour, p. 198
22. Aronson, p. 337

Capitolul 9. FRUCTELE PĂCATULUI – BASTARZII REGALI

1. Hilton, p. 252
2. Carlton, p. 6
3. Williams, *The Last Loves of Henri of Navarre*, p. 91
4. Marvick, pp. 52–53
5. Ibid., p. 82
6. Williams, *The Last Loves of Henri of Navarre*, p. 93

7. Lewis, p. 138
8. Farquhar, p. 20
9. Wilson, p. 155
10. Williams, p. 211
11. Mossiker, *The Affair of the Poisons*, p. 293

CAPITOLUL 10. MOARTEA REGELUI

1. Ziegler, p. 378
2. D'Orliac, p. 138
3. Smythe, p. 301
4. Ibid., p. 303
5. Ibid., p. 306
6. Carlton, p. 147
7. Kent, p. 78
8. Ibid., p. 81
9. Williams, p. 338
10. Ibid.
11. Hardy, p. 39
12. Williams, p. 340
13. Haslip, *Madame du Barry*, p. 102
14. Ibid., p. 105
15. Ibid., p. 201
16. Rappoport, p. 140
17. Stanhope, p. 333
18. Haslip, *Emperor and Actress*, p. 272
19. Aronson, p. 345
20. Ibid.
21. Ibid., p. 346
22. Ibid., p. 375

CAPITOLUL 11. SFÂRȘITUL UNEI CARIERE STRĂLUCITE – ȘI VIAȚA DE DUPĂ

1. Wheatley, p. 654
2. Andrews, p. 197
3. Lewis, p. 267
4. Mahoney, p. 353
5. Mossiker, *Sévigné*, p. 302
6. Mossiker, *The Affair of the Poisons*, p. 260
7. Smythe, p. 15
8. Kent, p. 225
9. Smythe, p. 346
10. Smythe, pp. 346–347
11. Ibid., p. 347
12. Ibid.
13. Ibid., p. 348
14. Ibid., p. 350
15. Ibid., p. 351
16. Trench, p. 37
17. Hardy, p. 51
18. Ibid., p. 52
19. Ibid., p. 57
20. Ibid., p. 62
21. Ibid.
22. Kent, p. 309
23. Andrews, p. 249
24. Shellabarger, p. 179
25. Williams, p. 231
26. Mossiker, *The Affair of the Poisons*, p. 125
27. Mossiker, *Sévigné*, p. 80
28. Ferval, p. 275
29. Cronin, p. 178

30. Mossiker, *Sévigné*, p. 182
31. Ibid.
32. Mossiker, *The Affair of the Poisons*, p. 92
33. Cronin, p. 179
34. Mossiker, *The Affair of the Poisons*, p. 108
35. Flower, p. 122
36. Mossiker, *The Affair of the Poisons*, p. 306
37. Ibid., p. 308
38. Flower, p. 123
39. Mossiker, *The Affair of the Poisons*, p. 325
40. Ibid.
41. Hilton, p. 305
42. Mossiker, *The Affair of the Poisons*, p. 326
43. Flower, p. 124
44. Seymour, p. 395
45. Ibid., p. 396
46. Ibid., p. 397
47. Ibid., p. 275
48. Hilton, p. 292
49. Kelen, p. 117
50. Ibid.
51. Aronson, p. 362
52. Ibid.
53. Ibid., p. 363
54. Ibid., p. 371

CAPITOLUL 12. MONARHI, METRESE ȘI CĂSĂTORII

1. Steegman, p. 213
2. Ibid., p. 282
3. Birmingham, p. 158
4. Ibid., p. 50
5. Ibid., p. 134
6. Ibid., p. 154
7. Ibid., p. 104, note
8. Ibid., p. 182
9. Ibid., p. 194
10. Ibid.
11. Graham, p. 3
12. Ibid., p. 4
13. Ibid., p. 63
14. Ibid., pp. 66–67
15. Ibid., p. 74
16. Ibid., p. 184
17. Mossiker, *The Affair of the Poisons*, p. 67
18. Ibid., p 119

CONCLUZII

1. Lever, p. 11

Bibliografie

Algrant, Christine Pevitt, *Madame de Pompadour, Mistress of France*, New York, 2002

Andrews, Allen, *The Royal Whore, Barbara Villiers, Countess of Castlemaine*, Philadelphia, New York și Londra, 1970

Aronson, Theo, *The King In Love, Edward VII's Mistresses*, Londra, 1989

Bernier, Olivier, *Louis the Beloved, The Life of Louis XV*, New York, 1984

Bierman, John, *Napoleon III and His Carnival Empire*, New York, 1988

Birmingham, Stephen, *The Story of Wallis Warfield Windsor*, Londra, 1981

Bray, William (Hg.), *The Diary of John Evelyn, Esquire, FRS, from 1641–1705-06 with Memoir*, Londra, 1818

Carlton, Charles, *Royal Mistresses*, Londra și New York, 1990

Cawthorne, Nigel, *Sex Lives of the Kings and Queens of England*, Londra, 1994

Coote, Stephen, *Samuel Pepys, A Life*, New York, 2000

Crankshaw, Edward, *Maria Theresa*, New York, 1970

Cronin, Vincent, *Louis XIV*, Londra, 1964

Delpech, Jeanine, *The Life and Times of The Duchess of Portsmouth*, New York, 1953

Dunlop, Ian, *Louis XIV*, New York, 1999

Erickson, Carolly, *Great Harry*, New York, 1980

Farquhar, Michael, *Royal Scandals*, New York, 2001

Ferval, Claude, *The Martyr of Love. The Life of Louise de La Vallière*, Londra, 1914

Flower, Desmond (Hg.), *The Memoirs of Louis de Rouvroy, Duc de Saint-Simon, Covering the Years 1691–1723*, New York, 1959

Forster, Elborg, *A Woman's Life in the Court of the Sun King, Letters of Liselotte von der Pfalz, Elisabeth Charlotte, Duchess d'Orléans 1652–1722*, Baltimore, 1997

Given-Wilson, Chris și Alice Curteis, *The Royal Bastards of Medieval England*, Londra, 1984

Graham, Caroline, *Camilla, The King's Mistress, A Royal Scandal*, New York, 1995

Gramont, Sanch de, *Epitaph for Kings*, New York, 1967

Haggard, Lieut. Col. A.C.P., *The Amours of Henri de Navarre and of Marguerite de Valois*, New York, 1910

Hardy, Alan, *The Kings' Mistresses*, Londra, 1980

Haslip, Joan, *The Emperor and the Actress, the Story of Emperor Franz Joseph and Katharina Schratt*, Londra, 1982

Haslip, Joan, *Madame du Barry, The Wages of Beauty*, New York, 1991

Hausset, Madame du, *The Private Memoirs of Madame du Hausset, Lady's Maid to Madame de Pompadour*, New York, 1927

Hervey, Lord John, *Some Materials Towards Memoirs of the Reign of King George II*, trei volume, Londra, 1931

Hilton, Lisa, *Athénaïs, The Real Queen of France*, New York, 2002

Hume, Martin, *The Court of Philip IV, Spain in Decadence*, New York, 1907

Jerrold, Clare, *The Story of Dorothy Jordan*, New York, 1914

Kelen, Betty, *The Mistresses, Domestic Scandals of 19th Century Monarchs*, New York, 1966

Kent, H.R.H. Princess Michael of, *Cupid and the King, Five Royal Paramours*, Londra, 1991

Leslie, Anita, *Mrs. Fitzherbert*, New York, 1960

Lever, Evelyne, *Madame de Pompadour, A Life*, New York, 2002

Lewis, Paul, *Lady of France, A Biography of Gabrielle d'Estrées, Mistress of Henry the Great*, New York, 1963

MacDonogh, Katharine, *Reigning Cats and Dogs, A History of Pets at Court Since the Renaissance*, Londra, 1999

Mahoney, Irene, *Royal Cousin, The Life of Henri IV of France*, New York, 1970

Marvick, Elizabeth Work, *Louis XIII, The Making of a King*, New Haven și Londra, 1986

Mitford, Nancy, *Madame de Pompadour*, New York, 1966

Mossiker, Frances, *The Affair of the Poisons, Louis XIV, Madame de Montespan and one of History's Great Unsolved Mysteries*, New York, 1959

Mossiker, Frances, *Madame de Sévigné, A Life in Letters*, New York, 1983

Orliac, Jehanne d', *The Lady of Beauty, Agnes Sorel, First Royal Favorite of France*, Philadelphia și Londra, 1931

Parissien, Steven, *George IV*, New York, 2001

Pevitt, Christine, *Philippe, Duc D'Orléans*, New York, 1997

Pöllnitz, Graf Karl Ludwig von, *The Amorous Adventures of Augustus of Saxony*, Londra, 1926

Rappoport, Angelo S., *Royal Lovers and Mistresses, The Romance of Crowned and Uncrowned Kings and Queens of Europe*, Londra, 1924

Seymour, Bruce, *Lola Montez, a Life*, New Haven și Londra, 1996

Shellabarger, Samuel., *Lord Chesterfield and His World*, Boston, 1951

Smith, Alison J., *A View of the Spree*, New York, 1962

Smythe, David Mynders, *Madame de Pompadour: Mistress of France*, New York, 1953

Somerset, Anne, *Ladies-in-Waiting. From the Tudors to the Present Day*, Londra, 1984

Stanhope, Gilbert, *A Mystic on the Prussian Throne, Frederick-William II*, Londra, 1912

Steegman, Mary G., *Bianca Cappello*, Baltimore, 1913

Sutherland, Christine, *Marie Walewska, Napoleon's Great Love*, Londra, 1979

Tarsaidze, Alexandre, *Katia, Wife Before God*, New York, 1970

Trench, Charles Chevenix, *George II*, Londra, 1973

Valois de, *Memoirs of the Courts of Europe: Memoirs of Marguerite de Valois, Queen of France, Wife of Henri IV; of Madame de Pompadour, of the Court of Louis XV, and of Catherine de Medici, Wife of Henri II*, New York, 1910

Weir, Alison, *The Six Wives of Henry VIII*, New York, 1991

Wheatley, Henry (Hg.), *The Diary of Samuel Pepys*, New York, 1893

Williams, H. Noel, *The Last Loves of Henri of Navarre*, New York, 1925

Williams, H. Noel, *Rival Sultanas, Nell Gwyn, Louise de Kéroualle, and Hortense Mancini*, New York, 1915

Wilson, John Harold, *Nell Gwyn, Royal Mistress*, New York, 1952

Ziegler, Gilette, *At the Court of Versailles: Eyewitness Reports from the Reign of Louis XIV*, New York, 1966